●気象庁震度階級関連解説表（震度5弱以上）

震度階級	人間	屋内の状況	屋外の状況	木造建物	鉄筋コンクリート造建物		
5弱	多くの人が、身の安全を図ろうとする。一部の人は、行動に支障を感じる。	つり下げ物は激しく揺れ、棚にある食器類、書棚の本が落ちることがある。座りの悪い置物の多くが倒れ、家具が移動することがある。	窓ガラスが割れて落ちることがある。電柱が揺れるのがわかる。補強されていないブロック塀が崩れることがある。道路に被害が生じることがある。	耐震性の低い住宅では、壁や柱が破損するものがある。	耐震性の低い建物では、壁などに亀裂が生じるものがある。	安全装置が作動し、ガスが遮断される家庭がある。まれに水道管の被害が発生し、断水することがある。[停電する家庭もある。]	軟弱な地盤で、亀裂が生じることがある。山地で落石、小さな崩壊が生じることがある
5強	非常な恐怖を感じる。多くの人が、行動に支障を感じる。	棚にある食器類、書棚の本の多くが落ちる。テレビが台から落ちることがある。タンスなど重い家具が倒れることがある。変形によりドアが開かなくなることがある。一部の戸が外れる。	補強されていないブロック塀の多くが崩れる。据え付けが不十分な自動販売機が倒れることがある。多くの墓石が倒れる。自動車の運転が困難となり、停止する車が多い。	耐震性の低い住宅では、壁や柱がかなり破損したり、傾くものがある。	耐震性の低い建物では、壁、梁（はり）、柱などに大きな亀裂が生じるものがある。耐震性の高い建物でも、壁などに亀裂が生じるものがある。	家庭などにガスを供給するための導管、主要な水道管に被害が発生することがある。[一部の地域でガス、水道の供給が停止することがある。]	
6弱	立っていることが困難になる。	固定していない重い家具のほとんどが移動、転倒する。戸が外れて飛ぶことがある。	多くの建物で、壁のタイルや窓ガラスが破損、落下する。補強されていないブロック塀のほとんどが崩れる。	耐震性の低い住宅では、倒壊するものが多い。耐震性の高い住宅でも、壁や柱がかなり破損するものがある。	耐震性の低い建物では、倒壊するものがある。耐震性の高い建物でも、壁、柱が破壊するものがかなりある。	家庭などにガスを供給するための導管、主要な水道管に被害が発生する。[一部の地域でガス、水道の供給が停止し、停電することもある。]	地割れや山崩れなどが発生することがある。
6強	立っていることができず、はわないと動くことができない。	固定していない重い家具のほとんどが移動、転倒する。戸が外れて飛ぶことがある。	多くの建物で、壁のタイルや窓ガラスが破損、落下する。補強されていないブロック塀のほとんどが崩れる。	耐震性の低い住宅では、倒壊するものが多い。耐震性の高い住宅でも、壁や柱が破損するものがかなりある。	耐震性の低い建物では、倒壊するものがある。耐震性の高い建物でも、壁、柱が破壊するものがかなりある。	ガスを地域に送るための導管、水道の配水施設に被害が発生することがある。[一部の地域で停電する。広い地域でガス、水道の供給が停止することがある。]	
7	揺れにほんろうされ、自分の意志で行動できない。	ほとんどの家具が大きく移動し、飛ぶものもある。	ほとんどの建物で、壁のタイルや窓ガラスが破損、落下する。補強されているブロック塀も破損するものがある。	耐震性の高い住宅でも、傾いたり、大きく破壊するものがある。	耐震性の高い建物でも、傾いたり、大きく破壊するものがある。	[広い地域で電気、ガス、水道の供給が停止する。]	大きな地割れ、地すべりや山崩れが発生し、地形が変わることもある。

災害時の医療・交通規制

●災害時医療救護の流れ （東京都福祉保健局医療政策部救急災害医療科）

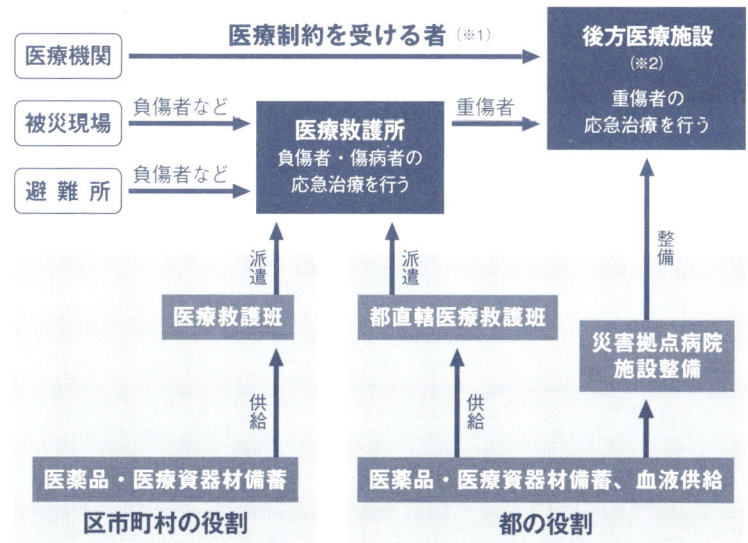

※1：医療制約を受ける者とは、医療機関の被害により、慢性疾患患者などで、透析医療などの継続して受けるべき医療を受けれなくなった者をいう。
※2：後方医療施設とは、東京都災害拠点病院、救急医療機関及びその他の病院で被害を免れた全ての病院を指す。

●震災時の交通規制

1. 多摩川、国道246号線および環状7号線を結ぶ内側の区域は、全面車両通行禁止となる。
2. 国道16号線以東の都県境では、車両の都内への流出入が禁止される。
3. 国道16号線の西側から都心方向へは車両進入禁止となる。

緊急交通路として全線車両通行止となる路線名

第一京浜／第二京浜／中原街道／目黒通り／玉川通り／甲州街道／青梅・新青梅街道／目白通り／川越街道／中山道／北本通り／日光街道／水戸街道／京葉道路／蔵前橋通り／中央南北線／東八道路／五日市街道／井の頭通り／三鷹通り／小金井街道／府中街道／芋窪街道／残堀街道／志木街道／新奥多摩街道／吉野街道／滝山街道／町田街道／北野街道／川崎街道／多摩ニュータウン通り／八王子立川線／鎌倉街道／大和バイパス／小作北通り／高速道路（首都高速道路及び高速自動車国道）

東京直下大地震 生き残り地図

あなたは震度6強を生き抜くことができるか?!

23区の倒壊・火災・避難危険度がひと目でわかる

監修
東京大学教授
目黒公郎

旬報社

日本は新たな地震の活動期を迎えた

南関東地震（M6.7〜7.2前後）
予想震源エリア
発生確率
10年以内：30％
30年以内：70％

東京大学教授　生産技術研究所
都市基盤安全工学国際研究センター
目黒公郎

専門は都市震災軽減工学。1991年東京大学大学院で学位（工学博士）取得後、東京大学助手、助教授を経て、2004年より現職。「現場を見る」「実践的な研究」「最重要課題からタックル」をモットーにハードとソフトの両面からの災害軽減戦略研究に従事。途上国の地震防災の立ち上げ運動にも参加。著書は「被害から学ぶ地震工学―現象を素直に見つめて―」（共著）、「地震のことはなそう（絵本）」（監修）など。

主な活断層

はじめに

現在わが国は地震活動度の高い時期を迎えている。マグニチュード（M）8級の巨大地震が、今後30〜50年程度の間に4、5回発生する可能性が高い。これらの前後に起こるM7クラスの地震（兵庫県南部地震や首都圏直下地震クラス）の数はその数倍になる（図1）。

指摘されるM8クラスの地震の代表が、東海（M8.0、30年発生確率86％）、東南海（M8.1、同60％）、南海（M8.4、同50％）、宮城県沖地震（M7.5〜8、同99％）、三陸沖北部（M7.1-7.7、同90％）、三陸南部海溝寄り（M7.7、20年確率70-80％）などである。図1の左上の図は、1978年に、わが国において地震観測を強化すべき10の地域を指定した地図である。27年経って見てみると、まだ地震の起きていないのは東海と南関東の2ヶ所だけ。ほかは全部起きている。地震の直前予知は難しいが、地震学者が20年、30年という時間スケールで指摘する地震の危険性については、確度が十分高いと認識して対処すべきだ。2003年に起こった十勝沖地震（M8.0）も、今後30年間で60％の発生確率が報告されていたものである。

東海から四国に至る地域の南側には、フィリピン海プレートが関西日本の乗っているユーラシアプレートに潜り込む境界がある。この境界を南海トラフと呼ぶが、この境界に沿って「地震三兄弟」と呼ばれる東海、東南海、南海の巨大地震の巣がある。この3つは時に単独で、時に組み合わさって起きるが、歴史的に非常に安定した周期で繰り返し起こっている。その周期は100年から150年。一連の大きな地震が起こると、その後は周期の前半の半分、すなわち50年から75年間は静かになる。そして後半になると、ひずみエネルギーが溜まってきたことを示すM7クラスの地震が関西地区の内陸の活断層で数回起こり、その後に地震三兄弟がやって来る。その繰り返しなのだ。

では最後はいつ起こったのか。通常よりも少し小ぶりの東南海・南海地震が、それぞれ1944年と46年に起こっている。少し小ぶりということから、解放されたエネルギーが少ないので、次の地震までの時間は少し短くなると予想されている。そこで50年を足すと1995年前後になり、まさに兵庫県南部地震が起こった年となる。この地震の後、関西では地震のエネルギーが解放されたので、もうしばらくは安全だと言う人がいたが、あれは大きな間違いだ。今後ますます地震の起こる可能性は高くなるし、事実、その後に鳥取県西部でも地震が起きている。今後も関西地域にはM7クラスの地震が何回か起こると予想され、地域

図1　日本の地震活動度（最近起こった地震と近い将来に起こる可能性の高い地震）

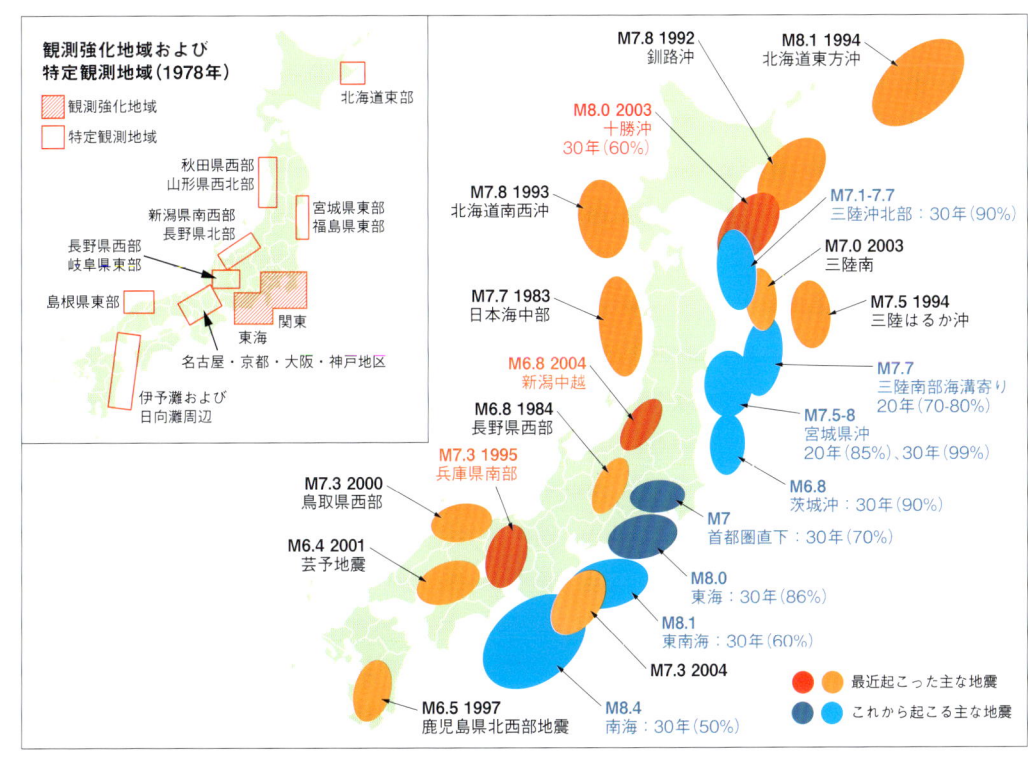

日本は新たな地震の活動期を迎えた

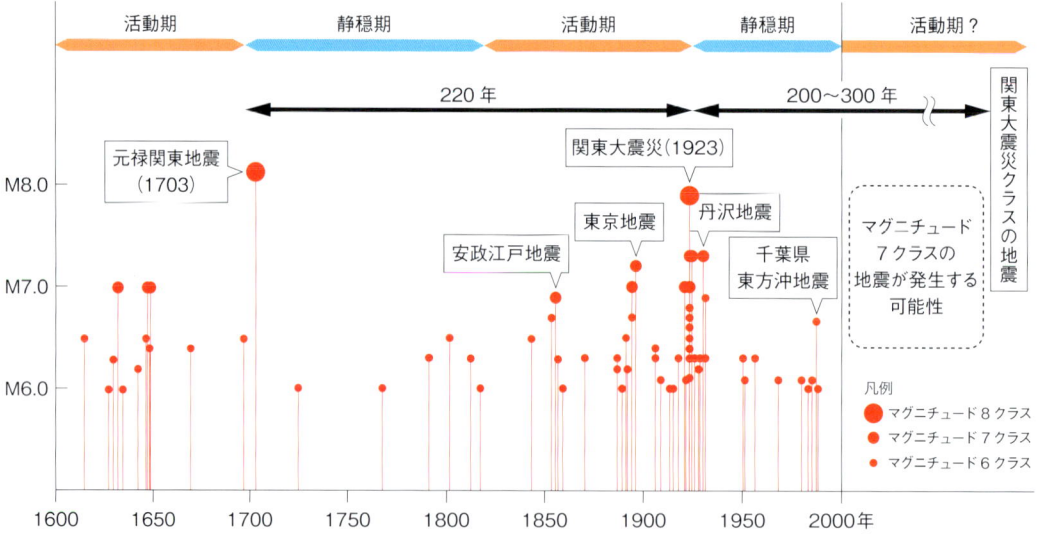

図2　南関東で発生した地震（M6以上、1600年以降）　中央防災会議「首都直下地震対策専門調査会報告」

柱からずれ、一般道に落下した阪神高速道路（西宮市）

的には滋賀、京都、大阪、奈良などが心配だ。

　首都圏直下の地震の危険性も指摘されている。今後30年で70％の発生確率が中央防災会議から発表されている。これまでも南関東では、200〜300年間隔で発生する関東大震災クラスの地震の間に、M7クラスの直下型地震が数回発生している（図2）。

　このように現在わが国は、巨大地震が頻発した江戸幕府末期以来の地震活動の高い時期を迎えているのだ。

わが国が直面する地震被害

　今後30〜50年程度の間に起こると考えられる一連の地震による被害はどの程度になるのだろうか。中央防災会議は以下のような被害量を報告している。南海トラフ沿いの地震三兄弟が連動して起きると、震度5以上の揺れにさらされる人の数はわが国の総人口の3分の1に相当する約4千万人、亡くなる人が約3万人、建物被害は、全壊・全焼のみで100〜110万棟の規模になる。死者に関しては、私自身はかなり低く見積もった数字だと思っている。首都圏直下地震では、全壊・全焼建物数が80〜90万棟。経済的な被害は、最悪の状況で、南海トラフ沿いの一連の地震で80兆円強、首都圏直下で110兆円強、両者を合わせると200兆円規模である。

　被害の状況は、地震の起こる季節や時刻によって変化するし、学者によっても試算額は違うが、私自身は、南海トラフ沿いの一連の地震と首都圏直下地震に、宮城県沖地震やその他の内陸地震を加えて、最悪で300兆円を優に超える規模の被害を想定している。1923年の関東地震（M7.9）による被害は、死者・行方不明者約10.5万人、焼失家屋44.7万戸、全半壊25.4万戸であり、被害総額は当時のGDPの4割（現在に換算して200兆円）を越えた。それをはるかに上回る規模の地震が頻発する中で、私の想定被害総額がべらぼうな数字ではないことはお分かりいただけると思う。仮に今後30年間の被害総額を300兆円とすると、年平均10兆円となり、これは兵庫県南部地震の被害額に相当する。現在の状況は本当に厳しいのである。

　海洋性の巨大地震である三兄弟は津波も起こす。地域よっては地震直後10分以内には10mを超える津波が襲う。津波のエネルギーが集中しやすい地形の場所では、局所的にその2倍を超える高さまで波が遡上することもある。1993年の北海道南西沖地震の奥尻島では、最高31.5mまで到達している。これは8階建のビルの高さだ。

道路に落下した橋架橋（灘区）

ガレキの山と化した民家（長田区）

RC橋脚の頭部が壊れるとともに
落橋防止装置が不十分であったために
落ちてしまった橋（長田区）

脱線したJRの列車（西宮市）

日本は新たな地震の活動期を迎えた

最近の地震被害から学ぶべき本当の教訓とは

総合的な地震防災力は、「被害抑止力」、「災害対応力」、「最適復旧・復興戦略」の3つによって達成されるが、3つの中で最も重要なのは「被害抑止力」だ。これがないと、いかに優れた事後対応システムや復旧・復興戦略を持とうが、地震直後に発生する構造物被害とそれに伴う人的被害を減らすことはできない。

兵庫県南部地震では、耐震性の不十分な既設の建物（既存不適格建物という）を中心とした約24万棟の全半壊建物により、直後に5,500人が亡くなった。被害額の点でも、住家被害は直接被害10兆円の6割を占めた。発生時刻が早朝5時46分だったこともあり、アパートも含め、自宅で亡くなった方が86.6%だ。病院まで運ばれて亡くなったのは4%にも満たない。年齢分布としては、犠牲者の過半数は60歳以上だ。とっさの行動がとれなかったことに加え、足腰が弱いので日本家屋では、建物の1階に住むことが多く、家屋の1階が潰れた事例が多かったことが原因である。一方、20歳から25歳の若い世代にも、当時の人口比率で考えても有意に高い山があった（図3）。彼らは神戸以外の地域から神戸に来て勉強していた大学生や大学院生、そして若い働き手たちである。安アパート、ボロアパートに住んでいて、それが壊れて亡くなった。若い世代が耐震性の低い安アパートに住んでいる状況は、もちろん神戸だけに特有の問題ではない。地震の危険性が指摘されている他の多くの都市でも同様であることを考えると、このままでは次世代を担う若者が選択的に犠牲になってしまう状況が続いてしまう。

神戸市の犠牲者を対象とした兵庫県監察医の調査（表1、表2）によれば、窒息死や圧死など、建物被害による犠牲者が全体の83.3%だ。残りの犠牲者のほとんど（15.4%）は火事で亡くなっているが、その大多数は被災建物の下敷きで逃げ出せずに焼死している。しかも死亡推定時刻は地震直後の15分以内が92%を占める。地震の後に繰り返し指摘された内閣総理大臣への被害情報の早期伝達の問題や、消防や自衛隊の出動体制の不備で亡くなっているのではない。もちろん食料や水の不足でもない。建物の耐震性を高めない限り人的被害を減らすことは不可能だ。兵庫県南部地震の最大の教訓は、「復旧・復興期までを含めて、発現した様々な問題の根本的な原因は、地震直後に発生した大量の構造物被害と、これを原因として生じた多数の人的被害であった」ことだ。

わが国の消防士や自衛隊員（陸上）は全国で各15万人である。消防団員も全国で93万人だ。全壊家屋だけで、数十万棟から100万棟も発生すると予想される近未来の巨大地震の際に、しかも発生直後の5分や10分で生死の状況が決まってしまう中では、いかに優れた事後対応システムや復旧・復興戦略を有していても、建物の耐震性を向上させない限り、人的被害を減らすことは不可能だ。トルコやイランなど、非常に優れた災害対応システムを持つ国でも、数万人規模の地震による犠牲者が繰り返し発生してしまう理由がここにある。

2004年10月23日に発生した新潟県中越地震の被害が現状の程度ですんだのは、中越地

旧耐震基準で建てられたビルの崩壊（兵庫区）

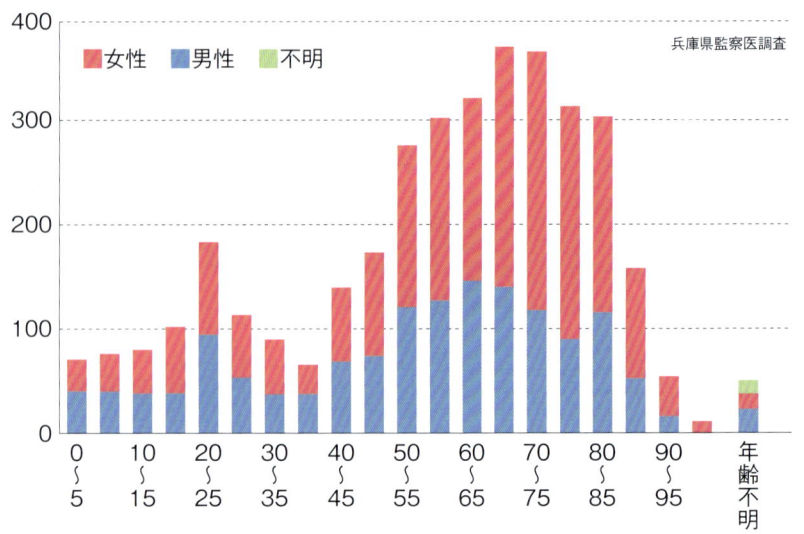

図3　兵庫県南部地震による犠牲者の年齢分布（神戸市内・地震後2週間まで）

表1　兵庫県南部地震による犠牲者の死因（神戸市内・地震後2週間まで）

死因		死者数	%
窒息	胸部、胸腹部、体幹部圧迫等	1,967	53.9
圧死	胸部・頭部・全身の圧挫損傷	452	12.4
外傷性ショック	火傷・打撲・挫滅・出血等による	82	2.2
頭部損傷	外傷性くも膜下出血・脳挫傷等	124	3.4
内臓損傷	胸部または胸腹部	55	1.5
頸部損傷		63	1.7
焼死・全身火傷	一酸化炭素中毒を含む	444	12.2
臓器不全等		15	0.4
衰弱・凍死		7	0.2
打撲・捻挫傷		300	8.2
不詳および不明	（高度焼損死体を含む）	116	3.2
その他		26	0.7
計		3,651	100

　は建物被害（家具の転倒はこの中の約一割）による犠牲者で全死者数の83.3%を占める。
　は火災による犠牲者だが、実際には倒壊した建物や家具の下敷きになり逃げ出せずに焼死したケースが大多数を占める。

兵庫県監察医調査

旧耐震基準で建てられたマンション
（西宮区）

表2　兵庫県南部地震による死者の死亡推定時刻 （神戸市内・地震後2週間まで）　　兵庫県監察医調査

死亡日時		死亡者数						死亡者数累計	%
		監察医が扱った事例			臨床医が扱った事例				
		数	累計	%	数	累計	%		
1月17日	6:00	2,221	2,221	91.9	719	719	58.2	2,940	80.5
	9:00	16	2,237	92.6	58	777	62.9	3,014	82.6
	12:00	47	2,284	94.5	61	838	67.9	3,122	85.5
	23:59	12	2,296	95.0	212	1,050	85.0	3,346	91.6
	時刻不詳	110	2,406	99.6	84	1,134	91.8	3,540	97.0
1月18日		5	2,411	99.8	62	1,196	96.8	3,607	98.8
1月19日〜2月4日		5	2,416	100	35	1,231	99.7	3,647	99.9
日付なし		0	2,416	100	4	1,235	100	3,651	100
計			2,416			1,235		3,651	

左／新潟中越地震で倒壊した家屋：
1階に店舗や車庫などに使っている
古い建物が壊れている

右上・右下／新潟中越地震にも耐え
た雪国仕様の住宅

域の建物の耐震性が高かったからだ。新潟県中越地震の揺れは、兵庫県南部地震並みに大変激しいものだが、被害の集中する震度6や7のエリアでの全壊被害の比率は兵庫県南部地震に比べて著しく低い。壊れた建物は一般的に古く、1階が店舗や車庫に使われていて壁量が足りていなかったものだ。積雪や冬の寒さを考慮した雪国仕様の住家は、柱も梁も太く、基礎も大きくて頑丈だ。窓も小さくて壁量が多くなる。屋根も雪の滑りやすいスレートやトタンを材料とするのでずっと軽くなる。寒い地域はシロアリの害も少ない。結果的に地震に対して非常に強い建物が実現できていた。中越地震で問題となっている事柄は、建物被害を低く抑えることができたことで相対的に出現したものが多い。マスコミが騒いだエコノミー症候群などはその典型である。

日本は新たな地震の活動期を迎えた

左／延焼する市街地（長田区）

右／建物倒壊の下敷きで多くの人が焼死した。（長田区）

地震津波や震後火災について

　兵庫県南部地震や新潟中越地震では発生しなかった津波による災害が、「東海」や「東南海」、「南海」地震などが発生した場合には問題となる。このような状況を踏まえ、現在盛んに津波に関しての注意の喚起と対策が進められている。しかし津波の問題は、住宅の耐震性の問題が相対的に軽視されてよいということとは違う。津波から逃げる避難路をどんなに整備しようが、津波の前にやってくる地震の揺れで家が壊れてその下敷きになってしまったのでは、元も子もない。

　火災に対しても同様だ。耐震性が高ければ、延焼火災の危険性は大幅に低くなる。初期出火確率も延焼確率も大幅に低下するからだ。理由は地震動による建物被害が多い場合、被災建物からの人命救助の優先、倒壊建物の下からの出火に対する消火活動の困難さ、倒壊建物による道路閉塞、などが発生するからだ。

防災対策がうまく進展しない最大の原因

　世界各地の地震被害を見てきた私の考える防災力向上の基本は、発災からの時間経過の中で、自分の周辺で起こる災害状況を具体的にイメージできる人をいかに増やすかに尽きる。効果的な防災対策は、「災害状況の進展を適切にイメージできる能力」に基づいた「現状に対する理解力」と「各時点において適切なアクションをとるための状況判断力と対応力」があってはじめて実現する。

　イメージできない状況に対する適切な心がけや準備などは無理である。現在の防災上の問題は、社会のさまざまな立場の人々、すなわち、政治家、行政、研究者、エンジニア、マスコミ、そして一般市民が、災害状況を適切にイメージできる能力を養っておらず、この能力の欠如が最適な事前・最中・事後の対策の具体化を阻んでいる点にある。地震被害

左／地盤の液状化で傾いたコンビナート

中／鉄道高架橋の崩壊。もし列車が走っている時間帯であったら…（中央区）

右／600m以上にわたって倒壊した単柱のRC高架橋

の状況を具体的にイメージする能力の向上には、私が提案している災害イマジネーションツール「目黒メソッド」（本書94頁参照）や「目黒巻」（本書116頁参照）などの利用をおすすめする。発災時の季節や天気、曜日や時刻などの条件を踏まえたうえで、発災からの時間経過にともなって自分の周りで起こる事柄を具体的に考えて抜き出し、問題点を理解して欲しい。こうすることで、事前準備の重要性が認識され、抑止力を含めて総合的な防災力が向上する。

最も重要な地震防災対策とは

繰り返しになるが、現在のわが国のように、地震が多発する危険性の高い状況における防災の最重要課題は、既存不適格建物の建替えや耐震補強（改修）を推進することである。しかし兵庫県南部地震から10年を経ても、これはうまく進展していない。既存不適格建物の耐震改修を促進するためには、適切な「技術」と「制度」の整備が必要だ。木造に限っても1,000万棟を超える既存不適格建物と、そこに住む人々の状況を考えると、「技術」に関しては、性能は高いが高価な工法は問題解決の決定打にはならない。低価格なこと（ただし施工者に応分の利益が上がること）、そして実施した際の「効果」（これが著しく高くなくても）が信頼性の高い情報として、持ち主に理解してもらえる環境の整備が重要だ。

「制度」としては、建物の持ち主に耐震改修に対する強いインセンティブを与えるものであり、かつ「技術」の価格や信頼度に関わる不確定性をカバーする機能を持つことが求められる。

膨大な数の既存不適格建物の存在と、近い将来の地震で、全壊・全焼のみでも200万棟を超えるような被害が予想される中では、「事前に行政がお金を用意して進める現在の耐震補強支援策」も、今盛んに議論されている「行政による事後の手厚い被災者支援策」も財政的にまったく成り立たない。さらに副次的にも多くの問題を生む。前者では数を限って実施しても「やりっぱなし」の制度が、悪徳業者が入り込む環境を作っているし、後者は最も重要な事前の耐震補強対策へのインセンティブを削ぐ。いずれもオールジャパンを対象として、長期的な視点からわが国の防災に貢献する制度になっていないし、公的な資金の有効活用の点からも説明責任が果たせるものになっていない。

撮影：目黒公郎　©Kimiro Meguro

防災における「自助」「共助（互助）」「公助」

防災においては「自助」「共助」「公助」が重要だが、基本は「自助」にある。また「共助」や「公助」は「自助」を誘発する仕組みがないと、大幅な無駄やモラルハザードを生むだけでなく、被害軽減に結びつかない。

地震防災における「自助」の最重要なアクションは持ち主による事前の「建替え」と「耐震改修」である。これを実現する「制度」として、私は「行政によるインセンティブ制度（公助）」、「耐震改修実施者を対象とした共済制度（共助）」、「新しい地震保険（自助）」を提案している。これら3つの制度（目黒の3点セット。本書98頁参照）により、耐震改修が不要な高い耐震性の建物に住む人と耐震改修を実施した人は、将来の地震で万が一、全壊・全焼などの被害を受けても新築住宅の建設に十分な支援を地震後に受けることができる環境が整う。

さいごに

現在の地震活動度を考えると、私たちに与えられている時間的な余裕はないし、自分のしてきた仕事の良し悪しを、地震によって否応なしにチェックされる状況にある。被害想定なんか何度やっても被害はまったく減らない。その結果に基づいて具体的な目標を掲げ、それを達成するための計画を立案し、実施して初めて被害が軽減される。そして、その達成度を定期的に確認する仕組を作ることが肝心である。

自分が地震で亡くなってしまう状況を想像して欲しい。「何を最大の教訓として遺族に伝えたいですか？」自分を、自分の大切なものを守るための努力が、自分の地域、ひいてはわが国を地震から守ることにつながることを忘れないで欲しい。

今見えていることだけを前提とした制度ではなく、オールジャパンを対象として長期的な視点からタックス・ペイヤーに対して、責任ある説明のできる制度が今求められている。この制度こそ、本当に悲惨な人を適切に支援するために必要な制度であることをご理解いただきたい。

被害想定と地域危険度について

適切な地震防災対策を講じるためには、将来直面するであろう地震被害の様相や、地域の地震に対する脆弱性を知っておくことが重要である。これらの情報を得る手段として、「地震被害想定」と「地震危険度評価」と呼ばれる検討が一般的に行われる。この2つは「似て非なるもの」だが、その違いを含めて正しく理解されていない場合が多い。

首都圏を対象としては、東京都の総務局が1997年に複数の震源案を検討したうえで、ゆれのパターンの異なる区部直下、多摩直下、神奈川県堺直下、埼玉県堺直下の4つのM7.2の首都直下地震を対象にした「地震被害想定」を行っている。「地震危険度評価」は東京都の都市整備局によって1975年11月に第1回（その時は区部のみ）が公表され、以来5年おきに地域危険度測定調査が行われ、最後は2002年に第5回目の危険度が公表されている。

ではこの2つの基本的な違いは何か？以下にその違いを簡単に説明するが、その前に地震による被害の性質や程度が何によって変化するのかについてまず簡単に述べておく。

地震被害の規模や特徴は何によって決まるのか

地震災害の様相は、地震の揺れの強さ（これを地震動と呼ぶ）と地域の持つ危険な要因との組み合わせで決まる。地震動の強さは、地震そのものの大きさ（マグニチュード）、震源位置と対象地域までの距離、対象地域の地形や地盤の良し悪しによって大きく変化する。地域の持つ危険な要因とは、自然環境特性と社会環境特性から決定される地域特性のことである。地域の気象や気候、地形や地盤条件などは自然環境特性の代表である。一方、社会環境特性とは、対象地域の都市システム、インフラ、政治や経済、文化や教育、歴史や伝統、宗教や思想などの特性である。地域の人々の生活様式は自然環境特性と社会環境特性によって決定される。地域特性が異なれば、同じ地震動が作用しても被害の様相は変化する。また地域活動や住民生活が時間によってダイナミックに変化することから、地域特性を表現する変数には、季節・曜日・時刻などの時間の項が入ってくる。

「地震被害想定」とは

まず「地震被害想定」について説明する。次のページの図に手続きの一般的な流れを示す。

まず、①対象地域に起こる可能性の高い地震（地震断層）を選定（これをシナリオ地震とかシナリオ断層という）し、この地震の場所と大きさ（さらに詳しくは断層の角度や破壊の開始点、進展方向など）を決める。

対象地域の位置と地形や表層地盤の特性を考慮して、②各所を襲う地震動の特性（強さ,周波数特性,継続時間など）を求める。

③各所に存在する基盤インフラ設備や住宅をはじめとする構造物の強度特性と②で求めた地震動を比較することで各種の物理的な被害の量（直接被害とも言う）を評価する。

④最後に、③で求めた被害量を基に出火・延焼件数や人的被害、さらにはこれらの被害が及ぼす経済的な影響など（間接被害と言う）を評価する。

「地域危険度評価」とは

一方、「地域危険度評価」とは何か？基本的な作業の流れは「地震被害想定」と同じで、用いる解析手法も同様である。最大の違いは、①のシナリオ地震の選定法にある。

「地震被害想定」では対象地域で発生する可能性の高い地震をシナリオ地震に設定するのに対して、「地域危険度評価」では対象地域全体の地下の基盤に同じ特性の揺れを作用させる点にある。言い換えると、対象地域全体の地下の基盤から上をそっくり巨大な振動台の上に載せて揺らす状態である。したがって「地域危険度評価」で用いられる地震動では、断層（震源）からの距離による差は生じない。単純に各地の地形や表層地盤の特性のみを踏まえた地震動が襲うことになる。これを用いて行う②から④の検討はまったく同じである。

最終的なアウトプットは、④によって得られた被害量の大小を地域ごとに比較し、それぞれの被害項目ごとに順番をつけたもので、それを被害別の地震危険度と定める。

このような違いを有する「地震被害想定」と「地域危険度評価」の結果の意味と利用法の違いは何か？

まず、被害の絶対量として「地震被害想定」の結果は意味を持つが、「地域危険度評価」の結果は意味を持たない。したがって被害量に応じて数量を定める必要のある備蓄の量などを決める指標としては、「地域危険度評価」の被害結果は適さない。限られた資源や時間を有効に活用して防災対策を講じようとする際や、対象地域のシナリオ断層が精度高く決定しにくい場合に「地域危険度評価」の結果を使う。また、地域全体を対象として、特定の地震断層を対象としないで危険度の相対的な順番づけをしたり、対策を講じる地域の優先順位づけをしたい場合などには、「地域危険度評価」の値が使いやすい。

首都圏の2つの「被害想定」

首都圏、特に東京23区を中心と

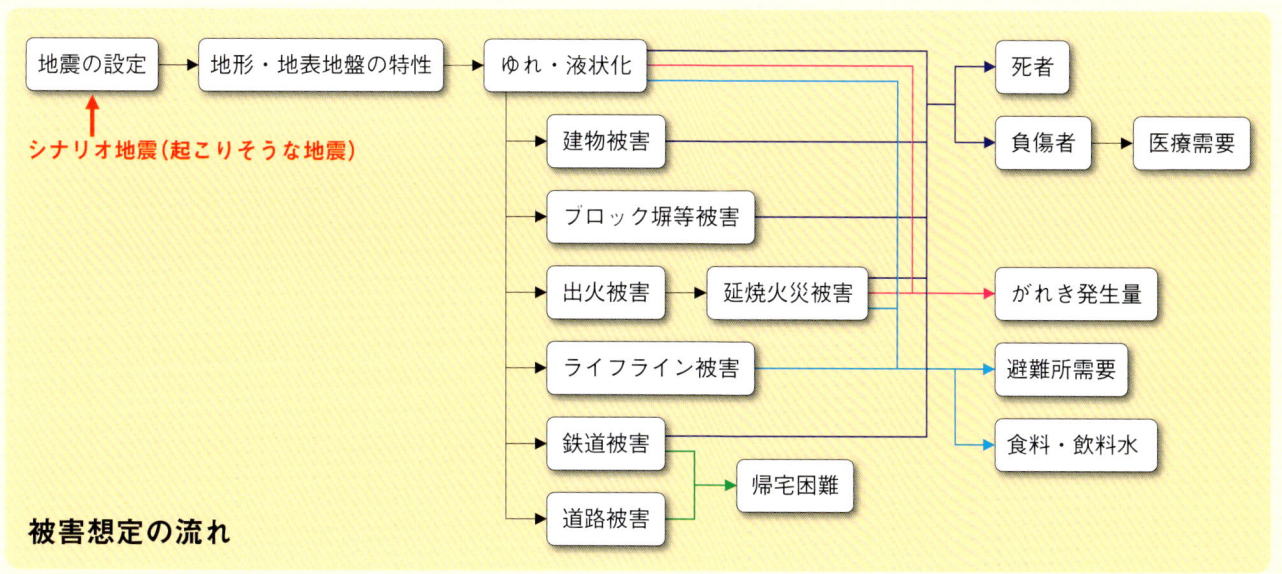

被害想定の流れ

した地域を対象とした「地震被害想定」の代表は、東京都総務局による1997年8月発表の「東京における直下地震の被害想定に関する調査報告書」と、中央防災会議首都直下地震対策専門調査会による2005年2月発表の「首都直下地震対策専門調査会報告」である。

前者では、区部直下、多摩直下、神奈川県境直下、埼玉県境直下の4つのM7.2の首都直下地震を対象に被害想定を行っている。具体的には、冬の平日・夕方6時・晴れ・風速6m/sを条件として、以下のような被害量を見積もり、区別の集計値も公表している。

区部直下地震発生時の被害概要（東京都内で）：全壊全焼建物：42万棟（約100万戸）、死者：7,159人、負傷者：約158,000人（重傷者：17,438人）、帰宅困難者：371万人、停電：1週間、電話停止：10日間、断水：11ヶ月、ガス停止：2ヶ月、避難者：直後150万人、1ヶ月後90万人など。

後者の中央防災会議首都直下地震対策専門調査会は、18の地震（「活断層地震M7.0〜7.5、5種類」、「活断層以外の地殻内の浅い直下地震M6.9、10種類」、「フィリピン海プレートと北米プレートの境界の地震M7.3、3種類」）を対象とした、直接被害と間接被害を想定している。具体的には首都圏全域を対象に、地震発生の季節と時間を「冬の朝5時、秋の朝8時、夏の昼12時、冬の夕方6時」、気象条件としては風速3m/sと15m/sを設定した検討を行っている。

死者数は、活断層以外の地殻内の浅い直下地震のひとつである都心西部直下地震（冬18時、風速15m/s）が最大で約12,000人、建物被害や経済被害はフィリピン海プレートと北米プレートの境界の地震のひとつである東京湾北部地震（冬18時、風速15m/s）で最大となる。全壊・全焼建物数が約85万棟、経済的な被害が約112兆円（直接被害約66.6兆円、間接被害約45.2兆円）になる。ただし現時点では、都県別の集計のみが公開されているだけで、各地の詳細なデータは公表されていない。

東京都の「地域危険度」

東京都を対象とする最新の「地域危険度評価」結果は、2002年に東京都都市整備局によって報告されている。都内都市計画区域の5,073町丁目について、各地域における地震に対する危険性を、建物倒壊、延焼火災、避難の困難さの面から、1から5（数字が大きいほど危険）までのランクで相対的に評価している。さらにこの3つの危険度をトータルした総合危険度と合わせ、地域の地震に対する4種類の危険度を明らかにしている。なおこれらの危険度は町丁目別、区別にも整理され、一般に公開されている。

本書「東京直下大地震、生き残り地図」では、東京23区を対象として、区を単位とした被害状況と、地域別の詳細な地震危険度情報を提供する。これらの情報から、読者の皆様に身の回りで起こる可能性の高い地震被害の状況認識能力を高めてもらい、結果としてその被害を軽減するための事前対策を適切に講じていただくことを目的としている。そのために、現時点で入手可能な最新で、詳細な情報として、東京都総務局による「東京における直下地震の被害想定に関する調査報告書（1997年）」と都市整備局による「第5回地域危険度測定調査結果（2002年）」を主要な情報源として用いた。将来的にさらに良質な情報が得られた場合には、内容を更新することでより良い「東京直下大地震、生き残り地図（改訂版）」を出版したいと考えている。

東京直下大地震 生き残り地図
CONTENT

- **2** 日本は新たな地震の活動期を迎えた
  東京大学教授　目黒公郎
- **13** 東京直下大地震 23区被害想定ワーストランキング
- **14** 「東京直下大地震 生き残り地図」活用ガイド

生き残り地図 [被災シミュレーションMAP]

- **16** 新宿区
- **20** 渋谷区
- **24** 中央区
- **28** 千代田区
- **32** 豊島区
- **36** 台東区
- **40** 港区
- **44** 江戸川区
- **47** 葛飾区
- **50** 足立区
- **53** 墨田区
- **56** 江東区
- **59** 荒川区
- **62** 品川区
- **65** 大田区
- **68** 文京区
- **71** 北区
- **74** 板橋区
- **77** 中野区
- **80** 練馬区
- **83** 杉並区
- **86** 目黒区
- **89** 世田谷区

- **92** 大地震になったら、NTT「災害用伝言ダイヤル」か、携帯電話の「災害用伝言板サービス」を活用しよう！

生き残り地図 [情報編]

- **94** 地震の時代を生きぬくためには 災害イマジネーション能力を高めることが必要だ！
- **98** いますぐ本気で始めたい。地震国・日本に必要な、住まいの「耐震改修」対策。
- **100** How to 耐震改修テクニック❶ 木造住宅の補強方法
- **101** How to 耐震改修テクニック❷ 家具の固定方法
- **102** 誰でもできるわが家の耐震診断
- **104** 東京都23区、住まいの耐震診断・改修支援制度一覧
- **105** 会社から自宅までのサバイバルウォーク 「帰宅困難者」という問題
- **108** 地震は突然あなたを襲う！ あらゆる状況での対応策をしっかり覚えておこう
- **112** セブン-イレブン・ジャパンとNTTドコモに見る、ネットワーク社会を支える企業の防災システム
- **114** 緊急アンケート実施!! 東京都の主要交通機関の防災対策はどうなっている!?
- **116** 大地震の混乱の中で、大人たちは本当に、幼い子どもたちを守ることができるだろうか？
- **117** あなたの会社やお店でも、いますぐ導入すべき！ 災害状況へのイマジネーションと判断力を養う 災害体験図上演習
- **120** 知っていると役立つ アフター大震災復興Q&A
- **122** 緊急時情報シート【個人記録／情報】
- **123** 緊急時情報シート【家族一覧表】

東京直下大地震 23区被害想定ワーストランキング

東京都総務局災害対策部防災計画課「東京における直下地震の被害想定に関する調査報告書」を基に、主要な被害想定項目ごとに各区をランキングした。

巻末には、各町丁目別総合危険度上位と供給処理施設の機能支障率、自宅外避難者数などのワーストランキングを掲載しています。

死者数

1	大田区	1,104人
2	世田谷区	834人
3	江戸川区	773人
4	葛飾区	625人
5	中野区	516人
6	杉並区	478人
7	荒川区	320人
8	足立区	301人
9	江東区	227人
10	品川区	192人
11	目黒区	172人
12	新宿区	155人
13	中央区	143人
14	北区	140人
15	港区	135人
16	墨田区	120人
17	千代田区	114人
18	台東区	82人
19	渋谷区	77人
20	練馬区	56人
21	文京区	51人
22	板橋区	45人
23	豊島区	44人
合計		6,704人

建物全半壊数

1	江戸川区	15,539棟
2	足立区	15,419棟
3	大田区	14,308棟
4	葛飾区	10,851棟
5	江東区	9,089棟
6	世田谷区	7,082棟
7	墨田区	5,941棟
8	品川区	4,541棟
9	台東区	4,370棟
10	荒川区	4,216棟
11	北区	3,503棟
12	杉並区	3,171棟
13	新宿区	2,699棟
14	板橋区	2,468棟
15	港区	2,378棟
16	中央区	2,348棟
17	練馬区	2,264棟
18	渋谷区	2,221棟
19	目黒区	2,148棟
20	中野区	1,686棟
21	文京区	1,575棟
22	豊島区	1,488棟
23	千代田区	1,409棟
合計		120,714棟

焼失面積

順位	区	面積
1	江戸川区	11.33km²
2	大田区	10.76km²
3	世田谷区	9.51km²
4	杉並区	8.69km²
5	葛飾区	6.57km²
6	目黒区	4.00km²
7	中野区	3.94km²
8	練馬区	2.94km²
9	江東区	2.63km²
10	北区	2.19km²
11	品川区	2.13km²
12	荒川区	2.00km²
13	足立区	1.76km²
14	渋谷区	1.57km²
15	新宿区	1.44km²
16	墨田区	0.88km²
17	文京区	0.75km²
18	豊島区	0.69km²
19	板橋区	0.57km²
20	台東区	0.38km²
21	港区	0.13km²
22	中央区	0.00km²
	千代田区	0.00km²
合計		74.85km²

焼失棟数

1	大田区	46,818棟
2	江戸川区	46,522棟
3	世田谷区	36,790棟
4	杉並区	35,670棟
5	葛飾区	30,290棟
6	中野区	18,180棟
7	目黒区	16,535棟
8	荒川区	12,510棟
9	北区	11,090棟
10	江東区	10,833棟
11	品川区	10,657棟
12	足立区	10,000棟
13	練馬区	9,709棟
14	渋谷区	7,142棟
15	新宿区	5,789棟
16	墨田区	5,738棟
17	豊島区	3,122棟
18	板橋区	2,540棟
19	台東区	1,983棟
20	文京区	1,792棟
21	港区	545棟
22	中央区	17棟
23	千代田区	16棟
合計		324,288棟

帰宅困難者数

順位	区	人数
	千代田区	603,930
2	港区	450,111
3	中央区	418,447
4	新宿区	350,295
5	渋谷区	223,600
6	豊島区	157,116
7	台東区	126,748
8	品川区	124,458
9	大田区	118,967
10	文京区	113,229
11	世田谷区	96,077
12	江東区	71,265
13	板橋区	69,143
14	足立区	54,382
15	杉並区	53,331
16	目黒区	51,874
17	墨田区	48,558
18	練馬区	46,436
19	北区	42,925
20	中野区	37,703
21	葛飾区	30,148
22	荒川区	29,746
23	江戸川区	29,534
合計		3,348,023人

負傷者数

1	大田区	11,822人
2	中央区	10,885人
3	江東区	9,689人
4	港区	9,330人
5	千代田区	8,868人
6	江戸川区	8,602人
7	世田谷区	8,360人
8	新宿区	7,616人
9	品川区	6,383人
10	足立区	6,010人
11	葛飾区	5,881人
12	渋谷区	5,372人
13	杉並区	4,962人
14	台東区	4,624人
15	墨田区	4,343人
16	中野区	3,475人
17	目黒区	3,438人
18	荒川区	3,035人
19	文京区	2,784人
20	板橋区	2,699人
21	豊島区	2,652人
22	北区	2,620人
23	練馬区	2,578人
合計		136,028人

建物全半壊率※

順位	区	率
1	江東区	14.7%
2	中央区	12.6%
3	江戸川区	11.9%
4	墨田区	11.6%
5	葛飾区	10.7%
6	台東区	10.6%
7	足立区	10.3%
8	大田区	10.3%
9	荒川区	10.0%
10	千代田区	8.4%
11	港区	7.0%
12	品川区	6.9%
13	渋谷区	5.7%
14	北区	5.1%
15	世田谷区	4.5%
16	目黒区	4.5%
17	新宿区	4.3%
18	文京区	3.9%
19	杉並区	2.9%
20	豊島区	2.9%
21	中野区	2.7%
22	板橋区	2.6%
23	練馬区	1.7%

※区内全棟数に対する全半壊棟数比

焼失面積率※

順位	区	率
1	目黒区	27.2%
2	杉並区	25.5%
3	中野区	25.3%
4	江戸川区	22.7%
5	荒川区	19.6%
6	葛飾区	18.9%
7	大田区	18.1%
8	世田谷区	16.4%
9	北区	10.6%
10	渋谷区	10.4%
11	品川区	9.4%
12	新宿区	7.9%
13	江東区	6.7%
14	文京区	6.6%
15	墨田区	6.4%
16	練馬区	6.1%
17	豊島区	5.3%
18	台東区	3.8%
19	足立区	3.3%
20	板橋区	1.8%
21	港区	0.6%
22	中央区	0.0%
	千代田区	0.0%

※区面積に対する焼失面積比

焼失棟数率※

順位	区	率
1	江戸川区	35.6%
2	目黒区	34.6%
3	大田区	33.6%
4	杉並区	33.1%
5	葛飾区	29.9%
6	荒川区	29.6%
7	中野区	29.5%
8	世田谷区	23.5%
9	渋谷区	18.2%
10	江東区	17.5%
11	品川区	16.3%
12	北区	16.2%
13	墨田区	11.2%
14	新宿区	9.3%
15	練馬区	7.3%
16	足立区	6.7%
17	豊島区	6.1%
18	台東区	4.8%
19	文京区	4.5%
20	板橋区	2.6%
21	港区	1.6%
22	千代田区	0.1%
23	中央区	0.09%

※区内全棟数に対する焼失棟数比

帰宅困難率※

順位	区	率
1	千代田区	56.3%
2	中央区	54.2%
3	港区	54.1%
4	大田区	51.3%
5	新宿区	49.0%
6	台東区	48.2%
7	品川区	47.5%
8	足立区	47.1%
9	豊島区	45.9%
10	文京区	45.4%
11	渋谷区	45.0%
12	江東区	44.2%
13	板橋区	44.2%
14	墨田区	40.6%
15	荒川区	39.6%
16	世田谷区	39.4%
17	練馬区	39.4%
18	北区	35.5%
19	中野区	34.6%
20	杉並区	34.5%
21	葛飾区	33.9%
22	目黒区	33.1%
23	江戸川区	32.2%

※想定発生時刻の外出者数に対する帰宅困難者数比

「東京直下大地震 生き残り地図」活用ガイド

生き残り地図の見方・使い方

「東京直下大地震 生き残り地図」は、東京で地震が起こった場合の想定被害状況を、東京都が発表した〈火災危険度〉〈建物倒壊危険度〉〈避難危険度〉の調査データを基に、見やすく地図化したものである。各区ごとの火災と建物倒壊の危険エリアは、町丁目ごとにひと目で識別していただけるよう、ピンクと黄色の濃淡を組み合わせて示し、避難危険エリアは赤枠で囲んだ。また避難場所や病院、救護所をはじめとした災害時に役立つ各種の災害対策ポイントをシンボル表示。被災時の避難ルートの把握ほか、具体的な被災シミュレーションもマップ上で行なえるよう地図設計した。もちろん日常生活の中で使用する地図としても活用できる。

現在、各区の区役所防災課などで、それぞれの区の防災マップを入手することができる。しかし現状では各区まちまちのマップ作りになっており、情報設計やデザインにも格差がある。「東京直下大地震 生き残り地図」では、東京都23区すべての防災マップのデザインを共通フォーマット化することで、これまで以上に見やすく使いやすい地図を実現した。そのことによって読者が、どの区にいても被災時の対応が、格段にイメージしやすくなるはずだ。

データの出典について

地図上の各区町丁危険度の色分けは、東京都都市整備局「第五回地域危険度測定調査結果」(2002年)のデータを基に作成。各区の被害想定・ワーストランキングに関しては、東京都総務局災害対策部防災計画課「東京における直下地震の被害想定に関する調査報告書」(1997年)を基に記載した。ともに2005年7月時点では最新のデータである。

危険エリアについて

各区情報ページに記載されている「危険エリア」は、東京都都市整備局「第五回地域危険度測定調査結果」における建物倒壊危険度、火災危険度、避難危険度を組み合わせた、『危険度特性評価』を基に、危険度の高い町丁目をピックアップして掲載した。

町丁別危険度カラーチャートの見方

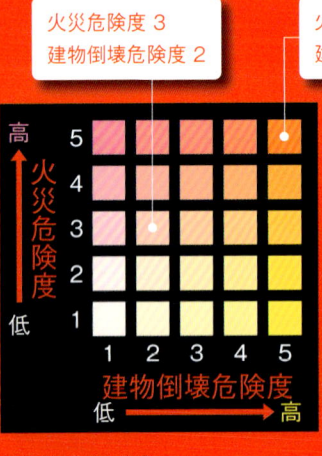

本書地図では町丁目ごとに、火災危険度と倒壊危険度を色で表している。
色が濃いほど危険度が高いことを表し、黄色が強い場所は倒壊危険度が高く、ピンクが強ければは火災危険度が高いことを表している。

[火災危険度]
地震による火災の危険性の度合い。出火の起こりやすさ(ガスコンロ等の数や使用状況)、延焼の危険性(燃え広がりのシミュレーションを実施し、焼失する建物の面積をもとに算定)を測定して評価。

[建物倒壊危険度]
地震動によって建物が壊れたり傾いたりする危険性の度合い。地盤(地盤分類による危険性の大小、液状化の可能性等)と、地域にある建物の種類(構造、建築年次、階数、耐震性能)等によって判定。

凡例

広域避難場所
大地震時に発生する延焼火災やその他の危険から避難者の生命を保護するための大規模公園、緑地等のオープンスペース（東京都指定）。

帰宅困難者支援場所（千代田区のみ）
帰宅困難者の一時的な避難と円滑な帰宅を支援するための場所。皇居外苑や北の丸公園などを指定。

地区内残留地区
市街地大火が発生する可能性が低く、火災が発生しても地区内の近い距離（一区画程度）に退避すれば安全を確保でき、広域的な避難をする必要がない地区（東京都指定）。

避難危険度4〜5エリア
避難場所に到達するまでに要する時間と、避難する人の数を組み合わせて評価。危険度4〜5エリアは、避難場所までの距離が長く、避難道路沿いに避難の障害となる要因が存在し、避難する人の数も多い地区。

東京都災害拠点病院
大規模災害時に知事の要請に基づき医療救護班を編成。通常の医療供給体制では医療確保が困難となった場合に、傷病者を受け入れる救急病院。応急的な医療を実施する医療救護所と連携し、重症者の医療を行う。

救急指定病院[救急医療機関]
救急医療について相当の知識及び経験を有する医師が常時診療に従事し、救急医療を行うために必要な施設及び設備を有するなど、一定の基準を満たした病院、診療所。医療機関からの申出に基づいて知事が認定し告示する。

医療救護所
災害発生時に傷病者の治療を行う臨時医療施設。傷病者はここで負傷の程度を判断され、重傷者は災害拠点病院に搬送される。

救護所兼避難所
医療救護所を併設した学校、公民館などの避難所。

避難所
災害発生時に家屋の倒壊、焼失などの被害を受けた人、または被害を受ける恐れのある人を一時的に受け入れ、保護するための学校、公民館などの施設。

帰宅困難者支援施設
被災者が帰宅する際、各種の情報提供や茶湯の提供、応急手当などを行う、主要道路に設置される簡易な支援所（エイド・ステーション）。

給水所・応急給水槽
浄水場、給水場等にエンジンポンプなど応急給水用資器材を整備した拠点と、応急給水のための水槽。

- 区役所
- 区役所出張所
- 警察署
- 消防署・消防出張所
- 病院
- 学校
- 都境
- 区境
- 町境

- 隣接する区の広域避難場所と主な病院についても表記。
- 危険度の高いエリア
- 危険度の低いエリア
- 主要ポイントデータ　主要な場所の電話番号と地図上での位置を知るための索引
- 縮尺率・方位・スケールバー

各区被災シミュレーションについて

各区ワーストランキングデータ
それぞれの区において被害想定の高い項目をピックアップし、編集部で独自に算出し直したもの。

帰宅困難率 49% （ワーストランキング5位）

各区被害想定
それぞれの区において主要な被害想定項目を掲載。
[想定震度面積率]区全体の面積に対する各震度想定値の割合。どこでどの程度の被害が発生するかを知る上で役に立つ数値。
[液状化可能性面積率]地震により液状化する面積の割合で、液状化危険度の大きいものからA〜Cランク別に算定されている。

想定震度面積率	6強	0%	6弱	38.4%	5強	61.6%
液状化可能性面積率（液状化しやすさの順にABC）	A	0%	B	0%	C	8.2%

建築物被害		木造	RC造	S造	計
	半壊棟数	1,517棟	268棟	96棟	1,881棟
	全壊棟数	508棟	267棟	43棟	818棟
機能支障率	都市ガス	0%	535棟	139棟	2,690

自宅外避難者数（1日後）	35,324人（17,772世帯）
帰宅困難者数	350,295人

[自宅外避難者数]住居の倒壊、焼失、ライフラインの被害により、これまでに住んでいた住宅で生活できなくなる人の数。
[帰宅困難者数]帰宅距離が長く、通常の交通手段が停止した時に、徒歩で帰宅が著しく困難になる人の数。

「数字で見る防災データ」の数値は、東京消防庁、東京都発表の資料、各区の地域防災計画資料等を基に、編集部で集計した。

生き残り地図
新宿区

東京23区のほぼ中央に位置。乗降客数日本一の新宿駅を抱え、その周辺には大規模百貨店やさまざまな商業施設、映画館、飲食街を擁しているほか、西口の東京都庁をはじめとする公共施設、企業、学校なども数多く集積している。

新宿区では、新宿駅東口周辺、歌舞伎町一帯の避難危険度の高さは言うに及ばず、学校や印刷、出版関連の事業所が多数存在する、飯田橋駅・市ヶ谷駅～神楽坂エリアの危険度が高い。

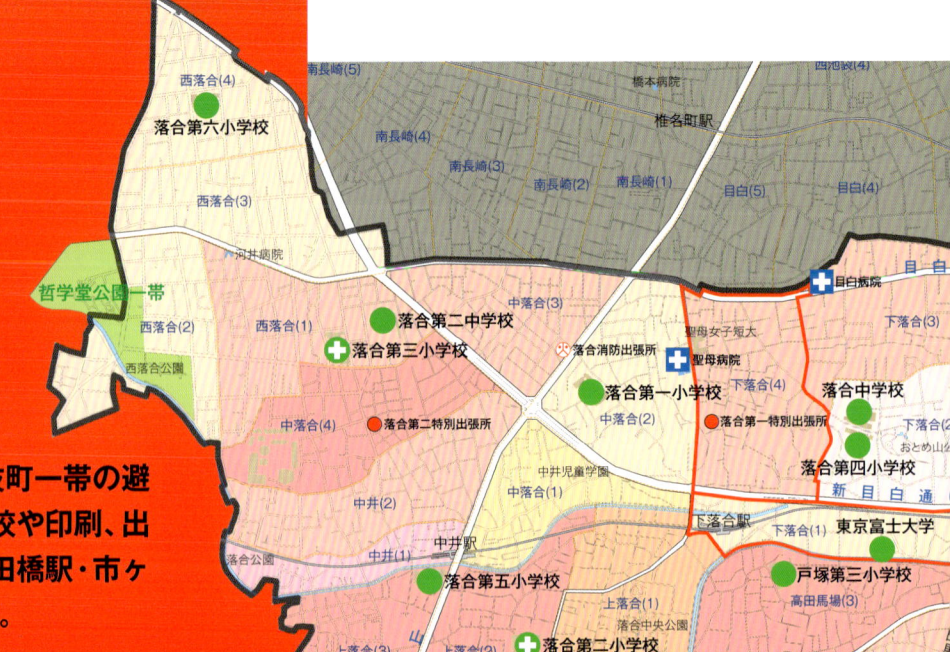

新宿区危険エリア

建物倒壊・火災・避難のすべてに注意!
赤城下町、神楽坂3・4丁目、坂町

建物倒壊と火災に注意!
改代町、水道町、西五軒町、原町1丁目、南榎町、若葉3丁目

建物倒壊と避難に注意!
神楽坂6丁目

火災と避難に注意!
荒木町、市谷田町2丁目、神楽坂1丁目、天神町、中里町、山吹町

建物倒壊に注意!
市谷柳町、北新宿2丁目、横寺町、早稲田南町

火災に注意!
榎町、大久保2丁目、上落合2・3丁目、信濃町、新宿7丁目、高田馬場1・2・3丁目、中落合4丁目、西新宿5丁目、原町2・3丁目、馬場下町、舟町、弁天町、四谷3丁目、富久町

避難に困難をともなう!
揚場町、市谷加賀町1丁目、市谷砂土原町1・2丁目、市谷左内町、市谷鷹匠町、市谷田町1・3丁目、市谷長延寺町、市谷八幡町、市谷船河原町、岩戸町、神楽坂2・5丁目、歌舞伎町1・2丁目、細工町、三栄町、下落合1・4丁目、新宿3丁目、箪笥町、築地町、津久戸町、戸塚町1丁目、納戸町、西早稲田1丁目、二十騎町、東榎町、南山伏町、四谷2丁目、早稲田鶴巻町、河田町

新宿区役所 ⊙
[E-6] ☎ 03-3353-1111
http://www.city.shinjuku.tokyo.jp

給水拠点 💧
- 淀橋給水所 [D-7]
- 区立鶴巻南公園 [I-4]
- 区立百人町ふれあい公園 [G-4]

警察署 ⊗
- 新宿警察署 [D-6] ☎ 03-3346-0110
- 戸塚警察署 [F-3] ☎ 03-3207-0110
- 四谷警察署 [G-7] ☎ 03-3357-0110
- 牛込警察署 [H-5] ☎ 03-3269-0110

消防署
- 新宿消防署 [E-4] ☎ 03-3371-0119
- 四谷消防署 [G-7] ☎ 03-3357-0119
- 牛込消防署 [I-4] ☎ 03-3267-0119

●町別危険度カラー
数字が高い程危険度が高い

凡例: 広域避難場所 / 地区内残留地区 / 避難危険度4〜5エリア / 東京都災害拠点病院 / 救急指定病院 / 医療救護所

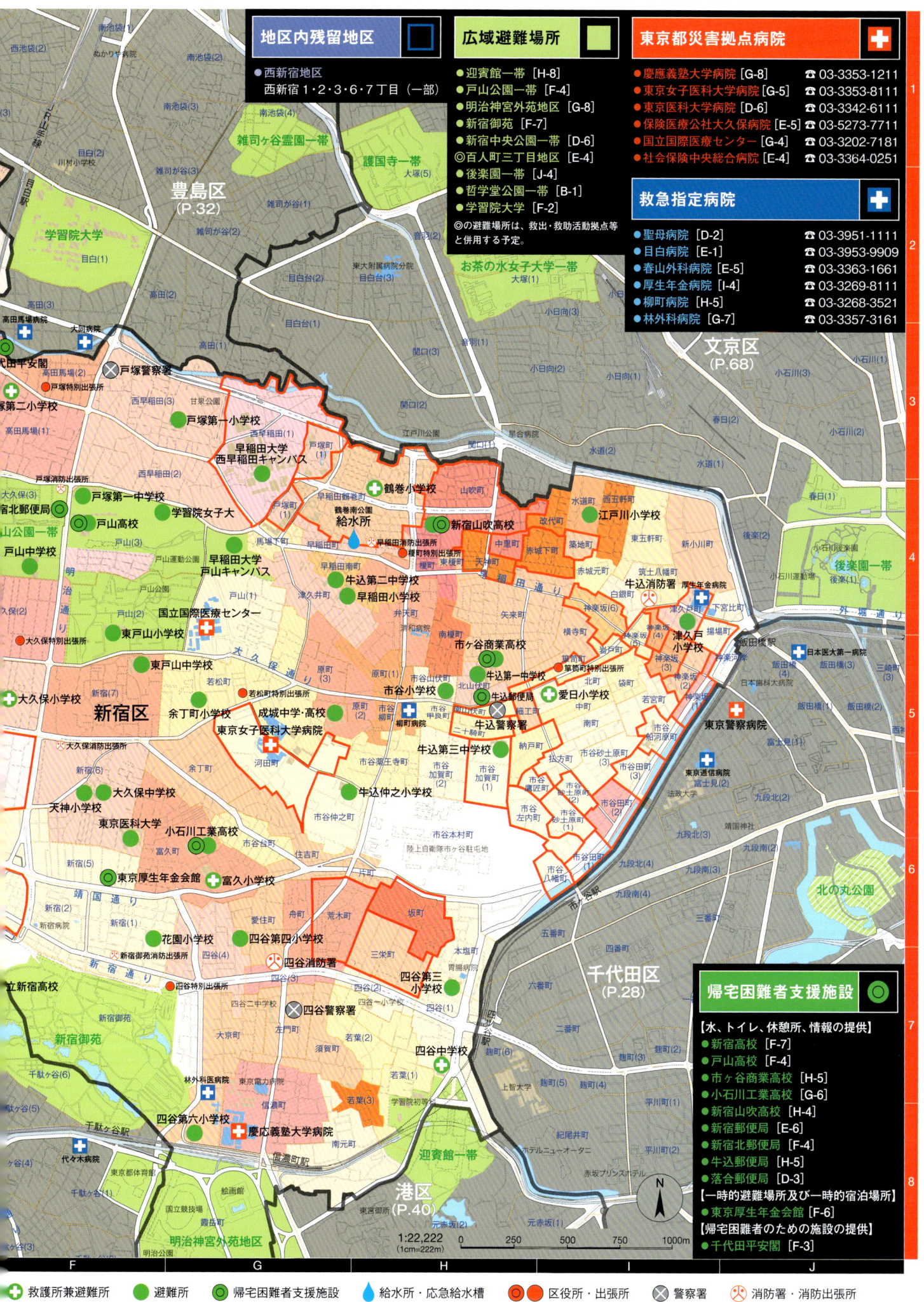

生き残り地図
新宿区

帰宅困難率 **49%** ワーストランキング5位

負傷者数 **約7,600人** ワーストランキング8位

死者数 **155人** ワーストランキング12位

被災シミュレーション

震源の位置によっては地下街で大規模な被害が想定される新宿駅周辺。
避難危険度の高い歌舞伎町以外にも、区東部に危険エリアが広がる。

被害想定 [前提条件] 震源地：23区直下(深さ地下20～30km)　規模：直下型地震(マグニチュード7.2)　季節・時刻：冬の夕方 午後6時　気象条件：風速6m/秒　　区面積 18.23km²

想定震度面積率	6強	0%	6弱	38.4%	5強	61.6%
液状化可能性面積率（液状化しやすさの順にABC）	A	0%	B	0%	C	8.2%

		木造	RC造	S造	計
建築物被害 RC造：鉄筋コンクリート S造：鉄骨	半壊棟数	1,517棟	268棟	96棟	1,881棟
	全壊棟数	508棟	267棟	43棟	818棟
	計	2,025棟	535棟	139棟	2,699棟
火災被害	焼失面積	1.44km²	焼失面積率	7.9%		
	焼失棟数	5,789棟	焼失棟数率	9.3%		
人的被害	死者数	155人				
	負傷者数	7,616人（重傷：680人　軽傷：6,936人）				
供給処理施設の機能支障率	上水道	14%	電力	8%		
	都市ガス	0%	電話	17%		
自宅外避難者数（1日後）	35,324人（17,772世帯）					
帰宅困難者数	350,295人					

昼間の人口が80万人を越える新宿区。日本最大の歓楽街・歌舞伎町を抱え、超高層ビルの新都心、そして住宅街なども広がるこの区域。そんな新宿区が地震に襲われたら？まずやはり気になるのが、新宿駅周辺の状況だろう。

西武新宿駅から歌舞伎町1～2丁目の辺りは避難危険度4～5。避難場所までの距離があり、避難する際の障害も多いこのエリアで、万が一地震の後に出火が起きたら、相当な混乱が予想される。

同様のことは新宿地下街についても言える。地下での火災は、パニックにつながりやすい。地下街は出入口が限られている閉鎖空間であるため、火の手や煙から逃れ地上に脱出しようと、出入口に群集が殺到し、将棋倒しなどによる死傷者が発生する事故が十分に考えられる。

さらに多数の路線が乗り入れている新宿駅での鉄道の脱線事故、対向列車との衝突事故などが起きれば、駅自体での死傷者の数もかなり増加するだろう。

もし新宿の地下街が出火してパニック状態になったら

2005年2月に中央防災会議・首都直下地震対策専門調査会が発表した被害想定結果によると、たとえば新宿周辺地下を震源に想定した都心西部直下地震(M6.9)が起きた場合、新宿駅地下街でパニックが発生し、約40人が死亡、およそ900人が負傷すると想定されている。また新宿駅や東京駅、池袋駅など100店舗以上が集積している主な地下街では、最低1ヶ所で火災が発生する可能性があるとされている。

●新宿地下街における群集殺到事故による死傷者予想数※

死者数	約40名
負傷者数	約900名
新宿駅地下街	10.4万m²／276店舗
出火数	約0.4ヶ所

※都心西部直下地震を想定した場合

帰宅困難者予想

商業・業務施設が高密度に集積し、就業者や買い物客などが区内でもっとも多い新宿駅周辺地域では、約35万人の帰宅困難者が発生すると予想される。

そのうち買い物や観光、レジャーなどで訪れている約8万人は、発災後の情報や救援物資の提供、避難誘導などを受けることが難しい。そのため、これらの人々が不安に陥りやすい集団になり、駅周辺での混乱の中心になることが予想される。

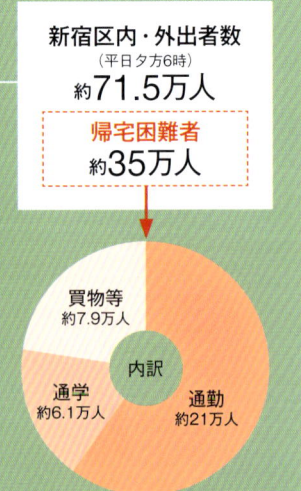

新宿区内・外出者数（平日夕方6時）約71.5万人
帰宅困難者 約35万人
内訳：買物等 約7.9万人／通学 約6.1万人／通勤 約21万人

●帰宅困難者が滞留しやすいターミナル駅
新宿駅～東口・西口・南口周辺、高田馬場駅、飯田橋駅、市ヶ谷駅、四谷駅、信濃町駅

新宿区防災リポート

震災疎開パッケージ
早稲田商店会（新宿区西早稲田2丁目）

兵庫県南部地震の翌年に活動をはじめた東京都新宿区の早稲田商店会。ここには、全国の商店街と地域の震災対策を進めていくための、全国商店街震災対策連絡協議会がある。そこから生まれたのが、「震災疎開パッケージ」だ。

震災時の助け合いは、日常の交流があればこそ、円滑に行うことができる。この「震災疎開パッケージ」は、早稲田商店会が環境リサイクルのネットワークづくり拠点として始めた、エコステーションがベースにあり、そこでの活動で交流を深めた全国の商店街が、震災時の協力者にもなっている。

そのポイントは2つ。ひとつは救援物資を早稲田商店会に送ってもらうこと。二つ目は、被災した人々を疎開させ、受け入れてもらうことだ。

価格は、ひとり年間5,000円（小学生以下は年間3,000円）。これさえ支払えば、受け入れ先として名乗りをあげた全国各地の商店街と関連した疎開受入地の中から2ヶ所を選び、震災発生から6ヶ月の間、選んだいずれかの場所に疎開できる。

そして、もし震災の被害がなかったら、1年に1度の契約更新の際、各地の特産品がもらえるという仕組みだ。ちなみにこの斬新なアイデアは、内閣総理大臣賞にも選ばれた。

震災疎開パッケージのしくみ

[平常時]
- 地元の商店街と日ごろのコミュニケーションをとることによって、震災時に助け合える基盤を作る。
- 疎開先下見ツアー等から、疎開希望地域に「どんな人たちが暮らし」「どんな風景」で「どんな美味しいものがあるのか」を知り、地域への親しみを持つきっかけを作る。

※疎開先下見ツアーは別途料金。

[震災時]
- 避難所での生活をはなれ、数日間でも心と体の休息がとれる疎開の場所を確保。
- 復興までの混乱期間中、子どもやお年寄りを一定期間安全な場所へ避難させることができる。
- 避難所にいて、風邪をうつされてしまったり、持病の悪化の心配があるとき等も、安全な場所で静養できる。
- 疎開地域の人たちは疎開先下見ツアーや普段のコミュニケーションなどで顔見知りの人たちなので、安心して疎開できる。

詳しくは http://www.shoutengai-sinsai.com/

地元と密着した牛込消防署の活動
牛込消防署

地震をはじめとする自然災害などが起きた時、人命救助など専門的な高い能力を求められる機関が消防署だ。牛込消防署は通常から町会等とも連携しながら、地域密着の活動を展開している。

- 管内にある東京理科大の学生の若い力を地域の防災力として活用する、震災対策の新たな仕組みを構築。昼間都民の学生が、震災時に帰宅困難者から地域の防災力へとプラスの力に転じる、国内でも初の試みとして全国から注目を集めている。
- 新宿区の小・中学校で合同体験型の防災訓練を実施。
- 人と動物が同時に遭遇する震災に備えるため、人とペットの合同防災体験訓練を実施。犬猫の起震車体験や煙のなかを避難する体験等、都内でもはじめての試み。
- 震災時の送水方法を地上から地下へ発想転換。地下洞道1.2キロを送水する検証実験を成功させ、東京消防庁内でも画期的計画として評価される。

防災ナビ

数字で見る防災データ

 東京都災害拠点病院 病床数
5,233床

 備蓄倉庫数
73ヶ所

 避難所数
55ヶ所

 救急告示医療機関
12ヶ所

 避難所収容人員
84,013人

 街頭消火器
約5,000本

 給水拠点確保水量
27,000m³

 消防車（ポンプ車）数
21台

 屋外拡声器
98ヶ所

 救急車数
14台

新宿区の防災対策

区立防災センターの設置
災害によって区役所本庁舎の災害情報支援システムが機能を失った場合のバックアップ機能。
- 区立防災センター
  新宿区市谷仲之町2-42
  ☎03-5361-2460

防災行政無線システムの整備
電話や通信回路が打撃を受けた場合に備え、区内98ヶ所に屋外拡声器を設置。また区立小中学校、区施設、警察署、消防署などに防災無線や、防災区民組織代表者に防災ラジオを配備。

食糧・生活必需品の備蓄
ビスケット、アルファ米、粉ミルク、防寒シート、簡易トイレなどを、区内32ヶ所の広域備蓄倉庫と、区立小中学校などの避難所備蓄倉庫に備蓄。

応急医療体制と医薬品、医療器具の整備
災害時には、新宿区医師会、区内歯科医師会、薬剤師会、柔道接骨師会が医療救護班を編成。区内10ヶ所の避難所に医療救護所を設置、医療救護所には医療品、医療器具を備蓄。

初期消火体制
区内全域に街頭消化器、約5,000本を設置。防災区民組織に小型消防ポンプを配備している他、5トン～40トンの貯水槽を区立公園などに設置。

生き残り地図

渋谷区

JR山手線、東急東横線、井の頭線などの人気ラインが乗り入れる渋谷駅を中心に繁華街を形成。恵比寿、原宿、代官山などのエリアとともに、常に大勢の買い物客が訪れている。松濤などの住宅地も残っているが、近年は高層住宅化が進んでいる。

渋谷区で最も危険度の高い場所は、区の北西部、新宿・中野・杉並・世田谷の4区に接する、甲州街道沿いのエリア（新国立劇場側）一帯だ。渋谷駅周辺の繁華街を含む渋谷、宇田川町、道玄坂などは、地区内残留指定を受けている。

渋谷区危険エリア

建物倒壊・火災・避難のすべてに注意!
幡ケ谷3丁目、本町2・4・5・6丁目

火災と避難に注意!
笹塚3丁目、本町3丁目

避難に困難をともなう!
笹塚1・2丁目、幡ケ谷1・2丁目

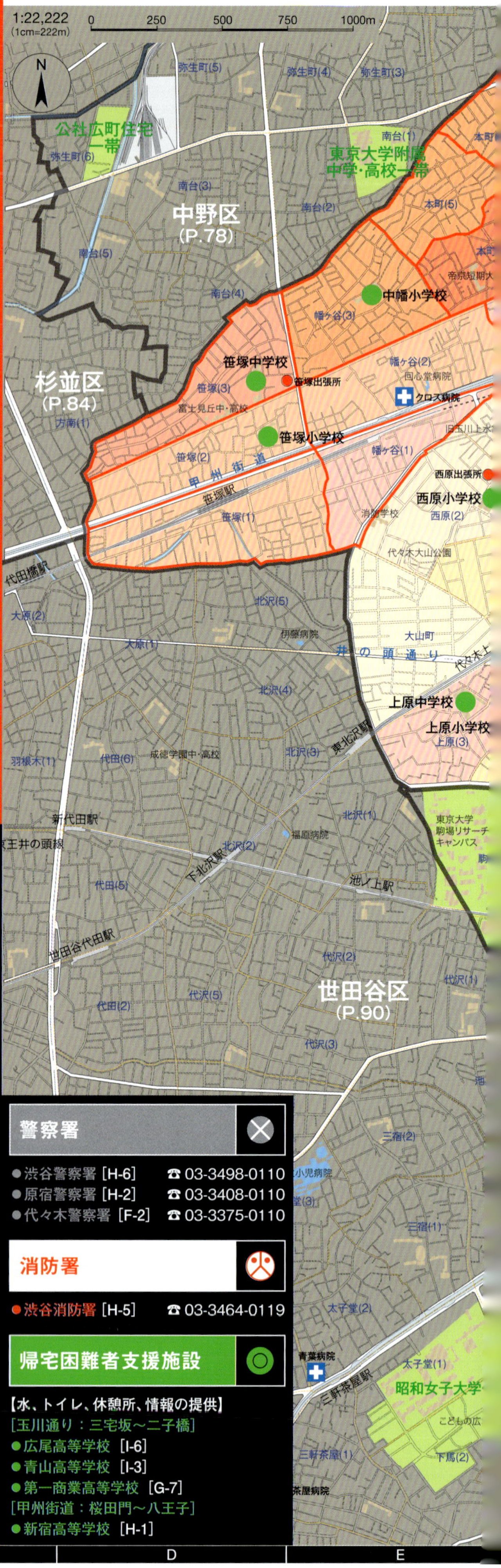

渋谷区役所
[E-6] ☎ 03-3463-1211
http://www.city.shibuya.tokyo.jp/

給水拠点
- 都立代々木公園 [G-4]
- 都立第一商業高等学校 [G-7]
- 区立景丘公園 [I-8]

東京都災害拠点病院
- 日本赤十字社医療センター [J-6] ☎ 03-3400-1311
- 都立広尾病院 [J-7] ☎ 03-3444-1181

救急指定病院
- 井上病院 [F-4] ☎ 03-3467-7171
- 内藤病院 [F-2] ☎ 03-3370-2351
- クロス病院 [E-3] ☎ 03-3376-2361
- 代々木病院 [I-2] ☎ 03-3404-7661
- 青山病院 [H-5] ☎ 03-3400-7211
- JR東京総合病院 [G-1] ☎ 03-3320-2200

警察署
- 渋谷警察署 [H-6] ☎ 03-3498-0110
- 原宿警察署 [H-2] ☎ 03-3408-0110
- 代々木警察署 [F-2] ☎ 03-3375-0110

消防署
- 渋谷消防署 [H-5] ☎ 03-3464-0119

帰宅困難者支援施設
【水、トイレ、休憩所、情報の提供】
[玉川通り：三宅坂～二子橋]
- 広尾高等学校 [I-6]
- 青山高等学校 [I-3]
- 第一商業高等学校 [G-7]
[甲州街道：桜田門～八王子]
- 新宿高等学校 [H-1]

地区内残留地区
- 渋谷地区
宇田川町、桜丘町、渋谷1・2・3丁目、松濤1丁目、神宮前5・6丁目（一部）、神南1・2丁目（一部）、道玄坂1・2丁目、南平台町

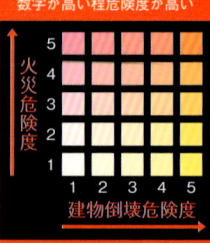
●町別危険度カラー
数字が高い程危険度が高い
火災危険度 5/4/3/2/1
建物倒壊危険度 1 2 3 4 5

1:22,222 (1cm=222m)   0 250 500 750 1000m

凡例：広域避難場所 / 地区内残留地区 / 避難危険度4～5エリア / 東京都災害拠点病院 / 救急指定病院 / 医療救護所

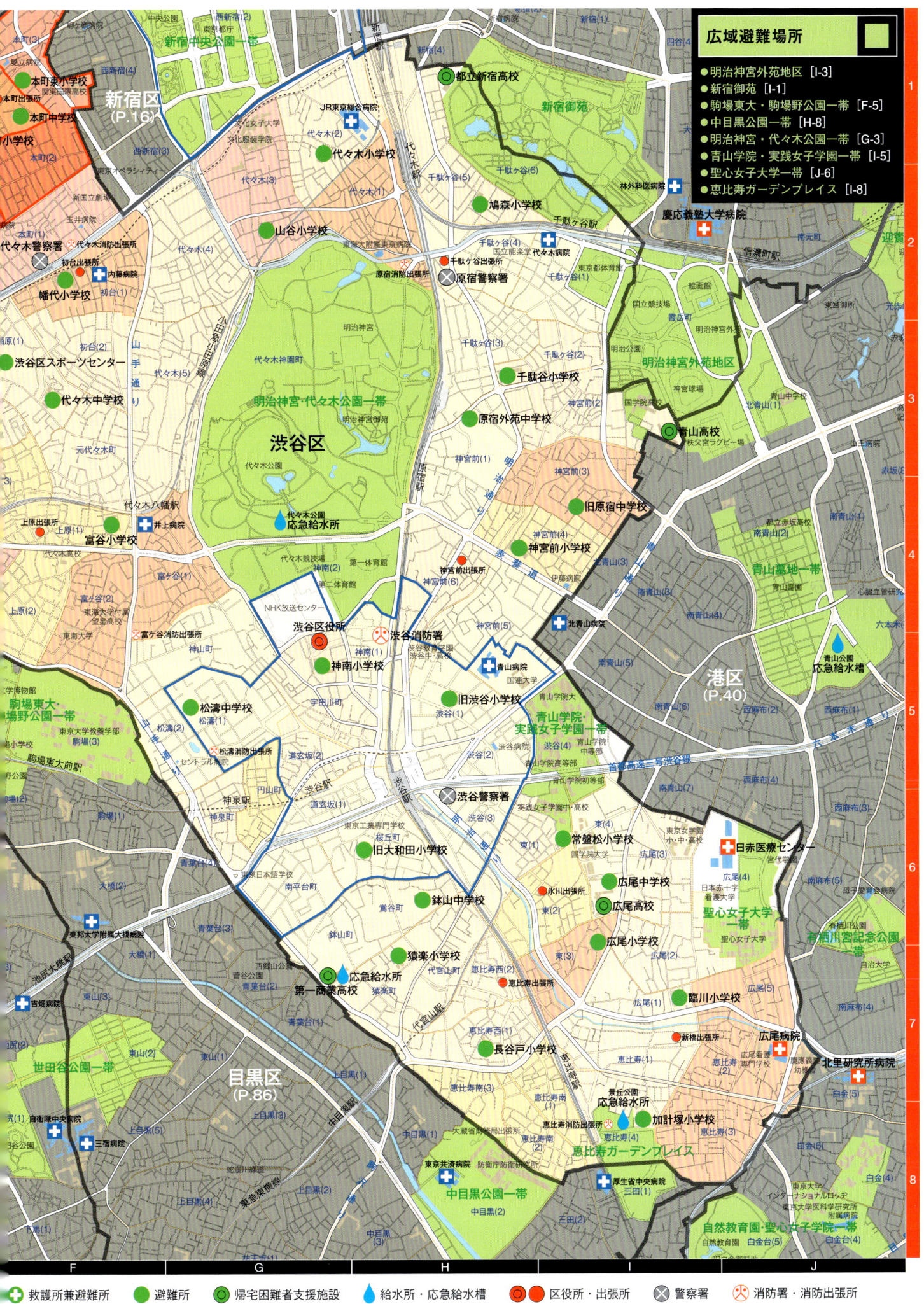

生き残り地図
渋谷区

帰宅困難者数 ワーストランキング5位	焼失棟数率 ワーストランキング9位	焼失面積率 ワーストランキング10位
約22.4万人	18.1%	10.4%

被災シミュレーション

渋谷区の焼失予想棟数、約7,100棟。

そのうちの多くは、甲州街道・西新宿付近の渋谷区本町、幡ヶ谷、笹塚一帯の火災によると思われる。

被害想定 [前提条件]
- 震源地：23区直下（深さ地下20～30km）
- 規模：直下型地震（マグニチュード7.2）
- 季節・時刻：冬の夕方 午後6時
- 気象条件：風速6m/秒

区面積 15.11km²

想定震度面積率	6強	0%	6弱	100%	5強	0%
液状化可能性面積率 液状化しやすさの順にABC	A	8.9%	B	0%	C	0%

建築物被害		木造	RC造	S造	計
RC造：鉄筋コンクリート S造：鉄骨	半壊棟数	1,274棟	203棟	74棟	1,551棟
	全壊棟数	440棟	193棟	37棟	670棟
	計	1,714棟	396棟	111棟	2,221棟

火災被害	焼失面積	1.57km²	焼失面積率	10.4%
	焼失棟数	7,142棟	焼失棟数率	18.2%

人的被害	死者数	77人		
	負傷者数	5,372人	（重傷：500人	軽傷：4,872人）

供給処理施設の機能支障率	上水道	18%	電力	12%
	都市ガス	0%	電話	22%

自宅外避難者数(1日後)	36,231人（18,151世帯）
帰宅困難者数	223,600人

新宿区や豊島区などとともに、若者を中心とした買い物客などが大勢集まる繁華街を抱える渋谷区。しかし地震が起きた際の地域危険度は、ほかの2区に比べて低く、要注意箇所が意外に少ない。そんな中で建物の倒壊危険度、火災危険度、避難危険度のすべての危険性が最も高いと判断されているのは、西新宿に連なる本町、幡ヶ谷、笹塚の、環状6号線と甲州街道沿いに区切られたエリアだ。

オペラシティや新国立劇場、代々木警察署などの裏手にあたるこの一帯は、道幅が狭く古い木造住宅が多い。地震が起き、建物が倒壊し、そこから出火すると、火災はあっという間に辺りに火の手を広げていく。特に本町2～6丁目、幡ヶ谷3丁目、笹塚3丁目は、高危険度の場所がひと固まりになっている。これらの町内には、避難の際の「一時集合場所（小中学校）」も点在している。避難の際はこれらの場所も避難のステップにしながら、新宿中央公園、もしくは代々木公園まで、いかにして逃げきるか、避難ルートを今から頭に入れておくべきだ。

渋谷駅周辺ではとにかく落下物、火災、人の波に要注意

高さ31mを超える高層建築物や、大型の広告塔・看板塔などの屋外広告物も多数ある渋谷区。それらの大半は、渋谷駅周辺に集まっている。渋谷区の震度面積率は震度6弱が100%。大地震が発生した場合、これらの高層建築物をはじめとするホテルやテナントビル、百貨店、劇場、ターミナル駅などでは、激しい揺れや落下物（屋外広告物の脱落も危険！）、火災発生などによって、人々が混乱の中に巻き込まれる可能性がある。消火活動などの対応も極めて困難が予想される。

帰宅困難者予想

渋谷区では渋谷駅を中心にした渋谷地区（渋谷区宇田川町、桜丘町、渋谷、松濤、神宮前、神南、道玄坂、南平台町）が、地区内残留地区指定を受けている。このエリアは、買い物や飲食、風俗など、渋谷区の中でも多種多様な人間が大勢集まって来る場所だ。地震の際は、これらの人間がそのまま帰宅困難者になる。混乱の中では、人災や突発的な事件などが起きる可能性も十分にあるので、くれぐれも気をつけたい。

渋谷区内・外出者数（平日夕方6時）
約49.6万人

帰宅困難者
約22.4万人

内訳：
- 買物等 約4.7万人
- 通勤 約12.9万人
- 通学 約4.8万人

● 帰宅困難者が滞留しやすいターミナル駅
渋谷駅、恵比寿駅、原宿駅、代々木駅など

渋谷区防災リポート

渋谷駅
東京急行電鉄

　山手線、埼京線、東横線、井の頭線、銀座線、半蔵門線、新玉川線と乗り入れ路線も多く、人であふれかえっている渋谷駅。中でも東京急行電鉄が運営する渋谷と横浜を結ぶ東横線は、沿線ぞいに代官山、中目黒、自由が丘、田園調布などの駅がある人気路線だ。

　近年、電車事故の被害がクローズアップされ、駅や電車の安全対策に対する人々の関心は高い。大勢の乗降客が利用する東京急行電鉄でも、地震を想定した防災対策を講じている。

　駅舎などの建物内には、倒壊、崩壊、落下物等による危険が潜んでいる。東京急行電鉄では、阪神・淡路大震災後に発令された最新の国土交通省基準に基づいて、耐震補強を駅舎などの建物に施し、火災などの二次災害については、消防法に基づいた設備の設置による対策を行っている。

　また大地震が起き、建物内で被災した人々に対しての避難誘導は、建物内に留まらず広域的な避難場所、または状況によって、頭上からの落下物の無い場所（たとえば駅前広場など）へ誘導することになっている。

　走行電車については、震度4の地震が発生した場合から、直ちに全列車の停止が発令される。東横線は高架の上を走っている区間も多い。たとえばその高架上で被災し、電車が停止した場合、停止指令を受けた運転士は、橋梁やずい道などをなるべく避けて停止する。そして、やむをえず停止した場合は、進路の安全を確かめたうえで、安全な場所に移動して停止することになっている。

NHKみんなの防災キャンペーン　防災いろはカルタ
NHKスタジオパーク・ショップ

　2002年4月に東海地震に関する地震防災対策強化地域が23年ぶりに見直されたのを機に、NHK名古屋放送局では「NHKみんなの防災キャンペーン」と題して、フォーラムをはじめとするイベントや番組を積極的に展開、現在に至っている。

　「防災いろはカルタ」は、そんなキャンペーンの一環として、「将来の地域防災の主役である子どもたちに『防災』を楽しく、わかりやすく、学んでもらいたい」と企画・実施されたものだ。

　2002年4月から9月にかけて、防災をテーマにした標語を、はがき・FAX・インターネットで募集したところ、4歳の小さな子どもから、89歳のお年寄りまで3,056通の作品が全国から寄せられた。入選作品の選定にあたっては、地震工学の専門家や防災ボランティアの方々に審査を依頼。東海地震に限らず、「耐震化」「防災訓練」「非常持ち出し品」「地域のたすけあい」などテーマが偏ることなく、防災に必要な知識がすべて網羅できるよう、バランスが重視された。

　そして、その中から選び抜かれたいろは45音の入選作品に、漫画「キスより簡単」「アイム・ホーム」や、エッセイ集「赤ちゃんが来た」などで知られる名古屋市出身の漫画家・石坂啓さんがイラストを描いた。

　愛くるしいキャラクターたちとカラフルな色彩によって見事に表現されたイラストは、これまでの「固い」「難しい」といった「防災」のイメージを払拭するものとなった。自治体や企業、ボランティアといった防災関係者からは、「遊びながら具体的な知識を習得できる」「防災について家族で考えてもらうきっかけになる」と評価され、防災教育の視点からも有効なツールとなっている。

（76歳　無職）　　　（7歳　小学生）

イラスト：石坂啓（漫画家）　編集：NHK名古屋放送局　発行：NHKサービスセンター
定価：1,000円（税別）　取り扱い：NHKスタジオパーク・ショップ　JR「渋谷駅」「原宿駅」下車　徒歩10分　TEL（03）3460-3374

防災ナビ

渋谷区の防災対策

災害対策本部体制の整備
震災が発生したときには、区災害対策本部を設置。区職員のうち、区内・隣接区に住む職員約500人の「緊急非常配備要員」が、指定された参集場所に集まり、応急活動を始めます（震度5弱以上の場合）。

防災行政無線
トランペットスピーカーを備えた放送塔を、学校や公園など、区内90ヶ所に設置。震災などの災害が発生したとき、避難の勧告など、重要な情報を伝達します。また区内の施設や関係機関との間で、相互に通信できる無線設備を、区出張所・小中学校（避難所施設）をはじめ、警察署・消防署・区医師会など、87ヶ所に設置しています。

街区消火器
全部で2,310本の、いつでも使用可能な状態の消火器を、区内の道路上に100mごとを基準に配置。密集した住宅地では60mごとに、公園や大型事業所ぞいでは200mごとに配置しています。消火器は粉末または中性強化液型で、普通火災はもちろん、油火災・電気火災にも適応しています。

食糧・日用品の備蓄
区では、区立小中学校など32ヶ所を、避難所として準備。避難所となる学校には、当面の食糧や毛布・マットをはじめ、タオル・紙おむつなどの生活必需品が備えてあります。またそれ以外にも地域拠点倉庫を整備し、避難者数に応じた追加供給を行います。

防災点検の日
毎年1月17日の「渋谷区防災点検の日」、9月1日の「総合防災訓練」ほか、防災教室なども行い、家庭・地域・事業所での、震災に対する備えを呼びかけています。

数字で見る防災データ

 東京都災害拠点病院病床数  **1,463床**　　 備蓄倉庫数 **42ヶ所**

避難所数 **32ヶ所**　　救急告示医療機関 **8ヶ所**

避難所収容人員 **48,000人**　　街頭消火器 **約5,000本**

給水拠点確保水量 **1,700㎥**　　消防車（ポンプ車）数 **12台**

屋外拡声器 **90ヶ所**　　救急車数 **8台**

生き残り地図
中央区

江戸以来、文化・商業・情報の中心として栄えてきた日本の中心地。区の面積は23区中もっとも小さいが、日本が世界に誇る大人の町・銀座をはじめ、日本橋、築地、兜町、さらにウォーターフロントの佃、月島など、歴史のある町が多い。

中央区では、危険箇所が数ケ所に絞られている。また、震災時にエリア内に留まるよう指定された地区内残留地区が、銀座、京橋、日本橋や、東京駅に接する八重洲ほか、かなり広範囲に渡っている。

中央区危険エリア

建物倒壊に注意!
日本橋浜町3丁目

避難に困難をともなう!
築地1・2・7丁目

中央区役所
[G-6] ☎ 03-3543-0211
http://www.city.chuo.tokyo.jp/

給水拠点
- 晴海給水所 [I-3]
- 区立あかつき公園 [G-4]
- 区立堀留児童公園 [C-4]

警察署
- 中央警察署 [E-4] ☎ 03-3281-0110
- 久松警察署 [C-3] ☎ 03-3661-0110
- 築地警察署 [G-5] ☎ 03-3543-0110
- 月島警察署 [I-5] ☎ 03-3534-0110

消防署
- 京橋消防署 [F-5] ☎ 03-3464-0119
- 日本橋消防署 [E-4] ☎ 03-3666-0119
- 臨港消防署 [I-5] ☎ 03-3534-0119

●町別危険度カラー
数字が高い程危険度が高い
火災危険度 / 建物倒壊危険度

凡例:
- 広域避難場所
- 地区内残留地区
- 避難危険度4〜5エリア
- 東京都災害拠点病院
- 救急指定病院
- 医療救護所

生き残り地図 中央区

負傷者数 ワーストランキング2位	建物全半壊率 ワーストランキング2位	帰宅困難率 ワーストランキング2位
約1.1万人	12.6%	54.2%

被災シミュレーション

銀座、京橋、日本橋、八重洲などの地区内残留地区を含む中央区。

負傷者約1万1千人、帰宅困難者約42万人。

被害想定

[前提条件]
- 震源地：23区直下（深さ地下20〜30km）
- 季節・時刻：冬の夕方 午後6時
- 規模：直下型地震（マグニチュード7.2）
- 気象条件：風速6m/秒

区面積 10.15㎢

想定震度面積率	6強 0.0%	6弱 93.5%	5強 6.5%
液状化可能性面積率 液状化しやすい順にABC	A 69.6%	B 19.6%	C 10.9%

建築物被害		木造	RC造	S造	計
	半壊棟数	817棟	560棟	124棟	1,501棟
RC造：鉄筋コンクリート S造：鉄骨	全壊棟数	298棟	474棟	75棟	847棟
	計	1,115棟	1,034棟	199棟	2,348棟

火災被害	焼失面積	0.00㎢	焼失面積率	0.0%
	焼失棟数	17棟	焼失棟数率	0.1%

人的被害	死者数	143人
	負傷者数	10,885人（重傷：877人　軽傷：10,008人）

供給処理施設の機能支障率	上水道	45%	電力	16%
	都市ガス	100%	電話	7%

自宅外避難者数（1日後）	14,607人（6,460世帯）
帰宅困難者数	418,447人

中央区には、他区に比べて高い、2つの被災想定数値がある。負傷者数約1万1千人（都内2番目）と帰宅困難者約42万人（都内3番目）である。

中央区では銀座、京橋、八重洲をはじめとした広範囲のエリアが、地区内残留地区になっている。地区内残留地区というのは、木造建築が少なくほとんどがビルで囲まれており、火災が起きても延焼しにくく、そのため地区内に留まっていたほうが延焼火災からの危険性が少なく、広域避難場所への避難は不要とされている場所だ。

ちなみに区内には指定の避難道路はなく、仮に避難が必要になった場合、自分でより安全な道路を選択するしかない。銀座1〜8丁目まで、中央通りには瀟洒なビルが並び、常に大勢の買い物客が流動している。夜半ともなれば、銀座4〜8丁目はタクシーの二重駐車の長い列。裏通りには、銀座の夜を彩る飲食街がひしめいている。建物の倒壊、地面にばらまかれる窓ガラスの破片。人々の混乱は、人口の集中度と、地震の揺れによって大きく膨らむ。

中央区が被災した際のローカル情報収集は中央エフエム・ラジオシティ FM84.0Mhzで

災害時の情報収集に役立つのがラジオ。避難グッズの中にも、必ず用意しておくべきアイテムだ。地震が発生した場合、テレビや新聞などの大きなメディアからは、災害の細かな部分までの情報は得られない。こんな場合の情報源として有効なのが、ローカル情報を発信してくれるコミュニティエフエム放送局だ。中央区には、中央エフエム・ラジオシティがあり、区と防災協定を結び、被災者が必要な情報を提供することになっている。

- 中央エフエム・ラジオシティ
  FM84.0Mhz
  www.radiocity.co.jp

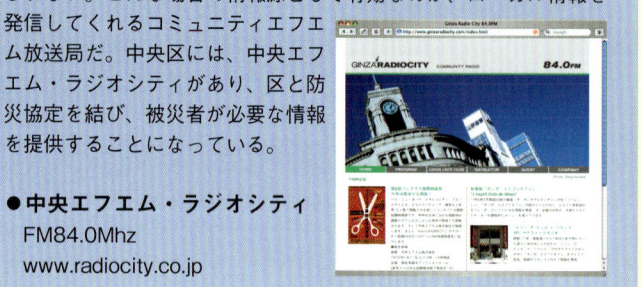

帰宅困難者予想

中央区内・外出者数（平日夕方6時）
約77.2万人

帰宅困難者 約41.8万人

内訳
- 通学 約0.8万人
- 買物等 約4.5万人
- 通勤 約36.5万人

23区中、最も面積の小さな中央区。しかし同区は事業所数4万、従業員数65万人を抱え、買い物客等も約4万5千人がいつも街を訪れている。帰宅困難者数は都心3区（中央区、千代田区、港区）中で一番低いが、帰宅困難率は3区ともほぼ同程度だ。中央区で被災し、帰宅困難者となる人々の数は、約42万人。区内で窓ガラスや吊り看板などの落下危険物を保有する建物は、約1万1千棟にのぼる。安全な避難ルート探しに頭を痛めそうだ。

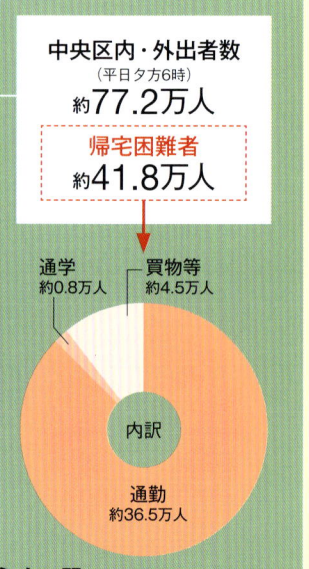

● 帰宅困難者が滞留しやすいターミナル駅
銀座駅、東銀座駅、京橋駅、日本橋駅、三越前駅など

Tokyo Survival Map: Chuo

中央区防災リポート

東京駅・八重洲地下街

1965年、東京オリンピックの翌年に、東京初の大規模な地下街として生まれた八重洲地下街。現在のテナント数はおよそ170店。そのうち飲食店は60を数える。テナントで働いている人は約1300名。1日に八重洲地下街を通る人は15万人にも上る。

地下街は密閉された空間で、方向が分かりにくいという性格がある。突然照明が消え、暗くなってしまうことも予想される。八重洲地下街の防災センターとしては、揺れがおさまったらまず地上に避難してもらうことを原則としている。地上に避難するための階段は多く、どこにいても30メートル以内には地上への階段がある。「近くの階段を使って地上へ」。これが八重洲地下街では徹底されている。人間の心理としても、地下に留まっているよりも、外の状況を確認したほうが恐怖感は軽減されるに違いない。自分が通ってきた道に戻るよりも、近くの階段を探すこと。

阪神・淡路大震災では、神戸三宮駅のサンチカの地下街は、大きな被害はほとんどなかった。その理由は、地下は地上よりも揺れの振幅が小さくなったためだ。

火災に関しても、消防法上で各店舗にスプリンクラーの設置が義務づけられ、飲食店の厨房部分ではフード内が120度を超えると自動的に消火薬剤が噴射されるシステムになっている。

地下街でもっとも気をつけなければならないのは、水道管の破損などによる急激な浸水とガス漏れ。都市ガスは空気よりも軽いものの、地下街に充満することもある。灯りのためにライターを使うことは厳禁だ。

被災時、八重洲地下街では、駅に通じる3つの通路以外は、閉鎖される。

東海道や東北新幹線の起点駅でもある東京駅。その東口地下に広がっているのが八重洲地下街で、東京駅を管轄するJR東日本を中心に、東京駅広域総合防災対策協議会が設けられている。震災後の大きな問題として予想されるのが、帰宅難民。駅を利用するほとんどの人が千代田区内の在住者ではなく、仕事場へ通勤するビジネスマンや、地方から遊びに来た人たちだ。

八重洲地下街では、駅の改札にまっすぐに通じる、東西に走る3本の通路(パブリックロード)は、被災後も開放する。しかしその通路と交差し、山手線や京浜東北線と平行に南北に走る通路(プライベートロード)は、シャッターが下ろされ閉鎖される。通路には、10ルクス程度の非常照明が点灯するので、雨が降っているときや冬の寒い時期には、多少暗いけれど一時的な避難所となるはずだ。さて、多くの帰宅難民を抱えるこの地域では、トイレ対策も大きな問題として浮かび上がってくる。電気が不通になれば、水洗トイレは使えなくなるからだ。だが地下街には、マンホールがある。そのマンホールに足場となる板を渡し、トイレとして利用する。そして下水道に垂れ流す。屎尿が地下街のいたるところに散乱し、悪臭を漂わせることを考えれば、下水にそのまま流すことは苦肉の策だろう。

八重洲地下街の主要通路は、東京駅につながる3本のパブリックロード〜北口通り、メインアベニュー、南口通り。被災後、この3ラインは開放されるが、それ以外の通路はすべて閉鎖される。
赤の表示→地上への避難階段

防災ナビ

数字で見る防災データ

 東京都災害拠点病院病床数
520床

 備蓄倉庫数
44ヶ所

 避難所数
21ヶ所

 救急告示医療機関
3ヶ所

 避難所収容人員
29,698人

 街頭消火器
約1,700本

 給水拠点確保水量
2,900㎥

 消防車(ポンプ車)数
17台

 屋外拡声器
93ヶ所

 救急車数
6台

中央区の防災対策

防災拠点の整備
災害時に迅速かつ的確な防災活動や復旧活動を行うため、区内の小中学校や京橋プラザを避難所機能や防災活動資機材を備えた「防災拠点」として整備しています。

災害対策用物資の整備
食糧は缶入りソフトパン、アルファ米、サバイバルフーズ、クラッカーを144,000食、そのほか缶詰、粉ミルクやミネラルウォーターなどを備蓄しています。

飲料水などの確保
常磐公園および浜町公園に深井戸を設置し、毎時4.5㎥の生活用水を確保。また、あかつき公園内に1,500㎥、晴海給水所には1,300㎥の飲料水を確保するなど、1人1日あたり3リットルを必要量として96万人分、2,900㎥の飲料水が利用できます。さらに区役所をはじめ区民館、小中学校などの公共施設の受水槽も、災害時に利用できるようにしています。

防災無線の整備
地域防災の情報を収集および伝達するため、公共の防災関係機関、生活関連機関、区内小中学校など、197ヶ所に防災無線を配備。また区からの情報をお知らせする、屋外大型スピーカーを93ヶ所に設置。

事業所防災対策
区内に45,000の事業所と733,000人の従業員を抱えるため、事業所の防災意識を向上させ、災害対策の充実を図るため、事業所防災パンフレットの配付や防災講演会などを実施しています。

● 問い合わせ先:区民部防災課普及係
中央区役所7F ☎03-3546-5510

生き残り地図

千代田区

区中央に、全体面積の約12パーセントを占める皇居（1.42㎢）を抱える千代田区。政治経済の中心機能を担う区であると同時に、最近は「丸ビル」を筆頭に、大手町・丸の内・有楽町などオシャレな街として再生が始まっている。

千代田区は、全域が地区内残留地区だ。これは東京都の調査によって、千代田区は建物の不燃化が進み、大規模な延焼火災の危険性が少ないと認められたということ。仮に近くで小規模火災が発生しても、地区内にある空地などに避難すれば、安全が確保されるので、避難場所へ避難する必要はないというのが公式見解だ。

千代田区危険エリア

火災に注意!
西神田3丁目

●町別危険度カラー
数字が高い程危険度が高い

火災危険度
5
4
3
2
1
1 2 3 4 5
建物倒壊危険度

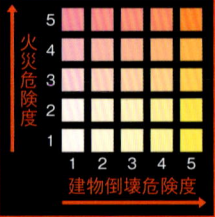

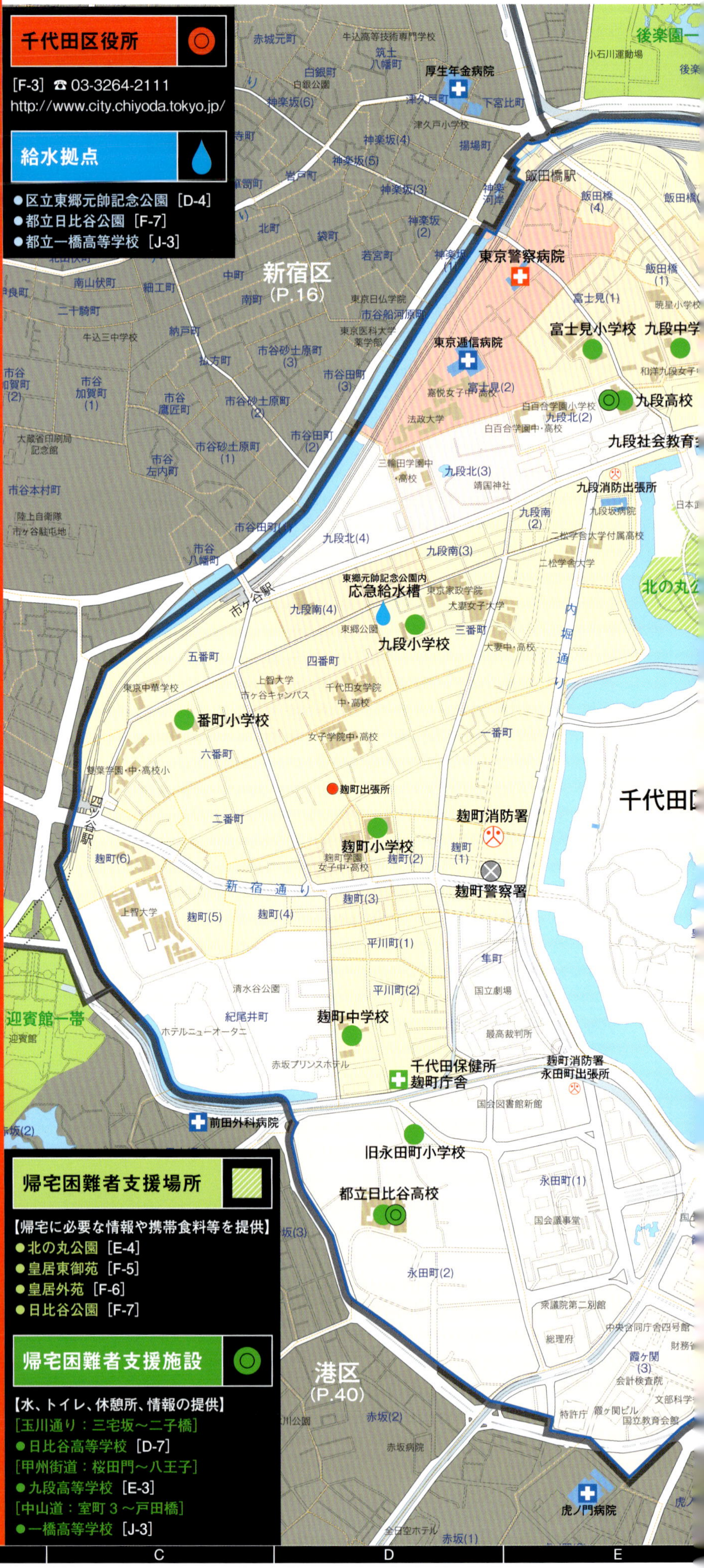

千代田区役所
[F-3] ☎03-3264-2111
http://www.city.chiyoda.tokyo.jp/
給水拠点
●区立東郷元帥記念公園 [D-4]
●都立日比谷公園 [F-7]
●都立一橋高等学校 [J-3]
帰宅困難者支援場所
【帰宅に必要な情報や携帯食料等を提供】
●北の丸公園 [E-4]
●皇居東御苑 [F-5]
●皇居外苑 [F-6]
●日比谷公園 [F-7]
帰宅困難者支援施設
【水、トイレ、休憩所、情報の提供】
[玉川通り：三宅坂～二子橋]
●日比谷高等学校 [D-7]
[甲州街道：桜田門～八王子]
●九段高等学校 [E-3]
[中山道：室町3～戸田橋]
●一橋高等学校 [J-3]
新宿区
(P.16)
港区
(P.40)
千代田区
後楽園一帯
北の丸公
迎賓館一帯
飯田橋駅
市ケ谷駅
四ツ谷駅
厚生年金病院
東京警察病院
東京逓信病院
前田外科病院
虎ノ門病院
富士見小学校
九段中学
九段高校
九段社会教育
九段消防出張所
東郷元帥記念公園内
応急給水槽
九段小学校
番町小学校
麹町出張所
麹町消防署
麹町小学校
麹町警察署
麹町中学校
千代田保健所
麹町庁舎
麹町消防署
永田町出張所
旧永田町小学校
都立日比谷高校
新宿通り
内堀通り

A	B	C	D	E

広域避難場所　地区内残留地区　避難危険度4～5エリア　東京都災害拠点病院　救急指定病院　医療救護所

生き残り地図
千代田区

帰宅困難者数 ワーストランキング1位	帰宅困難率 ワーストランキング1位	負傷者数 ワーストランキング5位
約60万人	56.3%	約8,900人

被災シミュレーション

帰宅困難率ナンバーワンの千代田区。
飯田橋周辺、お茶の水や神田周辺、
有楽町などの繁華街はやや火災危険度が高い。

被害想定
[前提条件] ●震源地：23区直下（深さ地下20〜30km） ●規模：直下型地震（マグニチュード7.2） ●季節・時刻：冬の夕方 午後6時 ●気象条件：風速6m/秒

区面積 11.64km²

想定震度面積率		6強	0%	6弱	65.9%	5強	34.1%
液状化可能性面積率（液状化しやすさの順にABC）		A	27.3%	B	20.5%	C	9.1%

		木造	RC造	S造	計
建築物被害 RC造：鉄筋コンクリート S造：鉄骨	半壊棟数	299棟	469棟	83棟	851棟
	全壊棟数	112棟	397棟	49棟	558棟
	計	411棟	866棟	132棟	1,409棟

火災被害	焼失面積	0.00km²	焼失面積率	0.0%
	焼失棟数	16棟	焼失棟数率	0.1%
人的被害	死者数	114人		
	負傷者数	8,868人（重傷：679人 軽傷：8,189人）		
供給処理施設の機能支障率	上水道	33%	電力	16%
	都市ガス	66%	電話	4%
自宅外避難者数（1日後）	5,905人（2,463世帯）			
帰宅困難者数	603,930人			

　地震が起きた際、東京都内で帰宅困難者数ナンバーワンなのが千代田区だ。区内は全域が地区内残留地区。建物の不燃化が進み、大規模な延焼火災の危険性が少ないと認められている。千代田区では約40,000人の住民を対象として、備蓄などの防災対策をとっている。しかし昼間は100万人を超える人間が、区内の職場で働き、学校に通い、また買い物を楽しんでいるのだ。

　仮に平日の昼間に地震が起きると、区内では約60万人もの帰宅困難者が発生すると予想されている。その場合、東京駅などのターミナル駅周辺や、公共施設へ大量の人間が殺到する恐れがある。帰宅困難者の支援場所は、皇居外苑、北の丸公園、皇居東御苑、日比谷公園の4ヶ所。これらの場所では、帰宅に必要な情報や携帯食料などを提供するなどの支援が行われ、帰宅困難者の一時的な避難と円滑な帰宅のためのサポートが行われる予定だ。

秋葉原を流れる神田川に設置されている「防災船着場」

　阪神・淡路大震災では、沿道建物の損壊や交通渋滞によって陸上輸送路の機能が低下し、人員や物資の輸送に著しい支障をきたした。その経験から東京都は、水上輸送など多様な輸送手段を確保しておくことの重要性を認識し、災害時における陸上交通網の補完機能を持つべく、河川の防災船着場や港湾の輸送基地の整備を進めている。このため、都内を流れる河川において、災害時の緊急避難輸送、傷病者の搬送、救援物資の輸送等に対応する水上輸送基地として「防災船着場」が誕生した。千代田区では昭和通りと神田川が交差する和泉橋の近くに存在している。

帰宅困難者予想

　1995年10月に、千代田区が区内の事業所3,000社を対象に実施した防災アンケートによると、食糧の備蓄を行っている事業所は全体の3分の1。その量も平均2.4食であることがわかった。被災時、帰宅困難者となった人々は、水や食料を求めてコンビニやスーパーに殺到するだろう。しかし千代田区はコンビニやスーパーが少ないので、駅の売店や飲食店などにも大勢の帰宅困難者が集まることが予想される。

千代田区内・外出者数（平日夕方6時）
約107.3万人
帰宅困難者 約60.4万人

内訳
- 買物等 約4.5万人
- 通学 約8.4万人
- 通勤 約47.5万人

●帰宅困難者が滞留しやすいターミナル駅
有楽町駅、東京駅、神田駅、秋葉原駅、御茶の水駅、水道橋駅、飯田橋駅、市ヶ谷駅、四ツ谷駅

千代田区防災リポート

三菱地所の防災体制
(千代田区丸の内二丁目)

　三菱地所の防災体制の歴史は古く、大正12年（1923年）9月1日に発生した関東大震災において、丸ビル（同年2月竣工）周辺地区で避難民に対して飲料水の提供、備蓄米による炊き出し、臨時診療所を開設し、救護活動にあたったことに端を発している。そしてこの3年後の大正15年から毎年9月1日に「関東大震災記念行事・総点検」と称し、ビルの設備点検、消火訓練などの総合防災訓練を行い、今日に至っている。現在は独自の災害対策要綱を策定し、大地震などの災害に対するハード、ソフト両面にわたる対策を講じており、非常組織体制の確立、非常用資器材の強化、約13万食に及ぶ食糧の備蓄に努めている。

三菱地所の災害対策要綱～災害応急措置計画より
- 非常災害体制の発令・編成　震度6弱以上の地震発生時は自動発令（就業時間外は一定のルールにより原則出社）／実行組織（総本部長：社長。総本部以下、平時の分掌業務組織を基本とした編成。各部署の任務分担を定め、部内で班編成［一部横断組織］。夜間休日は「応急体制」）／本支店間の支援体制
- 情報連絡体制　それぞれの部署が担当する情報（被害情報、安否情報、支援措置進捗状況、所管関係会社などの状況把握）や、連絡手段、連絡系統の整備など
- 従業員の安否の把握　インターネットによる安否確認システム、災害用伝言ダイヤルの利用など

　また三菱地所では社員全員が、頭部を守るヘルメット、耐火防災服、安全靴を、会社のロッカーと自宅に装備。全社員それぞれに与えられた被災時の役割を遂行できるよう、つねに訓練を行っている。

東京駅周辺防災隣組
(東京駅・有楽町駅周辺地区帰宅困難者対策地域協力会)

　東京駅周辺の千代田区大手町、丸の内、有楽町に広がる、南北1.8キロ、東西0.8キロの東京・大丸有地区。ここには、メガバンク、商社、鉄鋼メーカーなど、国内総生産（GDP）の2割を占める企業の本社が集中している。まさにこのエリアが被災し、打撃を受けることは、日本経済の心臓に穴があくことを意味している。「東京駅・有楽町駅周辺地区帰宅困難者対策地域協力会」、別名・防災隣組はそんな危機感から誕生した。参加企業、団体は60余りに上る。

　防災隣組では、一企業では対応しきれない帰宅困難者対策などを、エリア内にある企業が一体となって連携体制をとれるよう整備を進めている。企業として「街」が直面するさまざまなリスク、地震に対する備えは、自助・公助・共助の3つの要素で語られるが、「企業間の共助」といった新しい防災理念のもとに有志が集まり、知見を出し合い、実践的な活動を展開していくことは、実に意義深い。現在は、千代田区とともに主催した「千代田区帰宅困難者避難訓練」などの防災訓練活動や、タウンミーティングイン丸の内などでの普及啓発活動をはじめ、他県都心部への防災隣組の仕組み拡大も推進している。

東京駅周辺防災隣組の組織イメージ

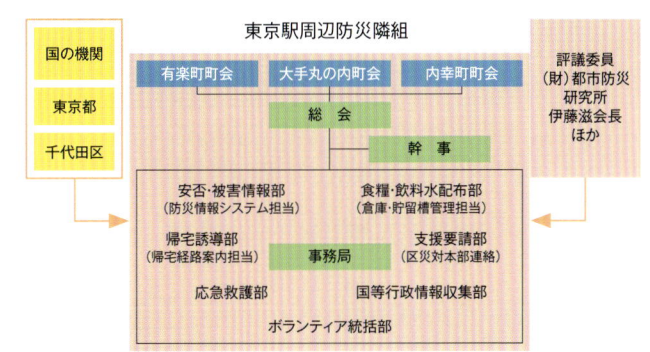

防災ナビ

千代田区の防災対策

災害情報の収集と伝達
区民などへの災害情報の伝達は区内71ヶ所に設置した屋外スピーカーと、町会長や防災部長などの自宅に設置した戸別受信機（各町会に2台設置）による放送によって行います。また区施設、防災関係機関などには132台の無線機が設置され、NTTの有線回線が途絶した場合でも、防災関係機関相互の情報連絡ができる体制をとっています。

避難所の開設
家屋の倒壊、焼失などによる被災者を保護するため、区立小中学校など23ヶ所の公共施設を「避難所」として指定。また高齢者や障害者など介護を必要とする災害時要援護者のために〈いきいきプラザ一番町〉〈高齢者センター〉を二次避難所として指定しています。

飲料水などの確保
飲料水については東郷元帥記念公園内、日比谷公園内それぞれの応急給水槽（各1,500トン／計100万人分）、一橋高校内の小規模応急給水槽（100トン／3万人分）、区施設の受水槽などを活用し給水活動を行います。また生活用水は、小中学校に整備した井戸のほか、22ヶ所の指定民間井戸「災害時協力井戸」を活用します。

地域防災組織に対する補助などの支援
区では地域防災組織の防災力向上のため助成を行っています。
補助金（毎年）：組織で必要とする防災用品の購入経費の4分の3を10万円を限度に補助金支給
緊急装備助成（1回限り）：組織で必要とする防災資器材（30万円分）を区が購入助成
● 問い合わせ先：千代田区防災課
☎ 03-3264-2111（代）

数字で見る防災データ

 東京都災害拠点病院 病床数 **904床**

 備蓄倉庫数 **46ヶ所**

 避難所数 **23ヶ所**

 救急告示医療機関 **5ヶ所**

 避難所収容人員 **25,812人**

 街頭消火器 **約770本**

 給水拠点確保水量 **3,100㎥**

 消防車（ポンプ車）数 **16台**

 屋外拡声器 **71ヶ所**

 救急車数 **7台**

生き残り地図
豊島区

新宿とならぶ若者の繁華街・池袋駅周辺の商業地区と、駒込や巣鴨といった高齢者に人気の高い住宅地など、個性的なエリアが複合的に構成されている。人口密度も高く、2002年以降、良好な住環境の確保と災害に強い安全な都市づくりを推進。

豊島区には、区内にすべての区民が避難できるスペースがなく、地域によっては他の区にある避難場所まで逃げなければならない。特に区北端、西部、北東部の地域は、建物倒壊、火災、避難場所までの距離それぞれの点で、危険な場所がいくつも存在している。注意が必要だ。

豊島区危険エリア

建物倒壊・火災・避難のすべてに注意！
池袋本町3丁目、長崎2・3丁目、南長崎5丁目

建物倒壊と火災に注意！
駒込3・6丁目、西巣鴨2丁目

建物倒壊と避難に注意！
池袋本町4丁目

火災と避難に注意！
池袋本町2丁目、要町1丁目、上池袋1・3丁目、北大塚3丁目、長崎4丁目、南長崎3丁目

建物倒壊に注意！
雑司が谷2丁目

火災に注意！
高田1丁目、西巣鴨3丁目、東池袋5丁目、南池袋3丁目、目白2丁目

避難に困難をともなう！
池袋1・2・3・4丁目、池袋本町1丁目、上池袋4丁目、高松1丁目、長崎1・5・6丁目、南大塚2丁目、南長崎2・4・6丁目、千早1・2・3・4丁目

● 町別危険度カラー
数字が高い程危険度が高い

豊島区役所 ●
[G-5] ☎ 03-3981-1111
http://www.city.toshima.tokyo.jp/

給水拠点 ●
● 区立西池袋公園 [E-5]
● 都立文京高等学校 [H-4]

地区内残留地区 ■
● 池袋地区
池袋1・2丁目（一部）、上池袋2丁目（一部）、西池袋1丁目、東池袋1丁目、南池袋1丁目（一部）

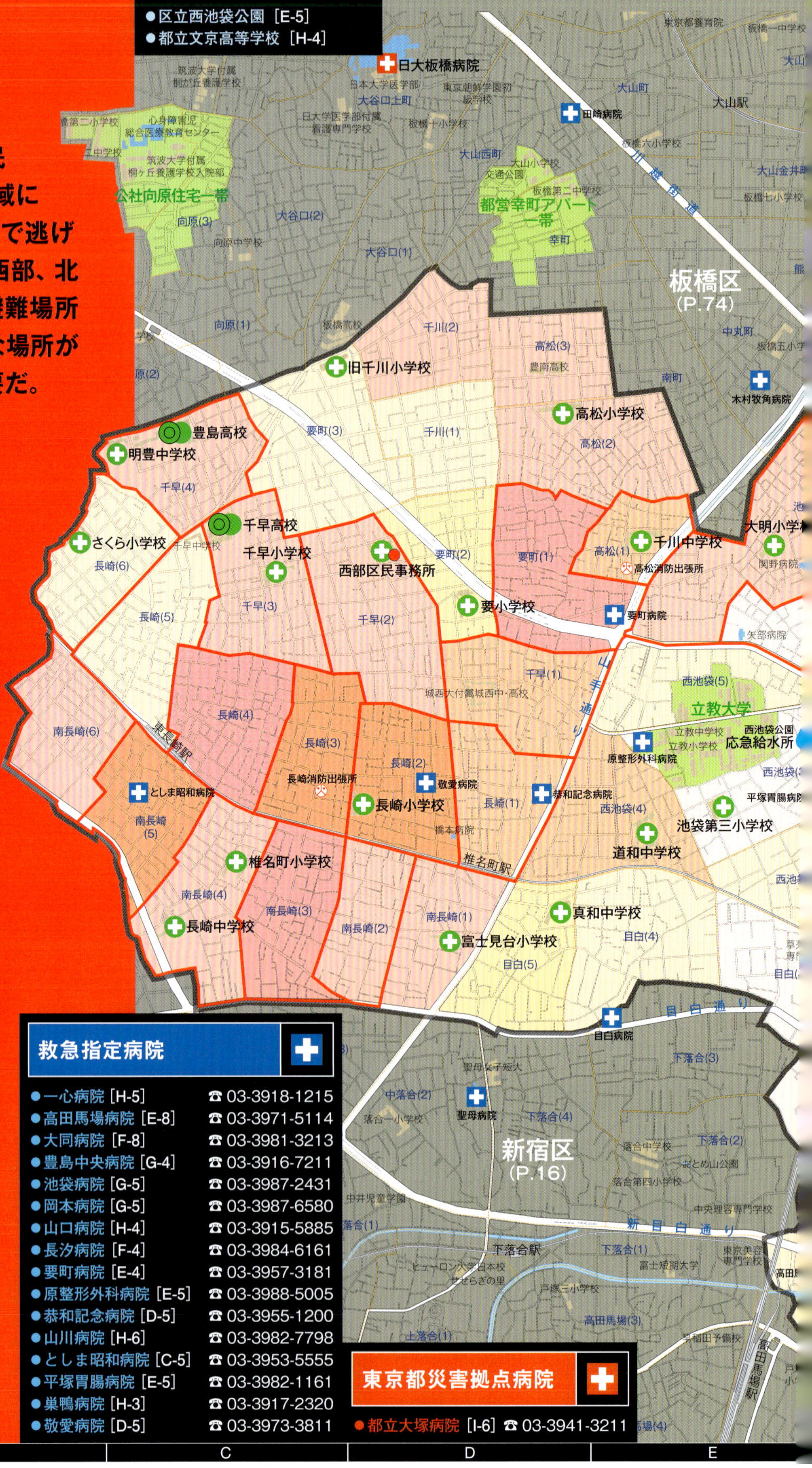

救急指定病院 ＋
● 一心病院 [H-5]	☎ 03-3918-1215
● 高田馬場病院 [E-8]	☎ 03-3971-5114
● 大同病院 [F-8]	☎ 03-3981-3213
● 豊島中央病院 [G-4]	☎ 03-3916-7211
● 池袋病院 [G-5]	☎ 03-3987-2431
● 岡本病院 [G-5]	☎ 03-3987-6580
● 山口病院 [H-4]	☎ 03-3915-5885
● 長汐病院 [F-4]	☎ 03-3984-6161
● 要町病院 [E-4]	☎ 03-3957-3181
● 原整形外科病院 [E-5]	☎ 03-3988-5005
● 恭和記念病院 [D-5]	☎ 03-3955-1200
● 山川病院 [H-6]	☎ 03-3982-7798
● としま昭和病院 [C-5]	☎ 03-3953-5555
● 平塚胃腸病院 [E-5]	☎ 03-3982-1161
● 巣鴨病院 [H-3]	☎ 03-3917-2320
● 敬愛病院 [D-5]	☎ 03-3973-3811

東京都災害拠点病院 ＋
● 都立大塚病院 [I-6] ☎ 03-3941-3211

凡例
■ 広域避難場所 ■ 地区内残留地区 □ 避難危険度4～5エリア ＋ 東京都災害拠点病院 ＋ 救急指定病院 ＋ 医療救護所

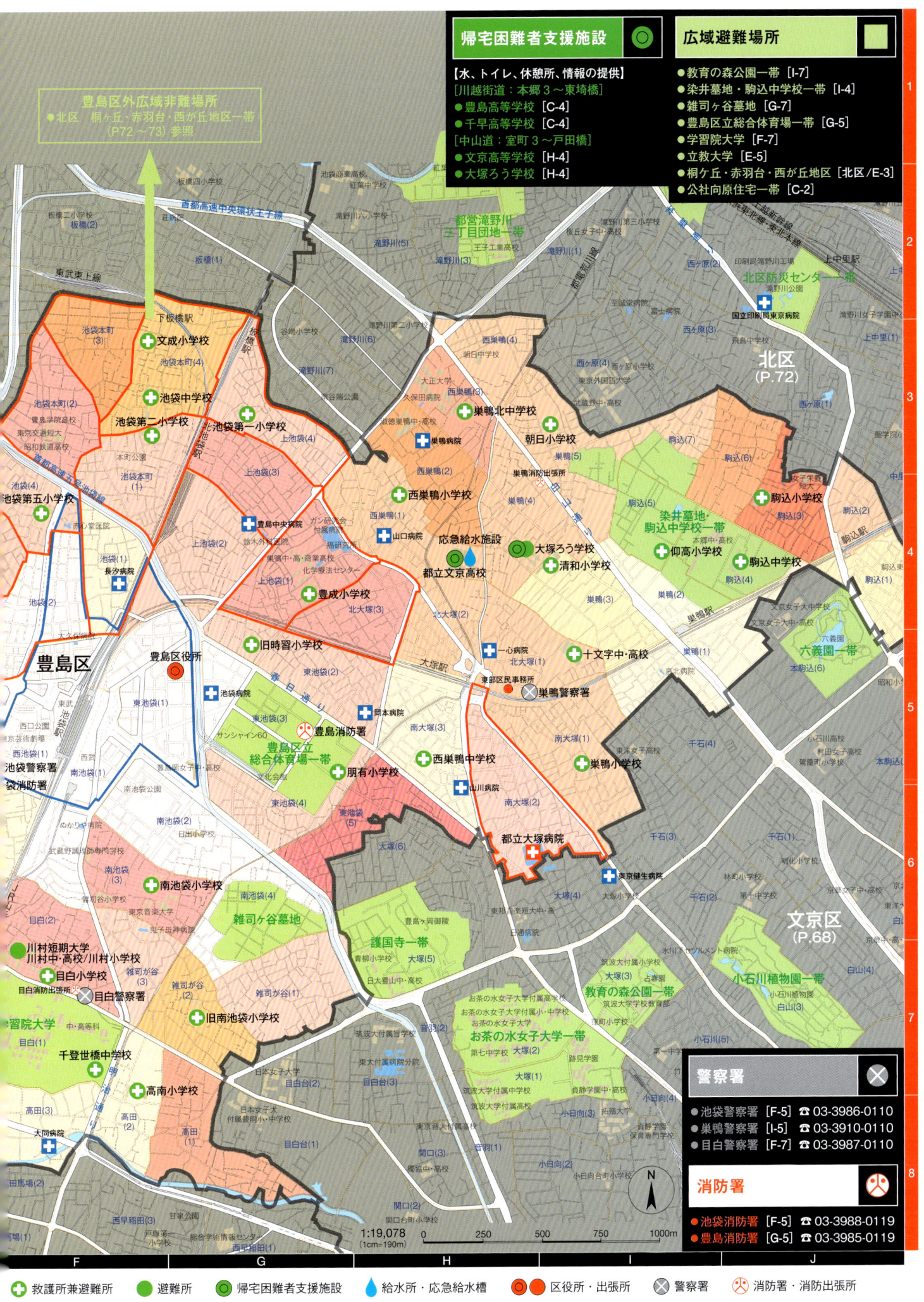

生き残り地図 豊島区

帰宅困難率 **45.9%** ワーストランキング9位
帰宅困難者数 **約15.7万人** ワーストランキング6位

被災シミュレーション

国内最大規模の密集地。
東池袋地区は、さまざまな防災上の問題を抱えている。大きな病院が少ないことも懸念される。

被害想定
[前提条件]
- 震源地：23区直下（深さ地下20〜30km）
- 規模：直下型地震（マグニチュード7.2）
- 季節・時刻：冬の夕方 午後6時
- 気象条件：風速6m/秒

区面積 13.01㎢

想定震度面積率	6強	0%	6弱	11.3%	5強	88.7%
液状化可能性面積率（液状化しやすさの順にABC）	A	7.5%	B	0%	C	0%

建築物被害		木造	RC造	S造	計
	半壊棟数	863棟	130棟	51棟	1,044棟
	全壊棟数	296棟	122棟	26棟	444棟
	計	1,159棟	252棟	77棟	1,488棟

RC造：鉄筋コンクリート　S造：鉄骨

火災被害	焼失面積	0.69㎢	焼失面積率	5.3%
	焼失棟数	3,122棟	焼失棟数率	6.1%

人的被害	死者数	44人
	負傷者数	2,652人（重傷：223人 軽傷：2,429人）

供給処理施設の機能支障率	上水道	11%	電力	6%
	都市ガス	0%	電話	19%

自宅外避難者数（1日後）	22,925人（11,688世帯）
帰宅困難者数	157,116人

日本国内で最大規模の密集地を持つ豊島区。区では地震が起きた際、火災の拡大を食い止めるため、道路や公園などの不燃領域率を上げる計画を持っているが、木造賃貸住宅の密集地である東池袋4、5丁目（20年前に対策開始）でも、未だに35%前後である。そんな東池袋地区（約111ha）は、区の重点整備地域で、防災上のさまざまな問題を抱えている。現在、取り組みが進んでいるのは、東池袋4・5丁目地区などの、震災時に延焼遮断帯および避難路となる都市計画道路の整備。特に東池袋4・5丁目地区では、消防活動困難地域の解消を図るため、主要生活道路の整備と同時に、老朽木造建築物の不燃化建築物への建替えを促進し、防災性の向上を図っている。

南池袋、雑司が谷地区でも、防災水利の確保、道路、公園などの防災施設拠点の整備が進められている。豊島区は他区に比べ、大きな病院が少ないことも危惧される。西池袋方面は広域避難場所が少なく、立教大学の敷地にかなりの人数が殺到する可能性がある。

不燃領域率の向上は住民の理解がなければ進まない

地震に備えて不燃領域率を上げるため、道路幅を拡張し、公園などを作る。そのためには用地の買収と、財源確保が必要だ。豊島区では不燃領域率を2007年には60%に上げる計画を持っているが、たとえば東池袋4・5丁目でも35%前後にとどまっている。不燃領域率が30%程度の区域は、直下型地震で80%以上が焼失する可能性が高く、不燃領域率が40%以上あれば、焼失は20〜25%程度に抑えられるという推計もある。

いっぽう国土交通省によると、不燃領域率が40%以上になる見込みが低く、地震で大規模火災を起こす可能性がある密集市街地の面積は、東京都が最も高く、2,339haに及ぶ。

帰宅困難者予想

多数の帰宅困難者発生が予想される、池袋駅周辺エリア。この一帯は地区内残留地区で、建物の不燃化が進み、仮に火災が発生しても、火災はビルの中だけに留まり、大規模な延焼は発生しないと想定されているので、残留地区外の木造密集地域へ避難するよりは、その場に留まっていたほうが、延焼火災から身を守ることができると考えられている。また災害発生時には、池袋駅・駅舎の一部や、東京芸術劇場の一部などが一時休憩所として提供される。

●帰宅困難者が滞留しやすいターミナル駅
池袋駅

豊島区内・外出者数（平日夕方6時）約34.2万人
帰宅困難者 約15.7万人

内訳
- 買物等 約4.7万人
- 通勤 約7.6万人
- 通学 約3.4万人

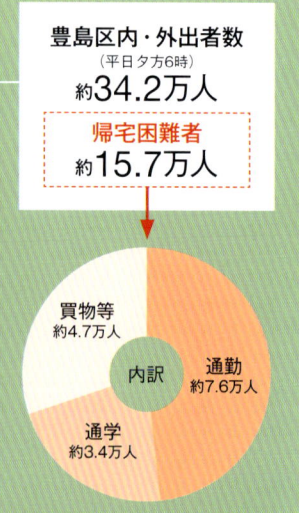

Tokyo Survival Map: Toshima

豊島区防災リポート

立教大学
（豊島区西池袋3丁目）

現在、池袋キャンパスで学んでいるのは、小中高生が約1,500人。大学生は大学院生も含めれば1万2千人もの数に上る。

大学に入学した際のガイダンスで配られているのが「防災のしおり」。たたむと名刺大の大きさになるしおりで、事前の心得や実際に地震や火事に遭遇した際に教室や研究室ではどうしたらいいのか、119番通報の手順、災害時の緊急連絡先、キャンパスの避難経路図などが記載されている。名刺大の大きさにしたのは、財布などに入れやすくするため。普段は薄れがちになってしまう防災に対する意識を常に持ってもらうために、そのサイズにして10年ほど前から配られるようになった。

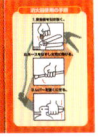

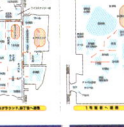

池袋キャンパスは災害時の避難場所として指定されているが、キャンパス内の建物は、新耐震基準（1981年）以前に建設されたものについて耐震診断、補強案策定、補強設計、補強工事など順次対策を講じている。

特に薬品などを扱う理学部では、緊急時マニュアルを作成し、安全教育の充実に心がけ、自衛消防隊の参加による池袋消防署との共同消防訓練なども行っている。

ボランティアセンター
（立教大学内）

東京築地の外国人居留地に英学と聖書を教えるために私塾を開いたことから学校の歴史が始まった立教大学。ボランティアの団体も多く、キリスト教の大学としての風土が、今も学生のなかに受け継がれている。防災に対しては、学生の積極的かつ意欲的な活動が顕著に見られる。

そのひとつの例としてあげられるのが、2003年に開設されたボランティアセンターの存在。ボランティア活動を紹介するなかで、地域住民とも密接な関係を築いている。

ボランティアといっても、さまざまなものがある。ただ言えることは、学生が社会と交わる大きな手段のひとつということ。地域との連携や地域への貢献という部分では、ボランティアの役割は大きい。

豊島区は、人口に占める若年層の割合が少ない。子ども時代を過ごしても、就職し家庭を持つと違う区や都市へ転居することが多い。結果としてお年寄りの割合が多くなっていく。立教大学のボランティアセンターでは、「学生が地域防災に貢献できるか」という取り組みを行なっている。学生400人のアンケートでは、7割近くが震災時にはボランティアとして地域に貢献したいと答えている。元内閣官房副長官の石原信雄さんが会長を務める災害救援ボランティア推進委員会と立教大学ボランティアセンターが中心となって、2003年と05年の2回開講されたのが災害救援ボランティア講座。その講座は3日間の日程で行われ、修了すると、委員会よりセーフティーリーダーの認定証が、東京消防庁より上級救命技能認定証が交付される。2005年5月の講座は、社会人を含め30名程度だったものの、その参加した一人ひとりが防災の意識を個々の生活に持ち帰ることによって、意識づけがさらに広がっていく。

防災ナビ

数字で見る防災データ

- 東京都災害拠点病院 病床数 **508床**
- 備蓄倉庫数 **32ヶ所**
- 避難所数 **42ヶ所**
- 救急告示医療機関 **17ヶ所**
- 避難所収容人員 **144,813人**
- 街頭消火器 **約3,200本**
- 給水拠点確保水量 **1,600㎥**
- 消防車（ポンプ車）数 **15台**
- 屋外拡声器 **77ヶ所**
- 救急車数 **8台**

豊島区の防災対策

防災行政無線
小中学校や公園等に広報無線設備(拡声器)を77ヶ所整備。また地域防災組織の情報責任者や、区施設に戸別受信機を設置し、連絡体制の確立を図っています。

街区消火器
初期消火対策の一環として、区内各所の街頭に3,039本の消火器を設置するとともに、233本の大型消火器を救援センターおよび消防活動困難地域等へそれぞれ設置し、火災の発生に備えています。

食糧、生活必需品等の確保
区内6ヶ所の備蓄倉庫に、クラッカー等の食糧と、毛布、トイレットペーパー等の生活必需品、応急対策用資器材を保管。米飯給食に必要な米穀、めん類等の調達等についても、それぞれの団体と協定を結び確保に努めています。また山形県遊佐町、埼玉県秩父市、福島県猪苗代町、埼玉県三芳町、岩手県一関市、岐阜県関市、群馬県神流町、新潟県堀之内町、茨城県美和村と「非常災害時等における相互応援に関する協定」を結び、食糧等の供給や資器材の提供等、救援協力関係を築いています。

救援センター
震災時における防災活動の拠点として、区立の小中学校等37ヶ所を「救援センター」として指定し、災害対策に必要な設備や資器材の整備、食糧・生活必需品の備蓄をしています。

地域防災組織の運営と活動
地域社会の防災を目的に、町会や自治会組織などを単位として構成される地域防災組織。豊島区では130の地域防災組織(全町会)が結成されています。

生き残り地図

台東区

上野、浅草といった二大繁華街を擁し、今でも大勢の人が訪れる下町のメッカ。博物館、美術館などの文化施設が集まった上野公園、外国人観光客にも変わらぬ人気の浅草寺、昔ながらの古い家屋が残っているエリア、地場産業の工場や住宅なども混在している。

下町情緒が色濃く残る台東区。通りを一本入れば、細く狭い路地があちこちにあり、木造住宅が肩を寄せ合っている場所も数多くある。そんな住宅密集地域が広範囲に広がる同区は、地震被害の危険度を示す赤ランプが、ほぼ全域に渡って点灯している。

台東区危険エリア

建物倒壊・火災・避難のすべてに注意!
浅草橋4丁目、入谷2丁目、清川2丁目、千束2・4丁目、台東3丁目、日本堤1・2丁目、根岸4丁目、三ノ輪2丁目、竜泉3丁目

建物倒壊と火災に注意!
橋場2丁目、東浅草2丁目、元浅草4丁目、谷中3丁目

建物倒壊と避難に注意!
浅草3・4・5丁目、千束1・3丁目、三ノ輪1丁目、竜泉1・2丁目

火災と避難に注意!
浅草橋2丁目、小島1丁目、鳥越1丁目、松が谷3丁目

建物倒壊に注意!
浅草6丁目、池之端3丁目、今戸2丁目、清川1丁目、橋場1丁目、東浅草1丁目

火災に注意!
小島2丁目、寿4丁目、東上野3丁目、谷中2丁目

避難に困難をともなう!
浅草橋1・3・5丁目、入谷1丁目、北上野1・2丁目、蔵前1・3・4丁目、寿1丁目、下谷1・3丁目、台東1・2・4丁目、鳥越2丁目、西浅草2・3丁目、根岸5丁目、東上野1・2丁目、松が谷4丁目、三筋1・2丁目、元浅草2・3丁目、柳橋1・2丁目

●町別危険度カラー
数字が高い程危険度が高い

広域避難場所
● 谷中墓地 [D-2]
● 上野公園一帯 [E-4]
● 隅田公園一帯 [I-4]

地区内残留地区
● 上野地区
上野1・2・3・4・5・6丁目、秋葉原

台東区役所
[F-5] ☎ 03-5246-1111
http://www.city.taito.tokyo.jp/

給水拠点
● 都立上野恩賜公園 [E-4]

凡例: 広域避難場所 / 地区内残留地区 / 避難危険度4〜5エリア / 東京都災害拠点病院 / 救急指定病院 / 医療救護所

●台東区 ［区面積］10.08km² ［人口・世帯］夜間人口：153,918人／世帯数：67,902世帯／昼間人口：351,417人／夕方の推定人口：381,966人
［建築物総棟数］41,354棟（45m超の高層建築物数：25棟）［急傾斜地崩壊危険箇所］2（自然斜面：0／人工斜面：2）2003年修正版 東京都地域防災計画より

東京都災害拠点病院
- 永寿総合病院 [F-5] ☎ 03-3833-8381

救急指定病院
- 上野病院 [E-5] ☎ 03-3833-8111
- 浅草寺病院 [H-4] ☎ 03-3841-3330
- 浅草病院 [I-2] ☎ 03-3876-1711

帰宅困難者支援施設
【水、トイレ、休憩所、情報の提供】
［日光街道：日本橋元標〜水神橋］
- 上野忍岡高等学校 [F-3]
- 上野高等学校 [D-3]
- 白鷗高等学校 [F-6]
［水戸街道：本町3〜新葛飾橋・金町〜葛飾橋］
- 台東商業高等学校 [I-3]
［蔵前橋通り：湯島1〜市川橋］
- 蔵前工業高等学校 [G-7]

警察署
- 上野警察署 [E-5] ☎ 03-3847-0110
- 下谷警察署 [G-2] ☎ 03-3872-0110
- 浅草警察署 [H-3] ☎ 03-3871-0110
- 蔵前警察署 [G-7] ☎ 03-3864-0110

消防署
- 上野消防署 [F-5] ☎ 03-3841-0119
- 浅草消防署 [H-6] ☎ 03-3847-0119
- 日本堤消防署 [H-2] ☎ 03-3875-0119

凡例：救護所兼避難所／避難所／帰宅困難者支援施設／給水所・応急給水槽／区役所・出張所／警察署／消防署・消防出張所

生き残り地図 台東区

指標	値	ワーストランキング
帰宅困難者数	約12.7万人	7位
帰宅困難率	48.2%	6位
建物全半壊率	10.6%	6位

被災シミュレーション

建物倒壊、火災、避難などの各種危険度において、いずれも高い危険性が示される台東区。

被害想定

[前提条件]
- 震源地：23区直下（深さ地下20～30km）
- 規模：直下型地震（マグニチュード7.2）
- 季節・時刻：冬の夕方　午後6時
- 気象条件：風速6m/秒

区面積　10.08km²

想定震度面積率	6強 14.6%	6弱 51.2%	5強 34.1%		
液状化可能性面積率（液状化しやすさの順にABC）	A 65.9%	B 19.5%	C 0%		

		木造	RC造	S造	計
建築物被害（RC造：鉄筋コンクリート／S造：鉄骨）	半壊棟数	2,014棟	574棟	330棟	2,918棟
	全壊棟数	775棟	475棟	202棟	1,452棟
	計	2,789棟	1,049棟	532棟	4,370棟
火災被害	焼失面積	0.38km²	焼失面積率	3.8%	
	焼失棟数	1,983棟	焼失棟数率	4.8%	
人的被害	死者数	82人			
	負傷者数	4,624人（重傷：390人　軽傷：4,234人）			
供給処理施設の機能支障率	上水道	47%	電力	8%	
	都市ガス	85%	電話	17%	
自宅外避難者数（1日後）	37,965人（16,748世帯）				
帰宅困難者数	126,748人				

荒川、隅田川周辺を中心とする軟弱地盤の低地に位置する台東区。東京都の調査では、震度5強～6強の間での建築物の被害は4,370棟、火災による焼失棟数1,983棟、死傷者数4,706人という被害想定が出ている。東京都23区内を対象にした建物倒壊危険度のワーストランキングにおいては、10位内に浅草5丁目、竜泉3丁目の名が上がり、建物倒壊危険度・火災危険度・避難危険度をトータルした総合危険度のワーストランキングにおいても、10位内に日本堤2丁目、千束2丁目、竜泉3丁目が上がっている。地図上でも、台東区の南部および北部一帯にかけて、避難危険度5の場所が連続する。住宅地域以外でも台東区には危険度がつきまとう。それは上野駅周辺、御徒町や浅草などの繁華街だ。東京消防庁の分析では、総合出火危険度などにおいて、台東区の名が上位に上がっている。路地や木造家屋などの郷愁を求めて訪れる観光客も多い下町。だがそれこそがこの区の防災上のデメリットにもなっている。

「避難危険度5」および「総合危険度5」の町丁目が多い区で、台東区はともにNO.1！

東京都都市整備局が公表している第5回地域危険度測定調査結果によると、避難危険度、総合危険度のそれぞれにおいて、最も危険度の高い5に属する町丁目が、台東区は一番多いという結果が出ている。

ワーストランキング

避難危険度5の町丁目が多い区	順位	総合危険度5の町丁目が多い区
台東区 23%	1位	台東区 26%
品川区 17%	2位	新宿区 13%
大田区 17%	3位	足立区 8%
新宿区 16%	4位	品川区 8%
豊島区 6%	5位	渋谷区 8%

出典データ：第5回地域危険度測定調査結果／東京都都市整備局
http://www.toshiseibi.metro.tokyo.jp/bosai/chousa_5/home.htm

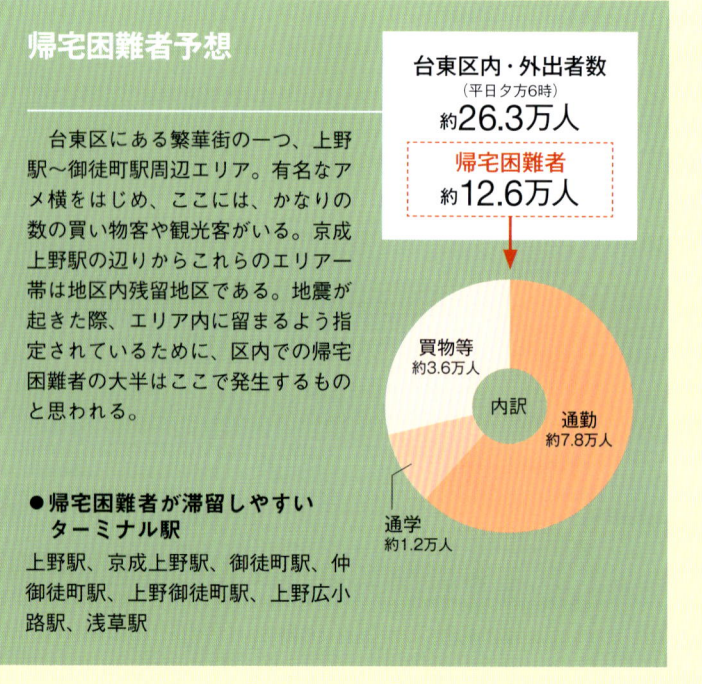

帰宅困難者予想

台東区にある繁華街の一つ、上野駅～御徒町駅周辺エリア。有名なアメ横をはじめ、ここには、かなりの数の買い物客や観光客がいる。京成上野駅の辺りからこれらのエリア一帯は地区内残留地区である。地震が起きた際、エリア内に留まるよう指定されているために、区内での帰宅困難者の大半はここで発生するものと思われる。

● 帰宅困難者が滞留しやすいターミナル駅
上野駅、京成上野駅、御徒町駅、仲御徒町駅、上野御徒町駅、上野広小路駅、浅草駅

台東区内・外出者数（平日夕方6時）　約26.3万人
帰宅困難者　約12.6万人

内訳
- 通勤　約7.8万人
- 買物等　約3.6万人
- 通学　約1.2万人

Tokyo Survival Map: Taito

台東区防災リポート

下町の防災
谷中2・3・5丁目地区（台東区）

　台東区谷中は路地や古い木造住宅などが肩を寄せあう、昔ながらの下町的な環境が残っている住宅地。しかし防災の立場から見ると、そのことが建物倒壊や火災の延焼の原因となり、大きな被害を受ける町として想定されている。まさに防災上の大きな問題を抱えているのだ。

　区ではこの問題を解決していくために、この地域にふさわしい防災まちづくりを進めているが、密集住宅市街地整備促進事業（密集事業）はその中の重要な施策で、昔からの町の歴史、文化の良さを生かしながら、災害に強い町づくりが行われつつある。

　たとえば、老朽化した木造アパートの建替え助成や、オープンスペースが少ない地域での広場の整備、震災時に避難ができるよう行き止まり道路を解消するなどだ。

　対象エリアは谷中2・3・5丁目地区。緑や路地、歴史的な趣ある建物といった昔ながらの風景がある一方で、道が狭く消防車や救急車が進入しづらい、災害時の避難スペースが少ない、木造住宅が密集し延焼の危険性があるなど、防災性の問題がこの地区にはある。

　区ではスポーツクラブの跡地（約7,000㎡）を取得し、この地区の防災拠点となる広場（防災広場）として整備を行うほか、主要防災道路づくり、防災区画道路づくりなどを計画。地域住民側でもこの動きと呼応しながら、谷中地区まちづくり協議会などを中心に、住みやすいまちづくりと防災の両面での活動を続けている。

　また同じ区内の根岸3・4・5丁目においても、防災事業が展開されていて、こちらでは病院の跡地（約3,800㎡）を利用した防災広場づくりが進んでいる。

　いずれにおいても地元住民との協同なくしては進まない事業だ。そしてこの行政と住民の協力、言い換えれば常に顔の見える関係が、震災の際も、下町の被災度の軽減に繋がっていく。

狭い路地が続く谷中周辺の町並み

下町商店街の防災は人海戦術
アメ横商店街連合会（台東区上野アメ横通りほか）

　上野駅から御徒町駅の500メートルの間のガード下の2000坪の土地に、平均4坪の店舗が430軒。それがアメ横商店街。ヤミ市に青空市ができ、アメ横と呼ばれるようになったのは戦後間もない1947年の秋頃から。ほぼ60年にわたって、変わらぬ姿で今もにぎわいを見せている。

　アメ横だけではなく、線路の東側にも1983年にオープンしたセンタービルなど、アメ横の周囲には小さな店舗が軒を連ねている。数件のデパートやショッピングセンターを除いて、ほとんどが築年数も古い小さな店舗だ。1日に平均20万人が訪れ、年末には1週間で200万人以上の人が正月用の買い物のために足を運ぶ。

　アメ横連合会では、上野公園への避難を第一に置いている。高層ビルがないだけ、大量のガラスが降ってくる可能性は少ないが、逃げ場所となると上野公園以外にないのが現状。前向きに考えれば、避難すべき場所が1ヶ所に絞られているのだから、突然の災害に遭った場合の共通認識をみんなが持っていることになる。

　良くも悪くも、この地域には大型店舗の新規参入がほとんどない。昔から長く続いているところが多く、結果として今も店の方々の横のつながりが強い。向こう三軒両隣ではないけれど、下町の感覚で動けるのが強み。またアメ横のなかには住んでいなくても、お店のオーナーのほとんどが歩いて30分くらいの距離に住居を持っている。大きな災害があった場合には、まさに「いつでも飛んで来られる」場所にいる。

　アメ横は、道も狭く店も小さい。被災した場合は、下町ならではのコミュニティを生かした人海戦術しかない。

商店が軒を連ね、連日大勢の買い物客でにぎわうアメ横

防災ナビ

数字で見る防災データ

東京都災害拠点病院病床数 **400床**	備蓄倉庫数 **71ヶ所**
避難所数 **45ヶ所**	救急告示医療機関 **4ヶ所**
避難所収容人員 **14,754人**	街頭消火器 **約1,300本**
給水拠点確保水量 **1,500㎥**	消防車（ポンプ車）数 **15台**
屋外拡声器 **71ヶ所**	救急車数 **7台**

台東区の防災対策

緊急非常配備体制
勤務時間外に震度5強以上の地震か、これに準ずる程度の被害が発生した場合には、警戒待機者と区役所本庁舎から5km圏内に住んでいる職員約370人が中心となって緊急非常配備体制をとり、災害に対応します。

情報連絡体制
公園、区有施設など73ヶ所に設置した屋外スピーカーにより、区民の方々へ災害情報、避難勧告、その他パニック防止のための正確な情報を伝えます。また双方向の無線機で、区災害対策本部と区民事務所・分室・地区センター・保健所・避難所となる小中学校や各防災機関とで連絡をとりあいます。

備蓄・飲料水・生活用水の確保
災害時に避難所生活を余儀なくされた被災者の方を対象に、避難所となる学校へ食糧や生活必需品の分散備蓄をすすめています。水については三筋保育園庭内、西浅草川村公園内、吉原公園内、谷中児童遊園内それぞれに設置された耐震性地下貯水槽（計150㎥）、上野公園内に設置された耐震性応急給水槽（1,500㎥）、上野公園内、墨田公園内、台東育英小学校内ほかに設置された震災対策用深井戸（計93.4㎥）、そのほか避難所となる学校等に浅井戸の整備をし、飲料水と生活用水を確保しています。

住民防災組織（防災団）への助成と育成
地域住民の防災意識の高揚と、防災活動の向上を図るため、町会・自治会を単位とした防災団が結成された場合、資器材、装備品などの購入費の一部や防災訓練に要する経費の一部を一定の基準により助成しています。

問い合わせ先：台東区危機・災害対策課
TEL.03-5246-1092～4

生き残り地図
港区

そもそもは、芝、麻布、赤坂の旧3区が合併し、港区が誕生した。在日外国人の数は、区人口のおよそ9％、約1万7000人。117ヶ国籍の外国人がこの区に居住し、66の外国大使館がある。都心回帰ブームで、汐留、品川、青山、台場などの大規模マンションも人気。

建物の不燃化が進み、区内に面積の広い避難場所がいくつも存在する港区は、全般的に危険度の高い場所は少ないという調査結果が出ている。しかし油断はできない。たとえば仕事帰りのサラリーマンでいつも賑わっている、新橋駅烏森口の先にある新橋4丁目の飲食街は、建物倒壊と避難に対する注意が必要だ。

港区危険エリア

建物倒壊と避難に注意！
新橋4丁目

火災に注意！
白金5丁目、三田1丁目

避難に困難をともなう！
新橋1・2・3・5丁目、虎ノ門1・2丁目、西新橋1丁目、東新橋2丁目

●町別危険度カラー
数字が高い程危険度が高い

東京都災害拠点病院
- 東京慈恵会医科大学附属病院 [E-4] ☎ 03-3433-1111
- 北里研究所病院 [G-6] ☎ 03-3444-6161
- 東京都済生会中央病院 [F-5] ☎ 03-3451-8211

救急指定病院
- 虎の門病院 [E-4] ☎ 03-3588-1111
- せんぽ東京高輪病院 [I-6] ☎ 03-3443-9191
- 北青山病院 [E-8] ☎ 03-3409-3661
- 鈴木胃腸病院 [G-4] ☎ 03-3455-6121
- 古川橋病院 [G-5] ☎ 03-3453-5011

港区役所
[F-4] ☎ 03-3578-1111
http://www.city.minato.tokyo.jp/

広域避難場所
- 迎賓館一帯 [C-6]
- 芝公園・慶應大学一帯 [F-4]
- 高輪三・四丁目・御殿山地区 [I-6]
- 自然教育園・聖心女子学院一帯 [H-7]
- 有栖川宮記念公園一帯 [G-7]
- 青山墓地一帯 [E-7]
- 明治神宮外苑地区 [D-7]

地区内残留地区
- 東新橋、海岸地区
  海岸1・2・3丁目、東新橋1丁目
- 芝浦地区
  芝浦1・2・3・4丁目
- 港南地区
  港南1・2・3・4・5丁目
- 台場地区
  台場1・2丁目
- 赤坂、六本木地区
  赤坂1・2・3・4・5・6・7・8・9丁目、六本木2・4丁目

広域避難場所 ／ 地区内残留地区 ／ 避難危険度4〜5エリア ／ 東京都災害拠点病院 ／ 救急指定病院 ／ 医療救護所

●港区 ［区面積］20.34km² ［人口・世帯］夜間人口：144,885人／世帯数：66,362世帯／昼間人口：904,004人／夕方の推定人口：827,417人
［建築物総棟数］34,195棟（45m超の高層建築物数：274棟）［急傾斜地崩壊危険箇所］118（自然斜面：20　人工斜面：98）2003年修正版 東京都地域防災計画より

帰宅困難者支援施設

【水、トイレ、休憩所、情報の提供】

[第一京浜：日本橋～六郷橋]
- 芝商業高等学校　[F-3]
- 港養護学校　[I-4]

[第二京浜：日本橋元標～多摩川大橋]
- 三田高等学校　[G-5]

[玉川通り：三宅坂～二子橋]
- 赤坂高等学校　[E-7]

警察署

● 愛宕警察署　[F-4]	☎ 03-3437-0110
■ 三田警察署　[G-5]	☎ 03-3454-0110
■ 高輪警察署　[H-6]	☎ 03-3440-0110
■ 麻布警察署　[E-6]	☎ 03-3479-0110
■ 赤坂警察署　[D-6]	☎ 03-3475-0110
■ 東京水上警察署　[I-3]	☎ 03-3458-0110

消防署

● 芝消防署　[F-4]	☎ 03-3431-0119
● 麻布消防署　[F-6]	☎ 03-3470-0119
● 赤坂消防署　[E-7]	☎ 03-3478-0119
● 高輪消防署　[H-6]	☎ 03-3446-0119

給水拠点

- 芝給水所　[F-4]
- 都立青山公園　[E-7]
- シティハイツ桂坂（港区防災活動拠点）　[I-5]

凡例：救護所兼避難所／避難所／帰宅困難者支援施設／給水所・応急給水槽／区役所・出張所／警察署／消防署・消防出張所

生き残り地図
港区

帰宅困難者数 ワーストランキング2位	帰宅困難率 ワーストランキング3位	負傷者数 ワーストランキング4位
約45万人	54.1%	約9,300人

被災シミュレーション

青山、赤坂、六本木、お台場。

歓楽&飲食街、巨大なエンターテインメント施設などを数多く抱える港区は、被災時の帰宅困難者数、負傷者数の多さが深刻だ。

被害想定

[前提条件]
- 震源地：23区直下（深さ地下20〜30km）
- 規模：直下型地震（マグニチュード7.2）
- 季節・時刻：冬の夕方 午後6時
- 気象条件：風速6m/秒

区面積 20.34km²

想定震度面積率	6強 0.0%	6弱 100%	5強 0.0%	
液状化可能性面積率（液状化しやすさの順にABC）	A 29.3%	B 18.5%	C 6.5%	

		木造	RC造	S造	計
建築物被害 RC造：鉄筋コンクリート S造：鉄骨	半壊棟数	954棟	450棟	151棟	15,55棟
	全壊棟数	335棟	408棟	80棟	823棟
	計	1,289棟	858棟	231棟	2,378棟

火災被害	焼失面積	0.13km²	焼失面積率	0.6%
	焼失棟数	545棟	焼失棟数率	1.59%

人的被害	死者数	135人	
	負傷者数	9,330人	（重傷：734人 軽傷：8,596人）

供給処理施設の機能支障率	上水道	27%	電力	16%
	都市ガス	27%	電話	7%

自宅外避難者数（1日後）	20,351人（9,321世帯）
帰宅困難者数	450,111人

明治神宮前外苑、迎賓館、青山墓地、芝公園など、他区に比べ、比較的恵まれた広域避難場所をもつ港区。建物の不燃化も進んでいるが、その焼失棟数想定は545棟と意外に多く、たとえば同様に不燃化が進んでいる千代田区などに比べると、その数はまだかなり多い。

また帰宅困難者数は実に45万人強と予想され、これは全区、地区内残留地区指定を受けている千代田区に次ぐ多さだ。

その大半は区内への通勤者が占めているが、六本木や赤坂、新橋などの歓楽街、飲食街での帰宅困難状況も厳しいものと予想される。港区の負傷者数想定は9,330人（都内ワーストランキング4位）。夜の街が被災した場合、帰宅困難者と負傷者のダブルパンチも起こりうる。

また、地震による土地の液状化や、レインボーブリッジ封鎖などを想定した場合、観光客にも人気のお台場地区は、かなり深刻な被災状況をイメージしたほうがよいかもしれない。

港区で発行している「4カ国語版・チャートでわかる防災のてびき」は使える防災ツールだ

さまざまな国の人が集まって暮らす東京。港区でも日本語を母国語としない人々は大勢いる。「4カ国語版・チャートでわかる防災のてびき」は、そんな人たちのために作られた非常時の対応マニュアル。日本語、英語、中国語、韓国語対応で、地震から身を守るための方法が、イラスト入りでわかりやすく解説され、パーソナルデータを書き込める防災緊急カードも付いている。被災するのは日本人だけじゃない。ユーザビリティに配慮した、こんな防災ツールはもっと増えていい。

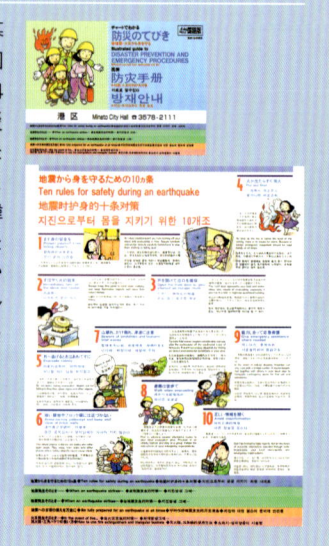

帰宅困難者予想

港区内・外出者数（平日夕方6時）
約83.2万人

帰宅困難者
約45万人

内訳
- 通学 約3.7万人
- 買物等 約4.8万人
- 通勤 約36.6万人

帰宅困難状況においてワーストランキング上位の港区。オフィス中心地の一つ、芝地域は、昼間人口が夜間人口の5倍にもなり、大勢の帰宅困難者の発生が予想されている。また100mを超える高層ビルも28棟あり、災害発生時の避難誘導体制確保、防災体制の充実強化が図られている。ちなみに同地域をはじめ区内には外国人向け住宅も多く、外国人登録人口は総人口の約9%。区民の11人に1人が外国人という状況だ。そこで外国人向けの「英語で行なう救命講習会」なども実施されている。

●帰宅困難者が滞留しやすいターミナル駅
新橋駅、浜松町駅、田町駅、品川駅など

Tokyo Survival Map: Minato

港区防災リポート

逃げ込める街、六本木ヒルズ
六本木ヒルズ（港区六本木６丁目）

　東京の新しいランドマークとしてそびえる六本木ヒルズ。地上54階、高さ238メートルの超高層ビルをメインタワーに、2003年4月25日にオープンした。かつてこの一帯は、木造を中心とした低層の建物が密集する住宅地で、再開発が計画されている時期に阪神・淡路大震災が起きた。そして生まれたコンセプトが「逃げ込める街」。六本木の近くには広域避難所がない（最も近い場所で青山墓地一帯）。ビルが一番安全な場所として、そこから逃げ出すのではなくそこに逃げ込める場所となる。六本木ヒルズの就業者や住人、ビルへの来訪者だけではなく、近隣の住民をも巻き込んだ、地域と一体となった防災を想定している。震災訓練も、六本木ヒルズで働く人だけではなく、地域ぐるみで行っているのが特徴だ。町内会や商店会といった古くからその地域で生活していた人たちと、訓練を通して顔を合わせることによって、有事の際に必要になるコミュニティを構築している。
　地域と一体となる防災対策の根本にあるのが「街」という意識だ。ビルというハード、そしてそれを活かすためのソフト。両面で万全の対策がとられている。
　いくつもの最新テクノロジーを組み合わせた、日本最高レベルの耐震性能を有する建物といえる六本木ヒルズ。2種類の免震装置を組み合わせることによって、地震時の揺れ幅を2分の1から4分の1に抑えることができる。
　電気、水、ガスといったライフライン。そもそも特定電気事業によって、六本木ヒルズはガスで独自に発電を行っている。普段、東京電力からの電気は使っていないが、もちろんラインは繋がっている。ガスも電気もラインがストップしてしまった場合は、灯油をたいて発電する。普段に近い生活レベルで電気を使っても、数日は問題ないほどの灯油は備蓄している。水も井戸を用意している。
　食糧などはもちろんのこと、リヤカーやジャッキ、簡易トイレ、おむつや粉ミルクにいたるまで、震災を想定して保存している。それもすべて「街」という意識があるからに他ならない。近隣に住む人が一時的に流入することも想定した準備が整えられている。
　また六本木ヒルズを運営している森ビルも、震災に対しては万全の対策を施している。社員およそ1000名のうち、ほぼ200名が森ビルが管理するビルが多数存在する港区の社宅に住んでいる。森ビルの物件近くに社員が防災要員として在住するシステムは、1970年代後半から始められた。震度5弱以上の地震があった際には、その200人がどこに集まりどう動けばいいのかシミュレーションされている。

震災時の報道体制
テレビ朝日（港区六本木６丁目）

　六本木ヒルズの敷地内にあるテレビ朝日。そもそも六本木6丁目にあったテレビ朝日の敷地3ヘクタールが、再開発のためのベースとなった。
　震災の場合、報道の役割が大きくなる。偽の情報が行き交うことも予想される。何よりも津波に対する避難の呼びかけが大切というスタンスのテレビ朝日。津波警報や大津波警報が出た場合は、通常の放送を中断してスタジオから緊急情報を伝える。また、首都圏で震度5弱以上、全国で震度6弱以上の地震が発生した場合も、緊急放送体制で情報を発信していくことになっている。
　被災地に大型中継車が行けないことを想定し、持ち運び可能な小型中継装置や、二輪車のハンドルに取り付けたカメラとヘリコプターを結んで中継する装置などを備えている。
　被災された住民の生命や健康、財産を守る防災情報、混乱の中で被災した方や親類に安否を伝える安否情報、電気、ガス、水道、鉄道などの不通状況や復旧状況を伝えるライフライン情報、そして、被災した方に水や食糧の配給などを知らせる生活情報。これらも不可欠な情報と考えていて、いち早く報道特別番組を編成して放送することになっている。

防災ナビ

数字で見る防災データ

東京都災害拠点病院 病床数
1,904床

備蓄倉庫数
89ヶ所

避難所数
64ヶ所

救急告示医療機関
8ヶ所

避難所収容人員
36,475人

街頭消火器
約1,900本

給水拠点確保水量
28,200㎡

消防車（ポンプ車）数
24台

屋外拡声器
101ヶ所

救急車数
10台

港区の防災対策

飲料水の確保
水道施設が損壊した場合に備え、都立青山公園に1,500㎡、シティハイツ桂坂に100㎡、芝給水所に27,000㎡、区立南公園に100㎡の応急給水槽を、そのほか小中学校、区有施設に受水槽（計約2,500㎡）を設置。さらに区立有栖川宮記念公園と青葉公園に大規模井戸を設置、民間ビルの20㎡以上の受水槽所有者などと大震災時における飲料水使用協定を締結（302ヶ所／約15,600㎡）し、確保を推進しています。

食糧・生活必需品の備蓄
被災者に対し速やかに配付できるよう、食品、生活必需品、救助用資機材、医療・防疫用資機材、燃料など約90種類の物資を88ヶ所の備蓄倉庫に保管しています。

消火用水槽の設置
区役所外、区立公園・児童遊園など49ヶ所に5㎡～100㎡の消火用水槽を埋設し、消防ポンプの水利を確保しています。

職員訓練
区職員は、災害発生時に災害応急活動や復旧活動が円滑に実施できるよう、参集訓練、図上訓練、防災資機材操法訓練、無線通信訓練、応急救護訓練などの実践的な訓練を実施しています。

防災普及活動
区では、地域防災ネットワーク、防災座談会・講演会、地域防災訓練、防災ビデオの貸し出しなど、区民一人ひとりの防災意識を向上させ、防災知識を普及するためにさまざまな活動を行っています。

生き残り地図
江戸川区

江戸川区役所
[D-5] ☎ 03-3652-1151
http://www.city.edogawa.tokyo.jp/

東京23区の中で、住民の平均年齢が最も若いのが、江戸川区である。葛西地区南部、都営地下鉄新宿線沿線の発展によって人口が増えた。今後20年間の方向性を描いた、新長期計画「えどがわ新世紀デザイン」を策定し、環境都市づくりも推進していく。

江戸川区では、中川と新中川に挟まれた区中央域に、建物の倒壊危険エリアが数ケ所ある。そのうち松島3丁目は、火災の危険度も高いので注意が必要だ。また新中川を挟んで、興宮町、上一色2、3丁目のエリアや、西小岩2～5丁目のエリアなど、建物の倒壊と避難の困難さが隣り合わせの場所にも高い注意が必要だ。

江戸川区危険エリア

建物倒壊と火災に注意!
平井2丁目、松島3丁目

建物倒壊と避難に注意!
中央2丁目、上一色2丁目

建物倒壊に注意!
一之江町、小松川4丁目、西小岩2丁目、東小松川1・2丁目、平井1・6丁目、船堀2丁目、松江2・3丁目、松島4丁目

火災に注意!
東小岩5丁目

避難に困難をともなう!
興宮町、中央1丁目、西葛西3・5丁目、西小岩3・4・5丁目、春江町1丁目、東葛西1丁目、南篠崎町3・5丁目、大杉1・3丁目、上一色3丁目、瑞江2丁目

●町別危険度カラー
数字が高い程危険度が高い

火災危険度 1-5 / 建物倒壊危険度 1-5

広域避難場所 | 地区内残留地区 | 避難危険度4～5エリア | 東京都災害拠点病院 | 救急指定病院 | 医療救護所

●江戸川区　[区面積]49.86㎢　[人口・世帯]夜間人口：589,414人／世帯数：234,550世帯／昼間人口：470,487人／夕方の推定人口：491,290人
[建築物総棟数]130,796棟(45m超の高層建築物数：26棟)　[急傾斜地崩壊危険箇所]0箇所　2003年修正版 東京都地域防災計画より

給水拠点 💧

- 西瑞江給水所 [F-3]
- 葛西給水所 [G-6]
- 都立篠崎公園 [D-3]
- 区立宇喜田中央公園 [H-6]
- 区立小松公園 [A-3]
- 都立大島小松川公園 [F-7]
- 都立葛西南高等学校 [I-5]

救急指定病院 ✚

西村記念病院 [E-7]	☎	03-3638-2301
小松川病院 [E-5]	☎	03-3655-5511
同愛会病院 [D-5]	☎	03-3654-3311
京葉病院 [E-5]	☎	03-3654-8211
松江病院 [E-5]	☎	03-3652-3121
葛西中央病院 [G-5]	☎	03-3680-8121
葛西循環器脳神経外科病院 [H-4]	☎	03-5696-1611
森山記念病院 [H-6]	☎	03-5679-1211
江戸川共済病院 [F-2]	☎	03-3679-5211
江戸川病院 [C-3]	☎	03-3673-1221
東京臨海病院 [I-7]	☎	03-5605-8811
岩井整形外科内科病院 [B-4]	☎	03-5694-6211
同潤会医院 [E-5]	☎	03-3653-5511

広域避難場所

- 篠崎公園・江戸川緑地一帯 [D-2]
- 江戸川南部一帯 [I-6]
- 亀戸・大島・小松川地区 [F-7]
- 新小岩公園・平井大橋地区 [D-7]
- 船堀一丁目住宅一帯 [F-6]
- 都立葛西工業高校・西瑞江住宅一帯 [G-4]
- 行船公園・宇喜田住宅一帯 [G-6]
- 江戸川清掃工場一帯 [F-2]

帰宅困難者支援施設 ◎

[水、トイレ、休憩所、情報の提供]
[蔵前橋通り：湯島1～市川橋]
- 江戸川高等学校 [D-6]
- 小松川高等学校 [E-7]

[環状7号線]
- 小岩高等学校 [C-5]
- 葛西南高等学校 [I-5]
- 紅葉川高等学校 [I-6]
- 葛西工業高等学校 [F-4]
- 江戸川養護学校 [C-4]
- 小岩養護学校 [C-5]
- 白鷺養護学校 [F-5]

警察署 ✕

小松川警察署 [E-6]	☎	03-3674-0110
葛西警察署 [H-4]	☎	03-3687-0110
小岩警察署 [B-3]	☎	03-3671-0110

消防署

江戸川消防署 [E-5]	☎	03-3656-0119
葛西消防署 [H-5]	☎	03-3689-0119
小岩消防署 [D-3]	☎	03-3677-0119

● 救護所兼避難所　● 避難所　◎ 帰宅困難者支援施設　💧 給水所・応急給水槽　● 区役所・出張所　⊗ 警察署　● 消防署・消防出張所

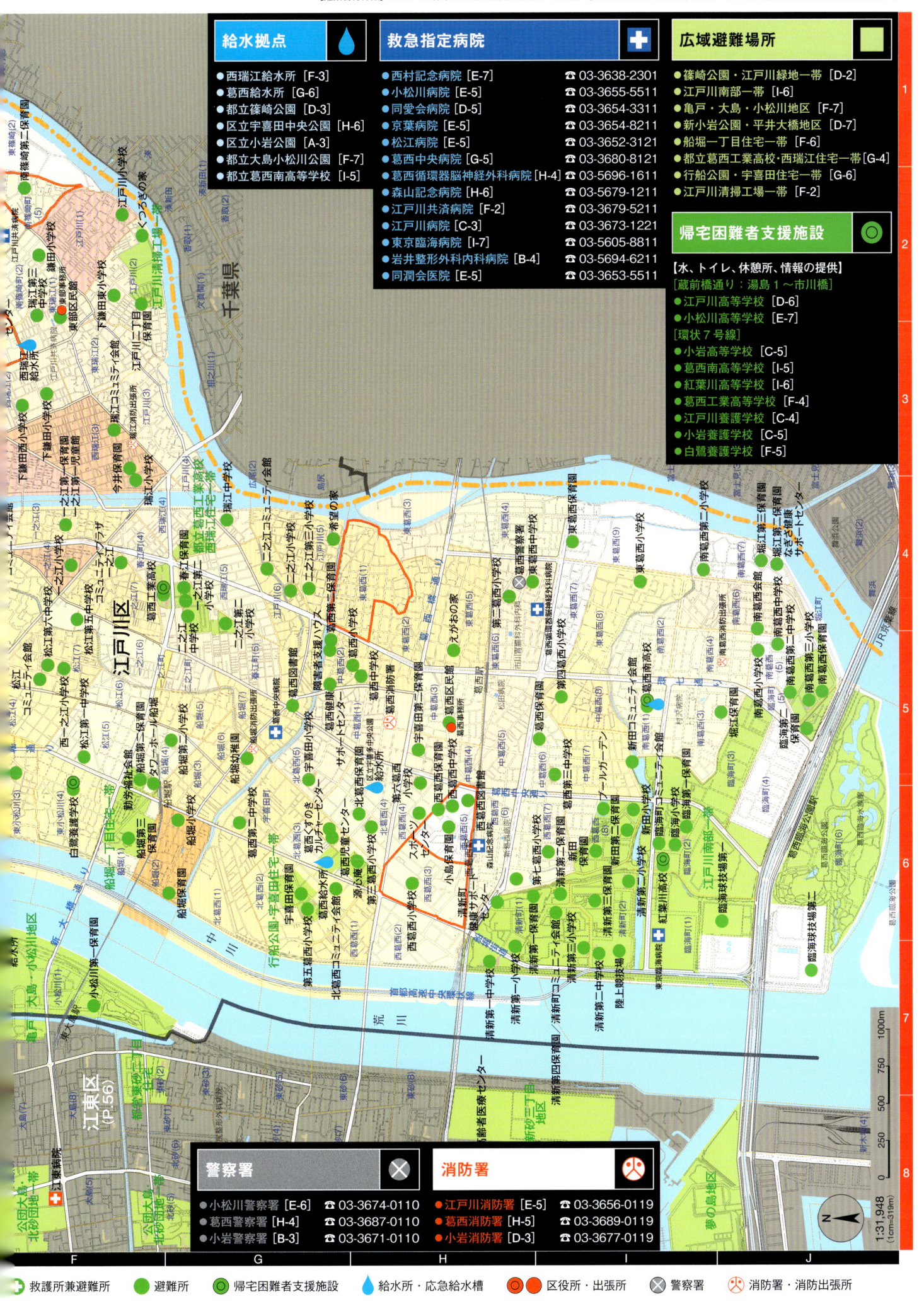

生き残り地図 江戸川区

項目	値	ワーストランキング
焼失面積	11.33km²	1位
自宅外避難者（1日後）	約24万人	1位
焼失棟数	約46,500棟	2位

被災シミュレーション

地震によって堤防が切れた場合、0m地帯に属する江戸川区の一部には、河川の水が流れ込む。

被害想定
[前提条件] ●震源地：23区直下（深さ地下20〜30km） ●規模：直下型地震（マグニチュード7.2） ●季節・時刻：冬の夕方 午後6時 ●気象条件：風速6m/秒

区面積 49.86km²

想定震度面積率	6強 50.0%	6弱 25.7%	5強 24.3%
液状化可能性面積率（液状化しやすさの順にABC）	A 89.6%	B 6.3%	C 0%

建築物被害		木造	RC造	S造	計
	半壊棟数	8,749棟	443棟	1,571棟	10,763棟
	全壊棟数	3,458棟	362棟	956棟	4,776棟
RC造：鉄筋コンクリート S造：鉄骨	計	12,207棟	805棟	2,527棟	15,539棟

火災被害	焼失面積	11.33km²	焼失面積率	22.7%
	焼失棟数	46,522棟	焼失棟数率	35.6%

人的被害	死者数	773人
	負傷者数	8,602人（重傷：1,232人 軽傷：7,370人）

供給処理施設の機能支障率	上水道	60%	電力	35%
	都市ガス	69%	電話	43%

自宅外避難者数（1日後）	239,266人（95,212世帯）
帰宅困難者数	29,534人

245万人を超える人々が生活している東京の東部低地帯。そのうち荒川と江戸川に囲まれた地域には、約半分の120万人が暮らしている。

この地域の中で、地盤高が干潮時の海水面の高さ＝0m前後にある「0m地帯」は、河川の堤防がなければ常に水害にさらされ、暮らすことができない。

江戸川区の一部はこの0m地帯にある。特に江戸川区松島地区をはじめとする中川の左岸一体は、ほぼ完全に水の底に沈んでしまう可能性がある。

河川に築かれた堤防は、コンクリートブロックによって被覆されているが、その基礎自体は、軟弱地盤の上に盛られた土で形成されている。だから大地震が起きた場合は、堤防の基礎地盤や本体も液状化して沈下する恐れがある。

もしも0m地帯にある堤防が1ヶ所でも切れると、河水が一挙に洪水のように街に流れ込んでくる。江戸川区では、このような河川流域の堤防破損による河川管理施設や流域市街地の被災だけでなく、小岩や篠崎、葛西南部地域などの地盤液状化による被災も懸念されている。

防災ナビ

数字で見る防災データ

- 東京都災害拠点病院病床数：0床
- 備蓄倉庫数：22ヶ所
- 避難所数：227ヶ所
- 救急告示医療機関：13ヶ所
- 避難所収容人員：232,448人
- 街頭消火器：約5,600本
- 給水拠点確保水量：26,000m³
- 消防車（ポンプ車）数：25台
- 屋外拡声器：254ヶ所
- 救急車数：12台

江戸川区の防災対策

消火器の地域配備
区では火災時に備えて区内全域に約5,700本の消火器を配備、これらは初期消火で使用できる。

耐震コンサルタント派遣制度
地震に強い安全なまちづくりを目指し、「耐震コンサルタント派遣制度」を実施中。区が委託した相談員を派遣し、住まいの耐震対策について無料で調査や相談を行う。
問合せ：住宅課計画係
☎ 03-5662-6387

飲料水：給水所・応急給水槽など
全区民の約14日分の飲料水を確保（1人分＝1日3リットル）。

備蓄物資：備蓄倉庫
食糧（乾パン、アルファ米、粉ミルクなど）、生活必需品（毛布、肌着、カーペットなど）、防災資機材（発電機、投光器、ろ過機など）を計画的に備蓄。

防災行政無線
災害時の地域情報・被害情報をいち早く正確に伝達できるように、無線による情報連絡体制を整備。公園や児童遊園などに設置されている屋外放送装置と、学校・保育園などに設けられた屋内受信機を通じて情報を伝える。これらの装置は、地震により停電したときも対処できるように、非常電源が装備されている。

生き残り地図
葛飾区

液状化可能性Aランク面積率	建物全半壊数	自宅外避難者数（1日後）
ワーストランキング1位	ワーストランキング4位	ワーストランキング4位
100%	約10,900棟	約17.6万人

被災シミュレーション

かつて関東大震災の時も、地盤が流れ出す「流動」現象が起きた葛飾区。区全域が液状化する恐れが高い。

被害想定
[前提条件] ●震源地：23区直下（深さ地下20〜30km） ●規模：直下型地震（マグニチュード7.2） ●季節・時刻：冬の夕方 午後6時 ●気象条件：風速6m/秒

区面積 34.84km²

想定震度面積率	6強 19.7%	6弱 67.5%	5強 12.7%

液状化可能性面積率（液状化しやすさの順にABC）	A 100%	B 0%	C 0%

建築物被害 RC造：鉄筋コンクリート S造：鉄骨		木造	RC造	S造	計
	半壊棟数	6,040棟	286棟	1,114棟	7,440棟
	全壊棟数	2,490棟	226棟	695棟	3,411棟
	計	8,530棟	512棟	1,809棟	10,851棟

火災被害	焼失面積	6.57km²	焼失面積率	18.9%
	焼失棟数	30,290棟	焼失棟数率	29.9%

人的被害	死者数	625人
	負傷者数	5,881人（重傷：973人 軽傷：4,908人）

供給処理施設の機能支障率	上水道	62%	電力	31%
	都市ガス	74%	電話	51%

自宅外避難者数(1日後)	176,275人（69,213世帯）
帰宅困難者数	30,148人

液状化が最も心配される葛飾区。ここも荒川と江戸川に囲まれた地域であり、液状化現象が、ほぼ区全域で発生すると予想されている。

関東大震災以降、葛飾区には、墨田区や江東区から小規模の工場が移り、一時期はその数8,000以上にも上った。現在も大田区に次ぐ、住工混在環境にある。

また葛飾区はかつては田園地帯で、もともと樹木があまりなかった。しかもその後の急激な市街地化の過程で、住宅や工場などは狭い敷地に過密状態で建てられていった。

つまり都市基盤インフラも未整備のまま発展してきたので、狭あいな道路が多いなど、現在、防災対策上の厳しい課題が再確認されている。ちなみに区の道路率（行政面積に占める道路面積の割合）は12%強しかない。これは23区中、20番目だ。

そのほか、付近一帯が沼地だったうえ、荒川を拡張した際に出た残土を利用してつくられた堀切は地盤が柔らかく、葛飾区の中でもっとも危険な地域のひとつと言われている。ここは0m地帯であり、そのうえ、木造家屋が密集しているので、液状化、建物の倒壊、火災の広がりといった最悪のシナリオもイメージしておいた方がよい。

防災ナビ

数字で見る防災データ

- 東京都災害拠点病院 病床数：696床
- 備蓄倉庫数：108ヶ所
- 避難所数：23ヶ所
- 救急告示医療機関：12ヶ所
- 避難所収容人員：101,020人
- 街頭消火器：約9,700本
- 給水拠点確保水量：132,000m³
- 消防車（ポンプ車）数：22台
- 屋外拡声器：129ヶ所
- 救急車数：25台

葛飾区の防災対策

グラッときたら、何か様子が変だなと思ったら「かつしかエフエム」
非常災害時の災害防災情報提供メディアとして、葛飾区は地域の住民と一緒にコミュニティFM放送局「葛飾エフエム放送株式会社」（通称、かつしかエフエム／周波数78.9メガヘルツ）の設立に参加。区は同社と「災害防災情報等の放送に関する協定」を締結し、区からの災害防災情報を優先して放送することになっている。

防災活動拠点
区では次の12ヶ所の公園を防災活動拠点にしている。
堀切二丁目公園、わかば公園、青戸平和公園、細田公園、水元中央公園、四つ木四丁目公園、高砂北公園、水元飯塚公園、高砂七丁目公園、金町末広公園、小谷野しょうぶ児童公園、金町ときわ公園

広報かつしか
阪神・淡路大震災では地元自治体の広報紙が住民にとって大切な情報源だった。そのことをもとに、葛飾区でも災害発生時には臨時広報紙を発行し、情報を提供する。

防災行政無線
一斉放送などにより区内全域に向けて情報を提供。

備蓄倉庫
区内には小学校、図書館、コミュニティセンターをはじめとした108ヶ所に備蓄倉庫を配備。

生き残り地図

葛飾区

江戸川、荒川をはじめとする河川に囲まれた水郷の都、葛飾区。区内には、都内で唯一水郷の景観を残している都立水元公園をはじめ、花菖蒲の名所などが点在する。そんな恵まれた自然の中に、田園地帯、高層住宅街、工場、商店など、商工住の密集地が広がっている。

葛飾区は建物倒壊に注意が必要だ。まず区南部の新小岩・東新小岩・西新小岩周辺。中川を挟んで、その上の、青戸・立石・東立石・四つ木・東四つ木周辺。水戸街道を挟んで、堀切・東堀切・宝町・お花茶屋・小菅周辺。新中川を渡って、高砂・柴又周辺、そしてその上の金町・新宿周辺だ。これらには、火災要注意エリアも含まれている。

葛飾区危険エリア

建物倒壊・火災・避難のすべてに注意!
お花茶屋2丁目

建物倒壊と火災に注意!
新小岩2丁目、立石1丁目、東新小岩5・6丁目、東四つ木4丁目、堀切5・6・7丁目、四つ木2丁目

建物倒壊に注意!
青戸1・2・6丁目、奥戸2丁目、お花茶屋1丁目、金町5丁目、亀有2丁目、小菅2丁目、柴又1・4丁目、新小岩1・3・4丁目、高砂2・3・5・8丁目、宝町2丁目、立石2・3・4・6・7・8丁目、新宿2丁目、西新小岩3・4・5丁目、東新小岩4・7・8丁目、東立石2・3・4丁目、東堀切1丁目、東四つ木3丁目、細田5丁目、堀切2・3丁目、四つ木1・4丁目

火災に注意!
金町4丁目、堀切4丁目

避難に困難をともなう!
東新小岩2丁目

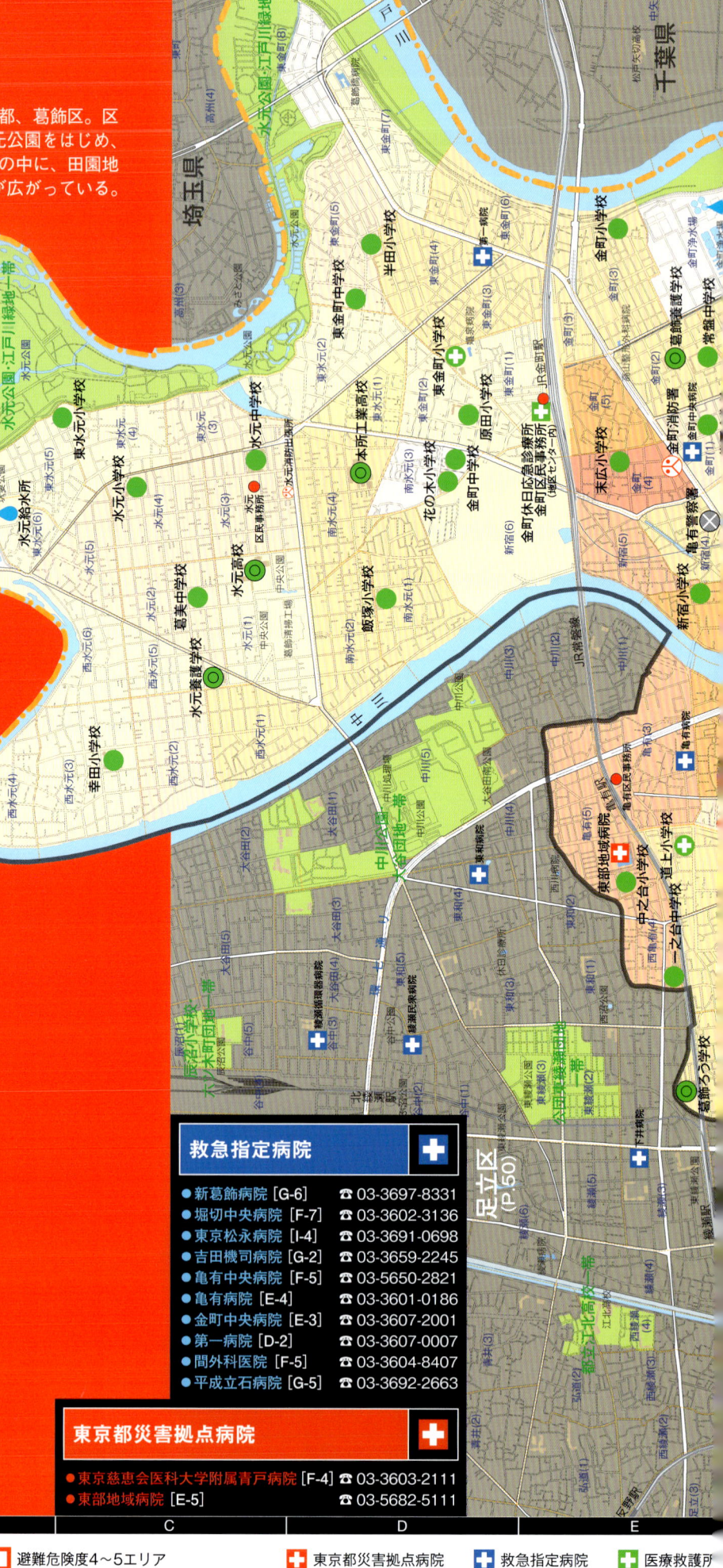

●町別危険度カラー
数字が高い程危険度が高い

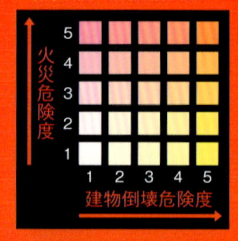

救急指定病院

- 新葛飾病院 [G-6]　☎03-3697-8331
- 堀切中央病院 [F-7]　☎03-3602-3136
- 東京松永病院 [I-4]　☎03-3691-0698
- 吉田機司病院 [G-2]　☎03-3659-2245
- 亀有中央病院 [F-5]　☎03-5650-2821
- 亀有病院 [E-4]　☎03-3601-0186
- 金町中央病院 [E-3]　☎03-3607-2001
- 第一病院 [D-2]　☎03-3607-0007
- 間外科医院 [F-5]　☎03-3604-8407
- 平成立石病院 [G-5]　☎03-3692-2663

東京都災害拠点病院

- 東京慈恵会医科大学附属青戸病院 [F-4]　☎03-3603-2111
- 東部地域病院 [E-5]　☎03-5682-5111

広域避難場所 / 地区内残留地区 / 避難危険度4〜5エリア / 東京都災害拠点病院 / 救急指定病院 / 医療救護所

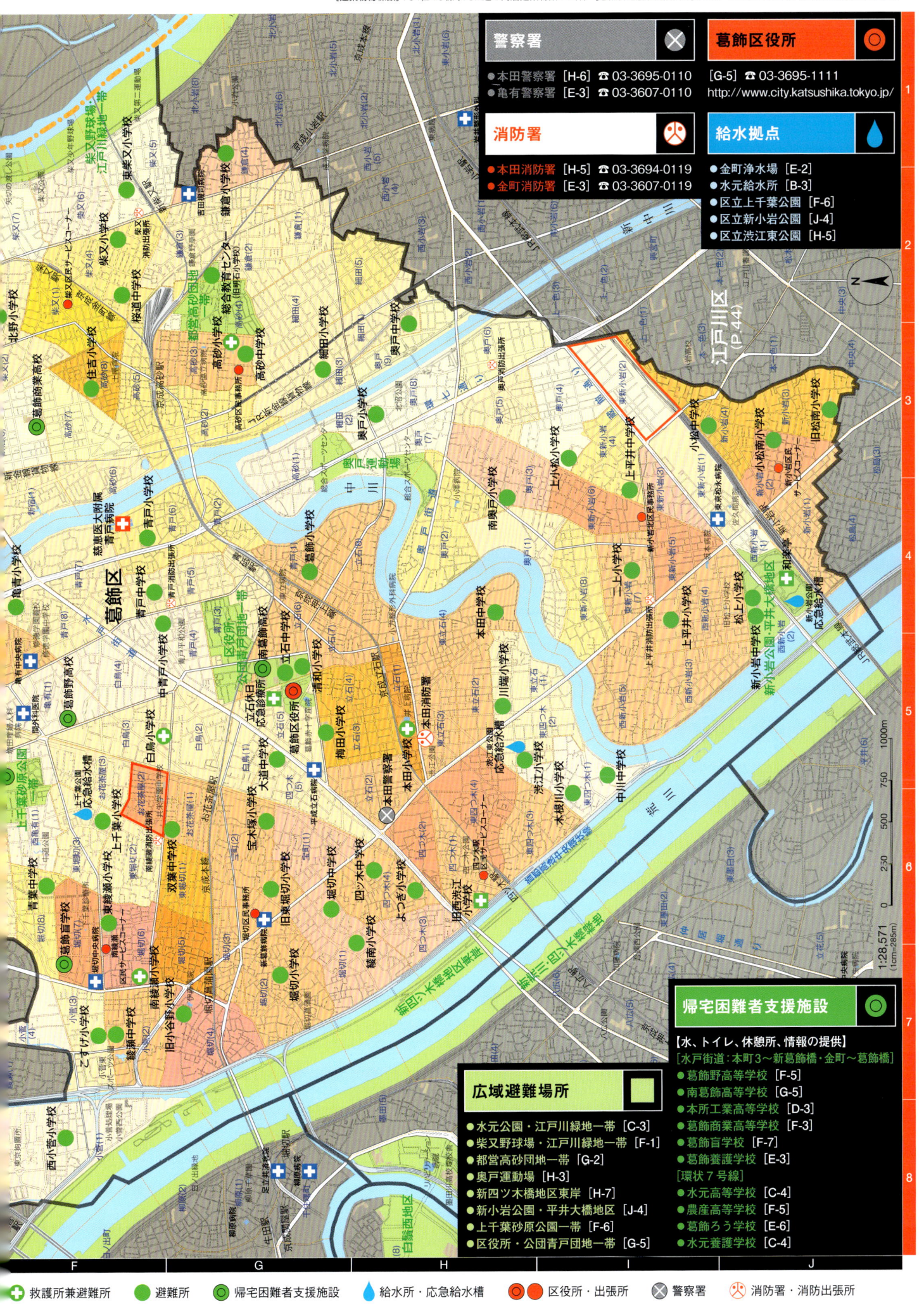

●葛飾区　[区面積] 34.84km²　[人口・世帯] 夜間人口：424,478人／世帯数：166,665世帯／昼間人口：346,494人／夕方の推定人口：351,115人
[建築物総棟数] 101,246棟　[45m超の高層建築物数：8棟]　[急傾斜地崩壊危険箇所] 0箇所　2003年修正版 東京都地域防災計画より

警察署
- 本田警察署 [H-6] ☎ 03-3695-0110
- 亀有警察署 [E-3] ☎ 03-3607-0110

葛飾区役所
[G-5] ☎ 03-3695-1111
http://www.city.katsushika.tokyo.jp/

消防署
- 本田消防署 [H-5] ☎ 03-3694-0119
- 金町消防署 [E-3] ☎ 03-3607-0119

給水拠点
- 金町浄水場 [E-2]
- 水元給水所 [B-3]
- 区立上千葉公園 [F-6]
- 区立新小岩公園 [J-4]
- 区立渋江東公園 [H-5]

帰宅困難者支援施設
[水、トイレ、休憩所、情報の提供]
[水戸街道：本町3～新葛飾橋・金町～葛飾橋]
- 葛飾野高等学校 [F-5]
- 南葛飾高等学校 [G-5]
- 本所工業高等学校 [D-3]
- 葛飾商業高等学校 [F-3]
- 葛飾盲学校 [F-7]
- 葛飾養護学校 [E-3]

[環状7号線]
- 水元高等学校 [C-4]
- 農産高等学校 [F-5]
- 葛飾ろう学校 [E-6]
- 水元養護学校 [C-4]

広域避難場所
- 水元公園・江戸川緑地一帯 [C-3]
- 柴又野球場・江戸川緑地一帯 [F-1]
- 都営高砂団地一帯 [G-2]
- 奥戸運動場 [H-3]
- 新四ツ木橋地区東岸 [H-7]
- 新小岩公園・平井大橋地区 [J-4]
- 上千葉砂原公園一帯 [F-6]
- 区役所・公団青戸団地一帯 [G-5]

凡例
- 救護所兼避難所
- 避難所
- 帰宅困難者支援施設
- 給水所・応急給水槽
- 区役所・出張所
- 警察署
- 消防署・消防出張所

生き残り地図
足立区

東京都の北東部に位置し、埼玉県に隣接する足立区の千住は、古くは江戸四宿のひとつ。現在も住宅密集地域として栄えている。区の玄関口は、鉄道4線が交差するターミナル駅・北千住駅。千住ミルディスなどの新しい商業施設も誕生し、街の賑わいが増している。

足立区では区の中央から南部にかけて危険区域が固まって存在している。特徴的なのは、建物倒壊と火災の二つの危険度の高い場所が多いこと、さらに建物倒壊の危険度が高い場所も数多く分布していることだ。荒川と隅田川によって危険区域は分断されているが、住宅が密集しているこのエリアには、充分な危険対策が必要だ。

足立区危険エリア

建物倒壊・火災・避難のすべてに注意!
千住3丁目、千住仲町

建物倒壊と火災に注意!
足立4丁目、梅田2・3・5丁目、興野1丁目、関原2・3丁目、千住4丁目、千住旭町、千住大川町、千住寿町、千住龍田町、千住柳町、西新井栄町3丁目、西新井本町1・3丁目、本木北町、本木東町、本木南町、柳原2丁目

建物倒壊と避難に注意!
梅島3丁目、千住1・2丁目、西新井本町5丁目

建物倒壊に注意!
綾瀬1丁目、入谷1丁目、梅島1・2丁目、梅田4・6丁目、興野2丁目、江北3丁目、関原1丁目、千住河原町、千住中居町、千住宮城町、千住元町、千住東1・2丁目、千住緑町2・3丁目、椿2丁目、中川2・3丁目、西新井栄町2丁目、本木2丁目、柳原1丁目

火災に注意!
足立1丁目

避難に困難をともなう!
青井3丁目、中央本町3丁目

足立区役所 ◎
[G-5] ☎ 03-3880-5111
http://www.city.adachi.tokyo.jp/

給水拠点 💧
● 東京都水道局 足立営業所 [G-5]
　平成20年まで工事のため運用中止
● 区総合スポーツセンター [G-3]
● 区立千住スポーツ公園 [F-6]
● 区立諏訪木東公園 [E-3]
● 区立大谷田南公園 [J-5]
● 区立北鹿浜公園 [C-4]
● 都立舎人公園 [D-3]

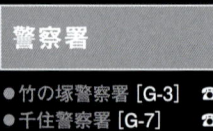

警察署 ✕
● 竹の塚警察署 [G-3] ☎ 03-3850-0110
● 千住警察署 [G-7] ☎ 03-3879-0110
● 綾瀬警察署 [H-4] ☎ 03-3620-0110
● 西新井警察署 [F-4] ☎ 03-3852-0110

消防署 🚒
● 西新井消防署 [E-3] ☎ 03-3853-0119
● 足立消防署 [F-5] ☎ 03-3852-0119
● 千住消防署 [F-8] ☎ 03-3882-0119

● 町別危険度カラー
数字が高い程危険度が高い

凡例: 広域避難場所 / 地区内残留地区 / 避難危険度4〜5エリア / 東京都指定救急病院 / 救急指定病院 / 救護所

● 足立区　[区面積] 53.20km²　[人口・世帯] 夜間人口：622,270人／世帯数：239,164世帯／昼間人口：532,822人／夕方の推定人口：557,976人
[建築物総棟数] 149,460棟（45m超の高層建築物数：15棟）　[急傾斜地崩壊危険箇所] 0箇所　2003年修正版 東京都地域防災計画より

1:34,482 (1cm=344m)

広域避難場所

- 舎人公園一帯 [D-2]
- 総合スポーツセンター一帯 [G-3]
- 辰沼小学校・六ツ木町団地一帯 [I-4]
- 公団東綾瀬団地一帯 [I-6]
- 荒川北岸・河川敷緑地一帯 [E-6]
- 荒川南岸・河川敷緑地一帯 [D-7]
- 公団江北六丁目団地一帯 [D-4]
- 公団花畑団地一帯 [G-2]
- 中川公園・大谷田団地一帯 [J-5]
- 千寿第八小学校一帯 [G-8]
- 都立江北高校一帯 [H-6]
- 公団竹の塚第一団地一帯 [F-3]
- 都住西保木間4丁目アパート一帯 [F-2]
- 公団西新井第三団地一帯 [E-3]
- 江北平成公園一帯 [D-5]

帰宅困難者支援施設

【水、トイレ、休憩所、情報の提供】
[日光街道：日本橋元標〜水神橋]
- 足立高等学校 [G-5]
- 江北高等学校 [H-6]
- 淵江高等学校 [G-3]
- 城北養護学校 [H-1]
- 足立養護学校 [H-1]
- 南花畑養護学校 [G-3]

[環状7号線]
- 足立西高等学校 [D-5]
- 足立東高等学校 [I-4]
- 青井高等学校 [G-5]
- 足立新田高等学校 [B-5]
- 足立工業高等学校 [E-3]
- 荒川商業高等学校 [D-6]
- 東京武道館 [H-6]

救急指定病院

- 東京北部病院 [D-4]　☎ 03-3854-3181
- 鹿浜橋病院 [C-4]　☎ 03-3857-2111
- 博慈会記念総合病院 [C-4]　☎ 03-3899-1311
- 敬仁病院 [B-5]　☎ 03-3913-3106
- 水野病院 [E-4]　☎ 03-3898-8080
- 等潤病院 [G-4]　☎ 03-3850-8711
- 苑田第一病院 [F-3]　☎ 03-3850-5721
- 白石病院 [D-4]　☎ 03-3854-4111
- 下785病院 [H-6]　☎ 03-3620-8811
- 足立東部病院 [F-5]　☎ 03-3880-1221
- 梅田病院 [F-6]　☎ 03-3840-4511
- 内田病院 [F-7]　☎ 03-3888-7321
- 東和病院 [I-5]　☎ 03-3629-8111
- 綾瀬民衆病院 [I-5]　☎ 03-3620-2311
- 綾瀬循環器病院 [I-4]　☎ 03-3605-2811
- 柳原病院 [G-8]　☎ 03-3882-1928
- 足立共済病院 [G-8]　☎ 03-3881-6116
- あさひ病院 [G-4]　☎ 03-5242-5800
- 友愛病院 [G-2]　☎ 03-3884-1235
- 足立洪生病院 [E-4]　☎ 03-3897-0269
- 寺田病院 [E-6]　☎ 03-3898-5231

東京都災害拠点病院

- 西新井病院 [E-5]　☎ 03-3840-7111
- 愛里病院 [G-8]　☎ 03-3888-7721
- 桜会病院 [F-7]　☎ 03-3881-9211
- 勝楽堂病院 [F-7]　☎ 03-3881-0137
- 井口病院 [F-7]　☎ 03-3881-2221

凡例：救護所兼避難所　避難所　帰宅困難者支援施設　給水所・応急給水槽　区役所・出張所　警察署　消防署・消防出張所

生き残り地図 足立区

項目	値	ワーストランキング
上水道供給支障率	68%	1位
建物全半壊数	約15,400棟	2位
自宅外避難者数（1日後）	約19.7万人	3位

被災シミュレーション

足立区はほぼ全域が液状化。それによって区内の断水、停電、都市ガスの供給停止、電話の不通などが引き起こされる。

被害想定

[前提条件] ●震源地：23区直下（深さ地下20〜30km） ●規模：直下型地震（マグニチュード7.2） ●季節・時刻：冬の夕方 午後6時 ●気象条件：風速6m/秒

区面積 53.2km²

想定震度面積率	6強	3.4%	6弱	96.6%	5強	0%
液状化可能性面積率（液状化しやすさの順にABC）	A	96.2%	B	3.8%	C	0%

建築物被害		木造	RC造	S造	計
	半壊棟数	8,316棟	450棟	1,767棟	10,533棟
	全壊棟数	3,420棟	359棟	1,107棟	4,886棟
	計	11,718棟	809棟	2,784棟	15,419棟

RC造：鉄筋コンクリート　S造：鉄骨

火災被害	焼失面積	1.76km²	焼失面積率	3.3%
	焼失棟数	10,000棟	焼失棟数率	6.7%

人的被害	死者数	301人
	負傷者数	6,010人（重傷：646人　軽傷：5,364人）

供給処理施設の機能支障率	上水道	68%	電力	22%
	都市ガス	100%	電話	26%

自宅外避難者数（1日後）	196,736人（75,613世帯）
帰宅困難者数	54,382人

東京直下型地震によって、足立区はほぼ全域が液状化すると考えられている。建物の全壊棟数予想も都内で最も多い。この液状化が、足立区におけるさまざまな面での支障の原因となりそうだ。

まず地震発生後の1日目の断水率（上水道供給支障率）だが、都平均が26.8%なのに対して、足立区では68%。4日目になっても、都平均5.9%に対して、足立区32.9%と、復旧までにかなりの時間がかかるといったデータが出ている。

また、東京都が行った供給処理施設の被害想定によると、停電率においても、足立区は19.4%と都内で最も高く、電話の不通率もワースト1位。都市ガスについては足立区から大田区にかけての範囲で、約130万需要家の供給が停止されると想定されている。

区内で重点整備地域に指定されているのは、西新井駅西口周辺地区（西新井栄町1〜2丁目、関原3丁目、梅田5〜8丁目など、約94ha）だ。この地区の中央には大規模工場跡地（約11.6ha）、工場群、住宅団地などが点在し、これらを取り囲む格好で、木造住宅を主体とした密集市街地が形成されている。地区内には細い街路が多く、幅員6m以上の道路が不足するなど、基盤インフラの未整備なエリアも多い。

防災ナビ

数字で見る防災データ

- 東京都災害拠点病院病床数：317床
- 備蓄倉庫数：109ヶ所
- 避難所数：159ヶ所
- 救急告示医療機関：26ヶ所
- 避難所収容人員：157,231人
- 街頭消火器：約8,800本
- 給水拠点確保水量：7,500m³
- 消防車（ポンプ車）数：30台
- 屋外拡声器：183ヶ所
- 救急車数：12台

足立区の防災対策

防災行政無線の整備

災害が発生した時、情報を早く伝えるため、区内の公共施設、民間のビル・マンションなど137ヶ所に無線送受信装置とスピーカーを設置。また、災害情報を収集するため、区民事務所、警察署、消防署をはじめ224の関係機関に400台以上の無線機と80台以上の無線ファクスを配備。

救助用備蓄物資と倉庫

災害発生時に避難した人々を救助するため、アルファ米、毛布、ゴザ、トイレ、発電機など約44種類の物資を備蓄。特に応急手当に必要な医療器具、医薬品のほか「飲む」「食べる」「寝る」「排せつする」に最低限要する物資を備蓄している。備蓄倉庫は区内6ヶ所。

飲料水の確保

災害時の飲料水を確保するため、公共施設や公園の地下に応急給水槽の設置を進めている。現在、総合スポーツセンター、千住スポーツ公園、諏訪木東公園等にそれぞれ1,500m³の水槽を設置し、合わせて64万区民の3日分（1人1日3ℓ）を確保。

自治体相互の支援体制

災害時相互応援協定を結んでいる都内各区、埼玉県八潮市、川口市・草加市・蕨市・戸田市・鳩ヶ谷市、新潟県小出町、栃木県鹿沼市・日光市・塩原町、千葉県鋸南町・富津市、山梨県山中湖村、長野県山ノ内町に震度5以上の地震が起きた場合、物資・避難場所の提供、ボランティア派遣などを行う。

生き残り地図

墨田区

都市ガス供給支障率	上水道供給支障率	建物全半壊率
100% ワーストランキング1位	**59%** ワーストランキング5位	**11.6%** ワーストランキング4位

被災シミュレーション

三角州状の低地が埋め立てられた軟弱地盤の墨田区。木造家屋の密集地は建物倒壊、火災の危険性大。

被害想定

[前提条件] ●震源地：23区直下（深さ地下20～30km） ●規模：直下型地震（マグニチュード7.2） ●季節・時刻：冬の夕方 午後6時 ●気象条件：風速6m/秒

区面積 13.75km²

想定震度面積率	6強 20.4%	6弱 79.6%	5強 0%
液状化可能性面積率（液状化しやすさの順にABC）	A 63.0%	B 37.0%	C 0%

建築物被害		木造	RC造	S造	計
RC造：鉄筋コンクリート S造：鉄骨	半壊棟数	3,189棟	352棟	549棟	4,090棟
	全壊棟数	1,217棟	304棟	330棟	1,851棟
	計	4,406棟	656棟	879棟	5,941棟

火災被害	焼失面積	0.88km²	焼失面積率	6.4%
	焼失棟数	5,738棟	焼失棟数率	11.2%

人的被害	死者数	120人		
	負傷者数	4,343人	（重傷：449人 軽傷：3,894人）	

供給処理施設の機能支障率	上水道	59%	電力	14%
	都市ガス	100%	電話	38%

自宅外避難者数（1日後）	64,887人 （26,399世帯）
帰宅困難者数	48,558人

話題の新東京タワー建設予定地として、区内の業平橋・押上地区が、各方面から注目を集める墨田区。

大規模地震が発生した場合、墨田区を含む東京東部地域は液状化危険度が高いとされているが、この業平橋・押上地区は、最も危険度が高い地域に入っている。

隅田川河口に位置し、地表面より深さ30～40mの範囲で、軟らかい粘土と、砂の互層からなる沖積層に覆われている墨田区は、隅田川や荒川による三角州状の低地が、江戸期に埋めたてられたものだ。

東京直下型地震では、そんな軟弱地盤の墨田区など23区東部で特に強い揺れが予想されている。結果として総合危険度で最悪のランク5とされた東京都内83町丁目中に、墨田区からは11町丁目の名が上がっている。

区内では、北部地域に木造家屋が密集し、都市基盤が未整備なため、災害危険度の高い地域となっている。鐘ヶ淵周辺、京島地区は、老朽化した住宅や商店、作業所併用住宅、工場などの密集市街地で、幅員4m未満の細街路や、二方向避難ができない行き止まり道路も多い。

建物倒壊危険度におけるワースト1位、2位にそれぞれ、墨田区京島2丁目と東駒形2丁目がランキングされている。

防災ナビ

数字で見る防災データ

東京都災害拠点病院病床数 **944床**		備蓄倉庫数 **54ヶ所**	
避難所数 **50ヶ所**		救急告示医療機関 **10ヶ所**	
避難所収容人員 **63,269人**		街頭消火器 **約2,700本**	
給水拠点確保水量 **4,600m³**		消防車（ポンプ車）数 **17台**	
屋外拡声器 **60ヶ所**		救急車数 **7台**	

墨田区の防災対策

防災センター
災害発生時に墨田区災害対策本部を設置し、迅速な救援活動を行うため、区役所5Fに防災センターがある。また高性能テレビカメラを区役所、リバーサイド隅田（堤通1丁目）、アルカウエスト（錦糸1丁目）の各屋上に設置し、昼夜を問わずほぼ区内全域の映像を、防災センター内の大型スクリーンに映し出している。

飲料水対策
区では上水道の断水に備えた防災貯水槽の設置、飲料水ろ過機の配備を行っている。また文花公園と両国公園の応急給水槽に、それぞれ1,500m³と100m³、白鬚東地区防災拠点に3,000m³の飲料水を確保。

備蓄物資
災害発生時のり災者保護を目的に、避難所が開設される小中学校をはじめ54ヶ所の備蓄倉庫に、生活物資、緊急用物資を備蓄。

消防団の活動と区民消火隊
区内には本所消防団（8個分団）、向島消防団（9個分団）があり、消防署隊とともにそれぞれの担当区域を受け持っている。また住民防災組織の防火部として56隊が結成され、全隊に可搬式小型消防ポンプを配備。災害時の初期消火、延焼拡大防止などの役割を担っている。

生き残り地図

墨田区

国技館の相撲、隅田川の花火大会など、伝統文化が数多く残されている。2001年に、京成押上線の押上―八広間の連続立体交差化。2003年に地下鉄半蔵門線が錦糸町、押上まで延伸開通し、東武線への相互乗り入れが完了。都心への利便性が一段と高くなった。隅田川の水質浄化も進んでいる。

死者・不明者約10.5万人、家屋全半壊約25万戸、焼失約44万戸といわれる関東大震災の最大の被災地だった墨田区。同区は全国に先駆け「燃えないまちづくり」「逃げないですむまちづくり」を進め、建物の不燃化などに取り組んできた。しかし隅田川の河口にあるため地盤は軟弱で、区内ではなお木造家屋の密集地区も多く、建物の倒壊危険度の高い地域も目につく。その中には火災の危険も！

墨田区危険エリア

建物倒壊・火災・避難のすべてに注意！
東向島2丁目

建物倒壊と火災に注意！
押上3丁目、京島1・2・3丁目、墨田3丁目、立花2丁目、東駒形3丁目、東向島1・5・6丁目、向島4丁目、八広1・2・3・4・5丁目

建物倒壊に注意！
吾妻橋2丁目、石原1・2・3・4丁目、押上2丁目、亀沢1丁目、菊川1・2丁目、墨田2・4丁目、太平2・3丁目、立花3・4・6丁目、立川1・2・3・4丁目、千歳3丁目、業平2・3・4・5丁目、東駒形1・2・4丁目、東向島4丁目、文花3丁目、本所1・2・3・4丁目、緑1・2・3丁目、向島3・5丁目、横川2・3・4丁目、両国3丁目

避難に困難をともなう！
菊川3丁目、業平1丁目

●町別危険度カラー
数字が高い程危険度が高い

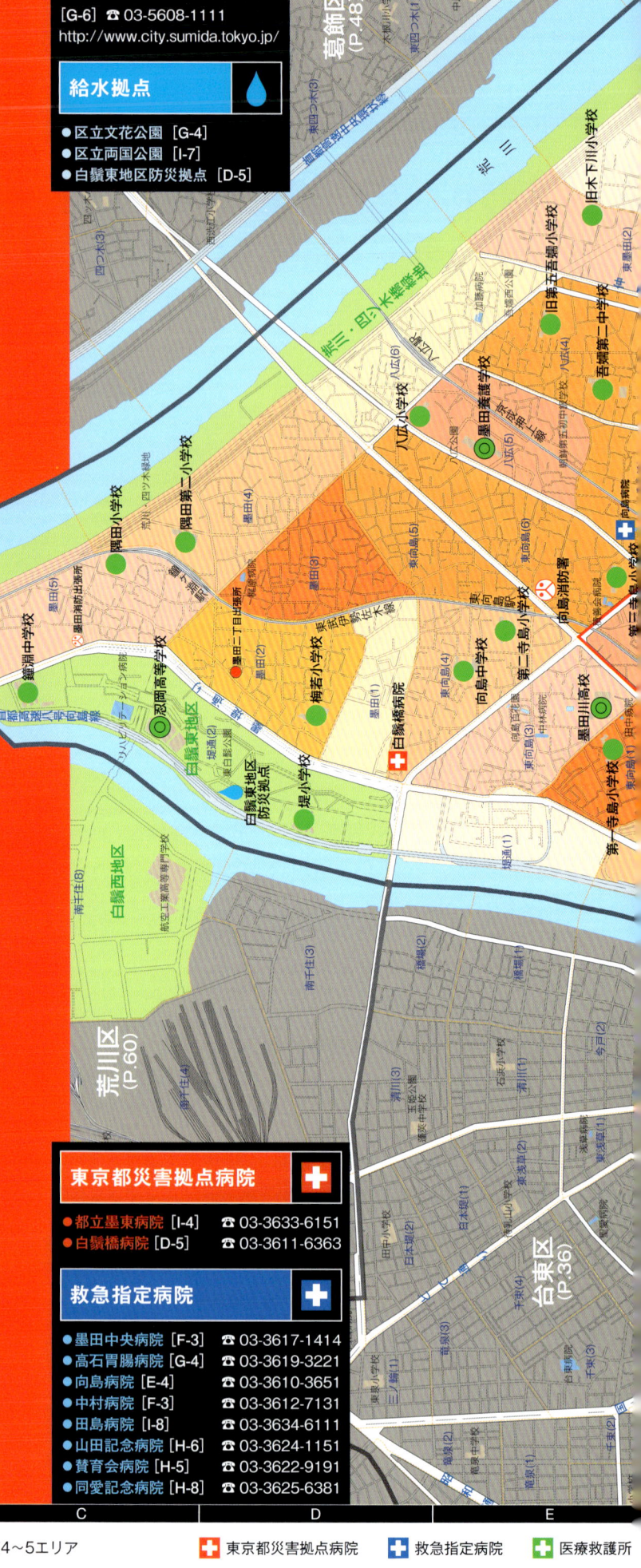

火災危険度 1～5
建物倒壊危険度 1～5

墨田区役所
[G-6] ☎ 03-5608-1111
http://www.city.sumida.tokyo.jp/

給水拠点
- 区立文花公園 [G-4]
- 区立両国公園 [I-7]
- 白鬚東地区防災拠点 [D-5]

東京都災害拠点病院
- 都立墨東病院 [I-4] ☎ 03-3633-6151
- 白鬚橋病院 [D-5] ☎ 03-3611-6363

救急指定病院
- 墨田中央病院 [F-3] ☎ 03-3617-1414
- 高石胃腸病院 [G-4] ☎ 03-3619-3221
- 向島病院 [E-4] ☎ 03-3610-3651
- 中村病院 [F-3] ☎ 03-3612-7131
- 田島病院 [I-8] ☎ 03-3634-6111
- 山田記念病院 [H-6] ☎ 03-3624-1151
- 賛育会病院 [H-5] ☎ 03-3622-9191
- 同愛記念病院 [H-8] ☎ 03-3625-6381

広域避難場所 ／ 地区内残留地区 ／ 避難危険度4～5エリア ／ 東京都災害拠点病院 ／ 救急指定病院 ／ 医療救護所

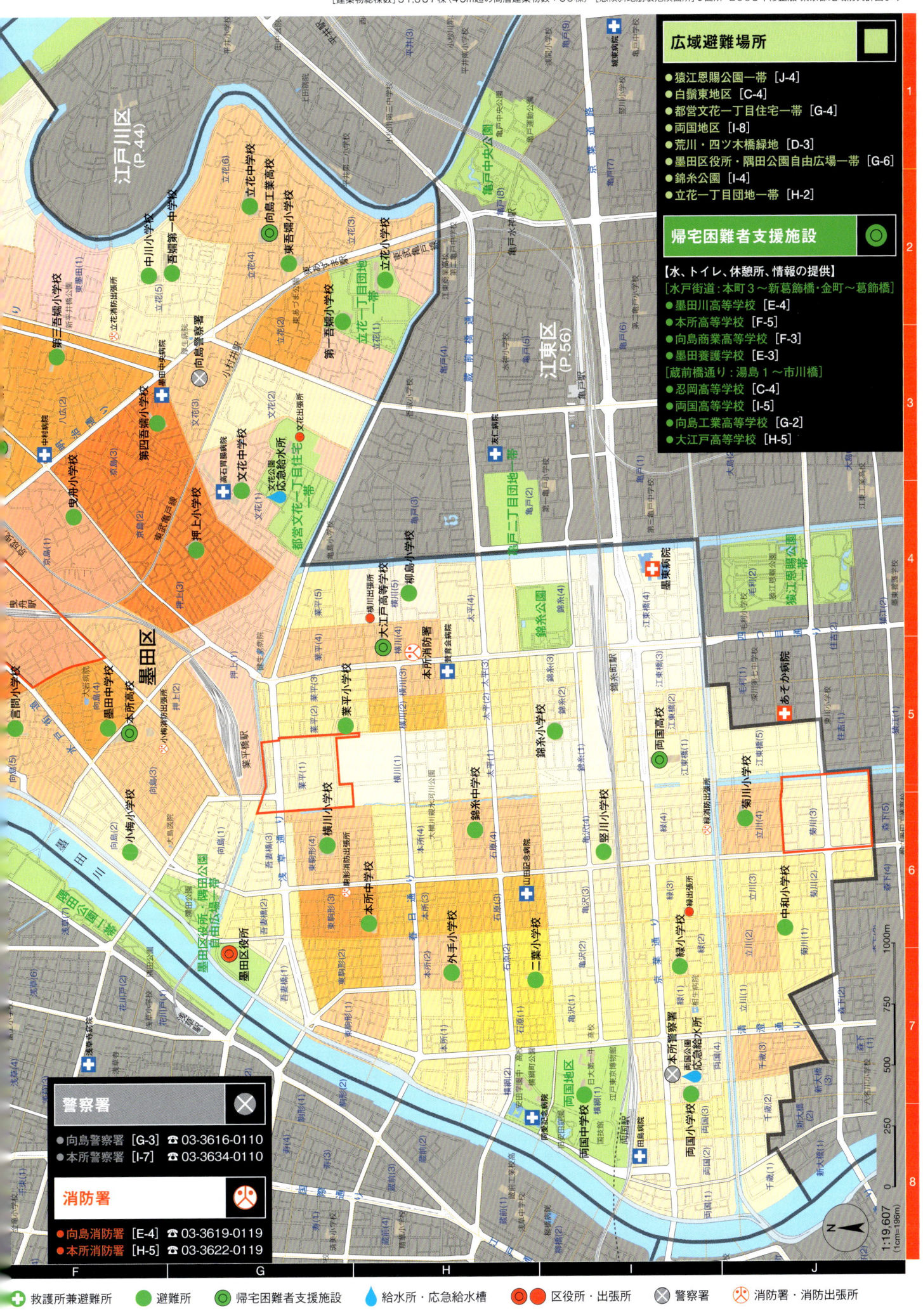

●墨田区 ［区面積］13.75km² ［人口・世帯］夜間人口：215,681人／世帯数：87,749世帯／昼間人口：265,459人／夕方の推定人口：291,774人
［建築物総棟数］51,337棟（45m超の高層建築物数：33棟）［急傾斜地崩壊危険箇所］0箇所 2003年修正版 東京都地域防災計画より

広域避難場所

- 猿江恩賜公園一帯 ［J-4］
- 白鬚東地区 ［C-4］
- 都営文花一丁目住宅一帯 ［G-4］
- 両国地区 ［I-8］
- 荒川・四ツ木橋緑地 ［D-3］
- 墨田区役所・隅田公園自由広場一帯 ［G-6］
- 錦糸公園 ［I-4］
- 立花一丁目団地一帯 ［H-2］

帰宅困難者支援施設

【水、トイレ、休憩所、情報の提供】
［水戸街道：本町3〜新葛飾橋・金町〜葛飾橋］
- 墨田川高等学校 ［E-4］
- 本所高等学校 ［F-5］
- 向島商業高等学校 ［F-3］
- 墨田養護学校 ［E-3］

［蔵前橋通り：湯島1〜市川橋］
- 忍岡高等学校 ［C-4］
- 両国高等学校 ［I-5］
- 向島工業高等学校 ［G-2］
- 大江戸高等学校 ［H-5］

警察署

- 向島警察署 ［G-3］ ☎ 03-3616-0110
- 本所警察署 ［I-7］ ☎ 03-3634-0110

消防署

- 向島消防署 ［E-4］ ☎ 03-3619-0119
- 本所消防署 ［H-5］ ☎ 03-3622-0119

1:19,607（1cm=196m）

救護所兼避難所　避難所　帰宅困難者支援施設　給水所・応急給水槽　区役所・出張所　警察署　消防署・消防出張所

生き残り地図
江東区

東京湾に注ぐ河川のデルタ地帯の一部だった江東。現在の姿は、江戸初期からの埋め立てに始まる。隅田川と荒川に囲まれた住・商・工混合都市として、水に恵まれた自然的特性をいかしながら、伝統と未来が息づく水彩都市を目指している。

江東区では、亀戸、大島、北砂・東砂・南砂、古石場、牡丹など、基本的に区北部から運河までの区域での危険度が目立つ。そしてそのすべてが、建物の倒壊を伴うものだ。部分的に火災危険度も高く、延焼被害の拡大もあり得る。また区南部域での、液状化被害も可能性は低くない。

江東区危険エリア

建物倒壊と火災に注意！
大島7丁目、亀戸3丁目、北砂3・4・6丁目、南砂4丁目、三好2丁目

建物倒壊と避難に注意！
高橋、森下2丁目

建物倒壊に注意！
石島、海辺、永代2丁目、扇橋2丁目、大島2・3・5・8丁目、亀戸4・5丁目、白河2・3丁目、新大橋2・3丁目、住吉2丁目、千田、東陽1丁目、常盤1・2丁目、東砂4・5丁目、平野1丁目、福住1丁目、古石場1・2・3丁目、牡丹1・3丁目、三好1・3丁目、森下1・4・5丁目

江東区役所 ◎
[E-4] ☎ 03-3647-9111
http://www.city.koto.lg.jp/

給水拠点 💧
- 亀戸給水所 [C-4]
- 豊住給水所 [E-4]
- 江東給水所 [F-2]
- 有明給水所 [I-7]
- 区立南砂三丁目公園 [E-2]
- 都立辰巳の森海浜公園 [H-4]

広域避難場所 ■
- 公団大島・北砂団地一帯 [D-2]
- 新砂三丁目団地 [F-2]
- 公社南砂二丁目団地一帯 [E-3]
- 辰巳団地・潮見運動公園一帯 [G-4]
- 猿江恩賜公園 [D-4]
- 亀戸・大島・小松川地区 [C-1]
- 清澄庭園 [D-6]
- 東京海洋大学一帯 [F-6]
- 亀戸中央公園 [C-2]
- 都営東砂二丁目住宅一帯 [D-1]
- 木場公園一帯 [E-5]
- 亀戸二丁目団地一帯 [B-2]
- 有明テニスの森 [I-7]
- 夢の島地区 [G-3]

地区内残留地区 □
- 若洲地区
  若洲
- 青海地区
  青海1・2丁目
- 新木場、夢の島地区
  新木場1・2・3・4丁目、夢の島
- 新砂地区
  新砂1・2丁目
- 豊洲地区
  豊洲1・2・3・4・5・6丁目
- 有明、東雲地区
  有明1・2・3・4丁目、東雲1・2丁目

●町別危険度カラー
数字が高い程危険度が高い

火災危険度 5/4/3/2/1
建物倒壊危険度 1 2 3 4 5

■ 広域避難場所　□ 地区内残留地区　□ 避難危険度4〜5エリア　✚ 東京都災害拠点病院　✚ 救急指定病院　✚ 医療救護所

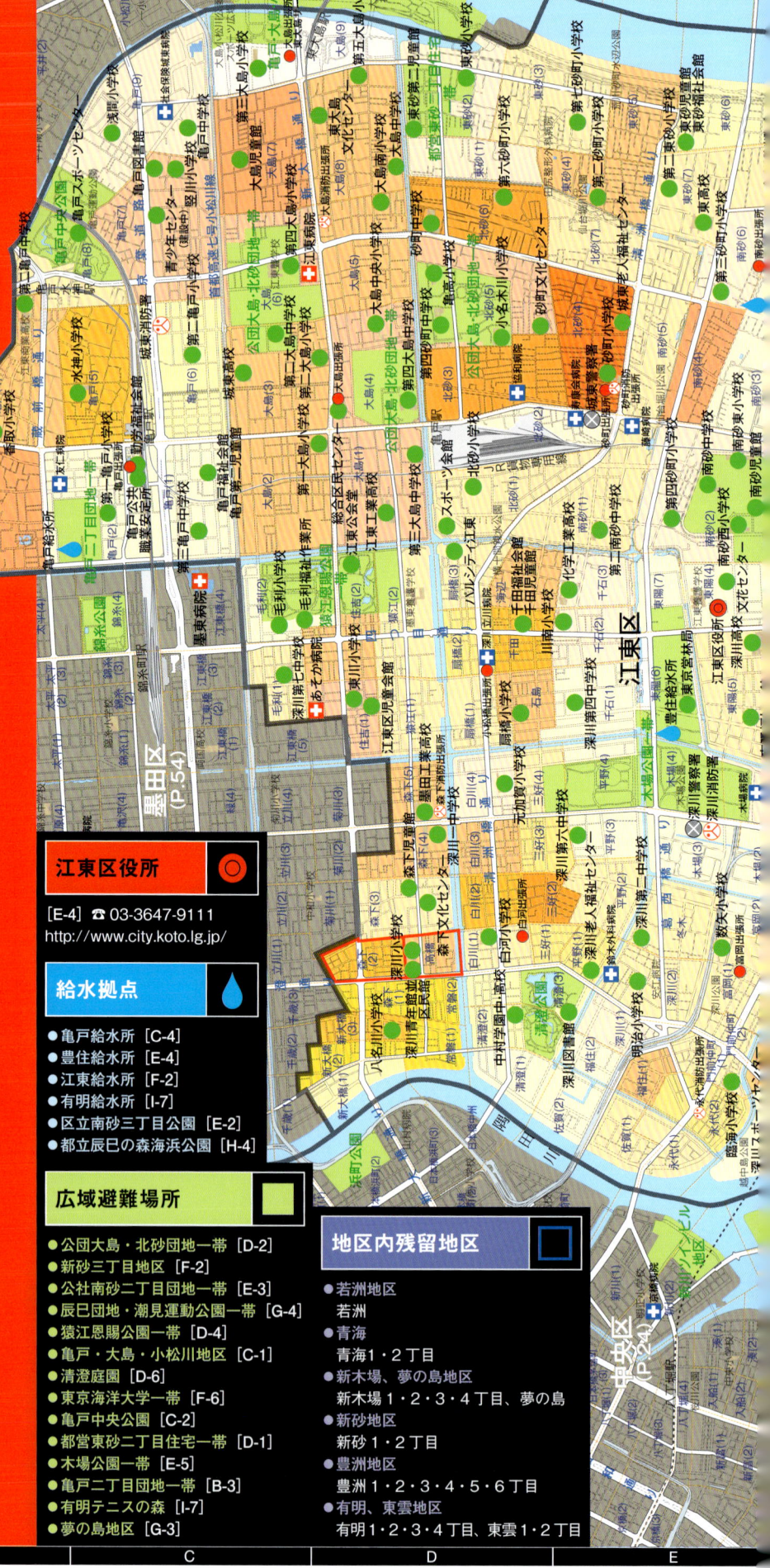

●江東区　[区面積]39.48km²　[人口・世帯]夜間人口：365,604人／世帯数：147,495世帯／昼間人口：419,834人／夕方の推定人口：476,981人
　　　　[建築物総棟数]62,060棟（45m超の高層建築物数：76棟）　[急傾斜地崩壊危険箇所]0箇所　2003年修正版 東京都地域防災計画より

警察署
- 深川警察署　[E-5]　☎ 03-3641-0110
- 城東警察署　[D-3]　☎ 03-3699-0110

消防署
- 深川消防署　[E-5]　☎ 03-3642-0119
- 城東消防署　[C-2]　☎ 03-3637-0119

救急指定病院
- 友仁病院　[B-3]　☎ 03-3683-5661
- 社会保険城東病院　[C-1]　☎ 03-3685-1431
- 寿康会病院　[E-3]　☎ 03-3645-9151
- 協和病院　[D-3]　☎ 03-3648-4131
- 藤崎病院　[E-3]　☎ 03-3648-2111
- 鈴木外科病院　[E-6]　☎ 03-5617-5617
- 深川立川病院　[D-4]　☎ 03-3645-2101
- 木場病院　[E-5]　☎ 03-3642-0032

東京都災害拠点病院
- 江東病院　[C-2]　☎ 03-3685-2166
- あそか病院　[C-4]　☎ 03-3632-0290
- 東京都江東高齢者医療センター　[F-2]　☎ 03-5632-3111

凡例：救護所兼避難所／避難所／帰宅困難者支援施設／給水所・応急給水槽／区役所・出張所／警察署／消防署・消防出張所

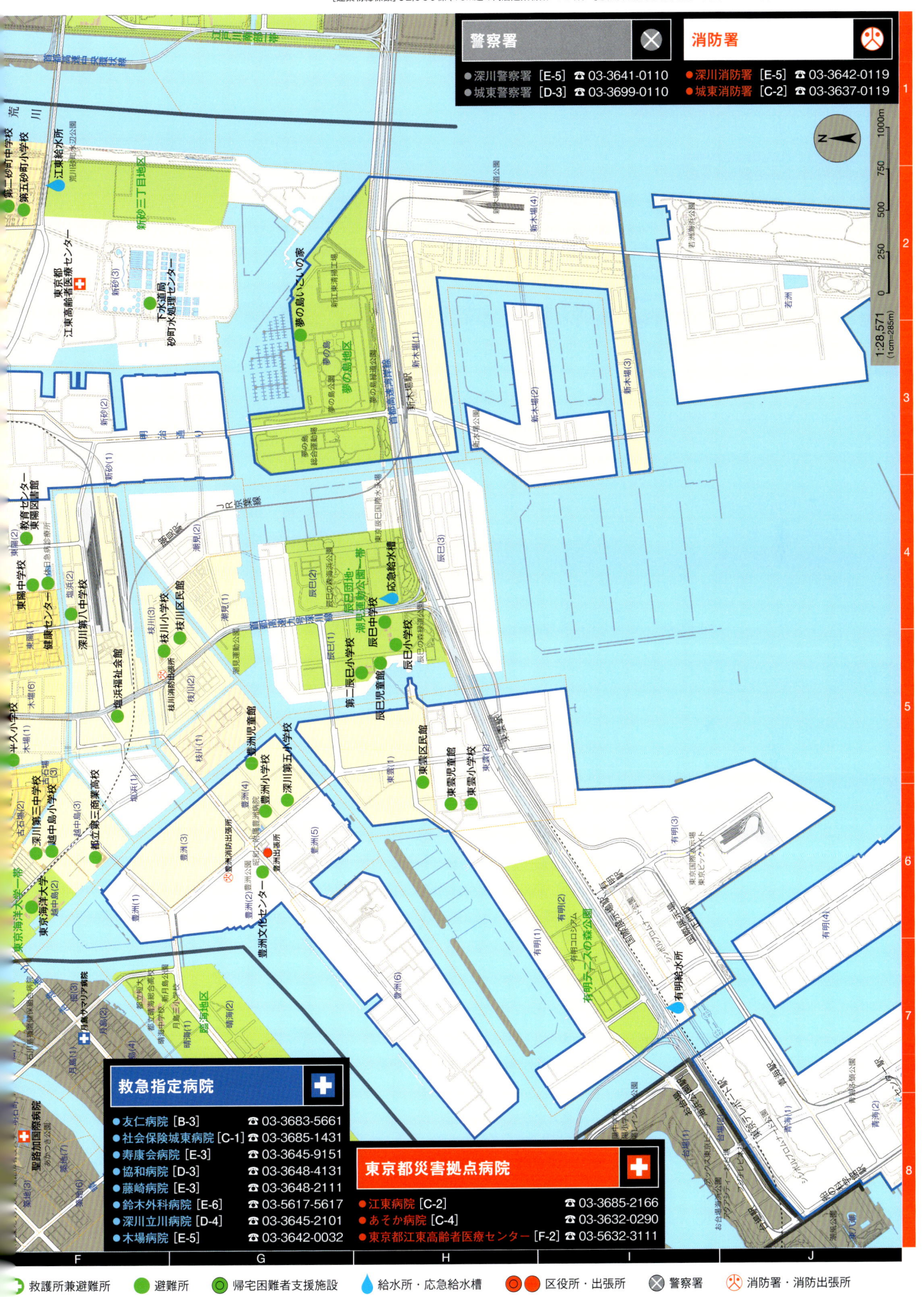

生き残り地図 江東区

建物全半壊率	震度6強面積率	負傷者数
ワーストランキング1位	ワーストランキング1位	ワーストランキング3位
14.7%	62.5%	約9,700人

被災シミュレーション

運河に囲まれた江東区は地盤が弱く、液状化などの悪条件も重なっている。橋が通行不能になれば、身動きはとれない。

被害想定
[前提条件] ●震源地：23区直下(深さ地下20〜30km) ●規模：直下型地震(マグニチュード7.2) ●季節・時刻：冬の夕方 午後6時 ●気象条件：風速6m/秒

区面積 39.48km²

想定震度面積率	6強 62.5%	6弱 37.5%	5強 0%

液状化可能性面積率 液状化しやすさの順にABC	A 65.1%	B 33.9%	C 1.0%

建築物被害 RC造：鉄筋コンクリート S造：鉄骨		木造	RC造	S造	計
	半壊棟数	4,873棟	425棟	1,073棟	6,371棟
	全壊棟数	1,742棟	379棟	579棟	2,700棟
	計	6,615棟	804棟	1,670棟	9,089棟

火災被害	焼失面積	2.63km²	焼失面積率	6.7%
	焼失棟数	10,833棟	焼失棟数率	17.5%

人的被害	死者数	227人
	負傷者数	9,689人 (重傷：1,002人 軽傷：8,687人)

供給処理施設の機能支障率	上水道	62%	電力	15%
	都市ガス	100%	電話	33%

自宅外避難者数(1日後)	116,370人 (46,947世帯)
帰宅困難者数	71,265人

運河の町、江東区。ほとんどが江東デルタと呼ばれる埋め立て地で、面積の半分近くは海面より低い0m地帯だ。

住宅密集地や商店と、区内の工場の大部分が混在し、地盤が軟弱なため、大型重量車両による道路振動、土木建設作業にともなう振動の増幅なども見られる。震度6強以上となる面積率も都内で一番高く、建物全半壊率もワースト1だ。

区内への交通は永代橋、中央大橋、佃大橋、勝どき橋等を経由するが、被災状況によっては橋が通行不能となる。臨海地区ならなおさらのこと、橋が一本でもダメージを受けただけで孤島化する危険性が大きい。

ちなみに液状化による、建物や構造物への被害は甚大だ。たとえば住宅やビルが傾き、最悪の場合は倒れることもある。また道路はひび割れたり、崩れて通行不能になる。場合によっては地面が数メートル以上も側方に移動して、その影響で橋脚がずれて橋が落ちるとか、構造物の破壊が引き起こされることもある。

いっぽう中央区から江東区にかけて、超高層のビルやマンションなどが分布する一帯があるが、このエリアではガラス落下といった事態も考えられる。

関東大震災では、区全域がほぼ壊滅状態に陥った。

防災ナビ

数字で見る防災データ

- 東京都災害拠点病院 病床数 929床
- 備蓄倉庫数 53ヶ所
- 避難所数 121ヶ所
- 救急告示医療機関 13ヶ所
- 避難所収容人員 94,570人
- 街頭消火器 約3,000本
- 給水拠点確保水量 64,900m³
- 消防車(ポンプ車)数 22台
- 屋外拡声器 112ヶ所
- 救急車数 10台

江東区の防災対策

飲料水、生活用水の確保
断水時には、「応急給水槽」「浄水場(所)・給水所」を給水拠点とし応急給水が行われる。このほか、河川などの水から毎分18リットル程度の飲料水をつくることのできる「造水機」9台、生活用水を供給する「ろ水機」84台等を配備。

家具の転落・落下防止
65歳以上の高齢者のみの世帯、重度心身障害者のみの世帯、重度心身障害者の同居家族が65歳以上の高齢者の世帯等には、家具転倒防止器具の取付費を助成。
高齢者の方：高齢事業課在宅福祉係
☎3647-4319

※障害をお持ちの方は、

〈深川地区の方〉
障害者福祉課身体障害者相談第一係
☎3647-4953
愛の手帳相談第一係 ☎3647-4954
〈城東地区の方〉
身体障害者相談第二係 ☎3637-2708
愛の手帳相談第二係 ☎3637-2875

防災無線ネットワーク
同報無線：区内の公園、小中学校の屋上等の110ヶ所に屋外スピーカーを設置。
移動無線：区の各部署、その他の区施設や防災関係機関60ヶ所に配備。
地域無線：区の各部署、その他の区施設、各小学校、区内の後方医療施設および防災関係機関165ヶ所に配備。

生き残り地図 荒川区

指標	値	ワーストランキング
上水道供給支障率	51%	6位
焼失面積率	19.6%	5位
焼失棟数率	29.6%	6位

被災シミュレーション

荒川区町屋、尾久地域は、道路ネットワークができていない密集市街地だ。建物の倒壊、火災延焼など、避難には危険がともなう。

被害想定

[前提条件] ●震源地:23区直下(深さ地下20〜30km) ●規模:直下型地震(マグニチュード7.2) ●季節・時刻:冬の夕方 午後6時 ●気象条件:風速6m/秒

区面積 10.20km²

想定震度面積率	6強 26.2%	6弱 59.5%	5強 14.3%

液状化可能性面積率（液状化しやすさの順にABC）	A 69.0%	B 28.6%	C 0%

建築物被害		木造	RC造	S造	計
	半壊棟数	2,368棟	166棟	374棟	2,908棟
	全壊棟数	945棟	134棟	229棟	1,308棟
RC造:鉄筋コンクリート S造:鉄骨	計	3,313棟	300棟	603棟	4,216棟

火災被害	焼失面積	2.00km²	焼失面積率	19.6%
	焼失棟数	12,510棟	焼失棟数率	29.6%

人的被害	死者数	320人		
	負傷者数	3,035人 (重傷:473人 軽傷:2,562人)		

供給処理施設の機能支障率	上水道	51%	電力	23%
	都市ガス	42%	電話	46%

自宅外避難者数(1日後)	65,318人 (26,971世帯)
帰宅困難者数	29,746人

40,000棟を越す、区内の建築物。そのうち細街路(建築基準法第42条第2項に基づき、建物や塀などの建築時に道路の中心から2m後退しなければならない道路)に接していない建築物は約10%、築20年以上の木造建築物の比率が約70%にのぼる。荒川区は、関東大震災以降、大半は住宅環境を改善しないまま密集市街地を形成し、いまだに木造密集地域を根本的に解消できないでいる。区の約6割は東京都の「防災都市づくり推進計画」における重点整備地域に位置づけられている。

東京直下型地震の被害想定として、荒川区では建築物被害4,216棟、負傷者数3,035人、地震発生48時間後の焼失棟数12,510棟といったデータが出ている。被害の中心地は荒川、尾久、町屋などで、特に町屋4丁目は建物倒壊と火災それぞれの危険度で、都内ワースト10に入っている。

ちなみにこの町屋・尾久地域が、重点整備地域のうちのほぼ5割を占める。敷地は細分化され、道路が未整備のまま市街化が進行し、老朽化した木造住宅や工場併用住宅、軽工業の事業所などがひしめき合っている。避難にも危険をともなうと考えられる。

防災ナビ

数字で見る防災データ

- 東京都災害拠点病院病床数: 478床
- 備蓄倉庫数: 40ヶ所
- 避難所数: 61ヶ所
- 救急告示医療機関: 7ヶ所
- 避難所収容人員: 118,016人
- 街頭消火器: 約4,700本
- 給水拠点確保水量: 34,800m³
- 消防車(ポンプ車)数: 18台
- 屋外拡声器: 104ヶ所
- 救急車数: 6台

荒川区の防災対策

固定系防災行政無線
学校、児童遊園、公共施設など103ヶ所に屋外スピーカーを設置。また個別受信機は小中学校等188ヶ所に設置。

地域系防災行政無線
双方向の無線機で、区施設、防災区民組織、防災関係機関に220台設置。

区民消火隊
区民消火隊は、地震による火災の発生、拡大に備えて、東京消防庁が1972年から組織づくりを進めた一般区民の組織。荒川消防署管内に10隊、尾久消防署管内に5隊、計15隊が区内の主要道路の日光街道、明治通り、尾竹橋通りを中心に結成されている。

災害要援護者避難援助体制(おんぶ作戦)
区では、災害時に自力で避難することが困難な高齢者や障害者等の災害要援護者を援助する方法として、災害要援護者避難援助体制を推進。災害時にはたとえおんぶしてでも救出するという趣旨から、これを「おんぶ作戦」と名付けている。整備されている防災区民組織は、55組織59体制。

区民レスキュー隊
各防災区民組織では、「区民レスキュー隊」を結成し、区民自らの手による救出・救護体制の整備を目指している。57組織、92隊が結成されている。

生き残り地図

荒川区

隅田川の歴史と文化とともに、ものづくりの町として、中小の工場と住宅が混在しながら、独自の生活タウンを育んできた。いっぽうで、成田空港の玄関口である日暮里駅周辺の再開発が進みはじめ、2007年に日暮里一舎人線開業。2010年の成田新高速鉄道計画で、空港までの所要時間が36分に。

中小の工場と住宅が混在立地してきた荒川区では、老朽化した建物も数多く存在する。地震の際はまず、そんな建物の倒壊に注意が必要だ。具体的には、区中央の荒川、北西部の西尾久、北部の東尾久・町屋、南部の東日暮里、東部の南千住。これらの地域の一部には火災の危険性もある。

荒川区危険エリア

建物倒壊・火災・避難のすべてに注意!
東日暮里3丁目

建物倒壊と火災に注意!
荒川1・2・3・4・6・7丁目、西尾久2・5・6丁目、東尾久6丁目、町屋2・3・4丁目、南千住1・5丁目

建物倒壊と避難に注意!
西尾久1丁目、東日暮里1・2・4・6丁目

建物倒壊に注意!
荒川5丁目、西日暮里1丁目、東尾久2・3・4・8丁目、町屋1・5・6丁目、南千住2・6・7丁目

避難に困難をともなう!
西尾久4丁目、西日暮里6丁目、東日暮里5丁目

● 町別危険度カラー
数字が高い程危険度が高い

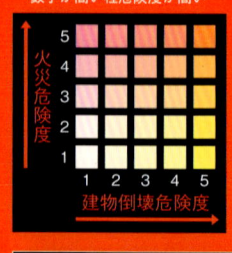

● 荒川区役所 [F-5] ☎ 03-3802-3111
http://www.city.arakawa.tokyo.jp/

● 給水拠点
● 南千住給水所 [J-5]
● 区立日暮里南公園 [F-7]

凡例:
- 広域避難場所
- 地区内残留地区
- 避難危険度4〜5エリア
- 東京都指定救急病院
- 救急指定病院
- 救護所

60

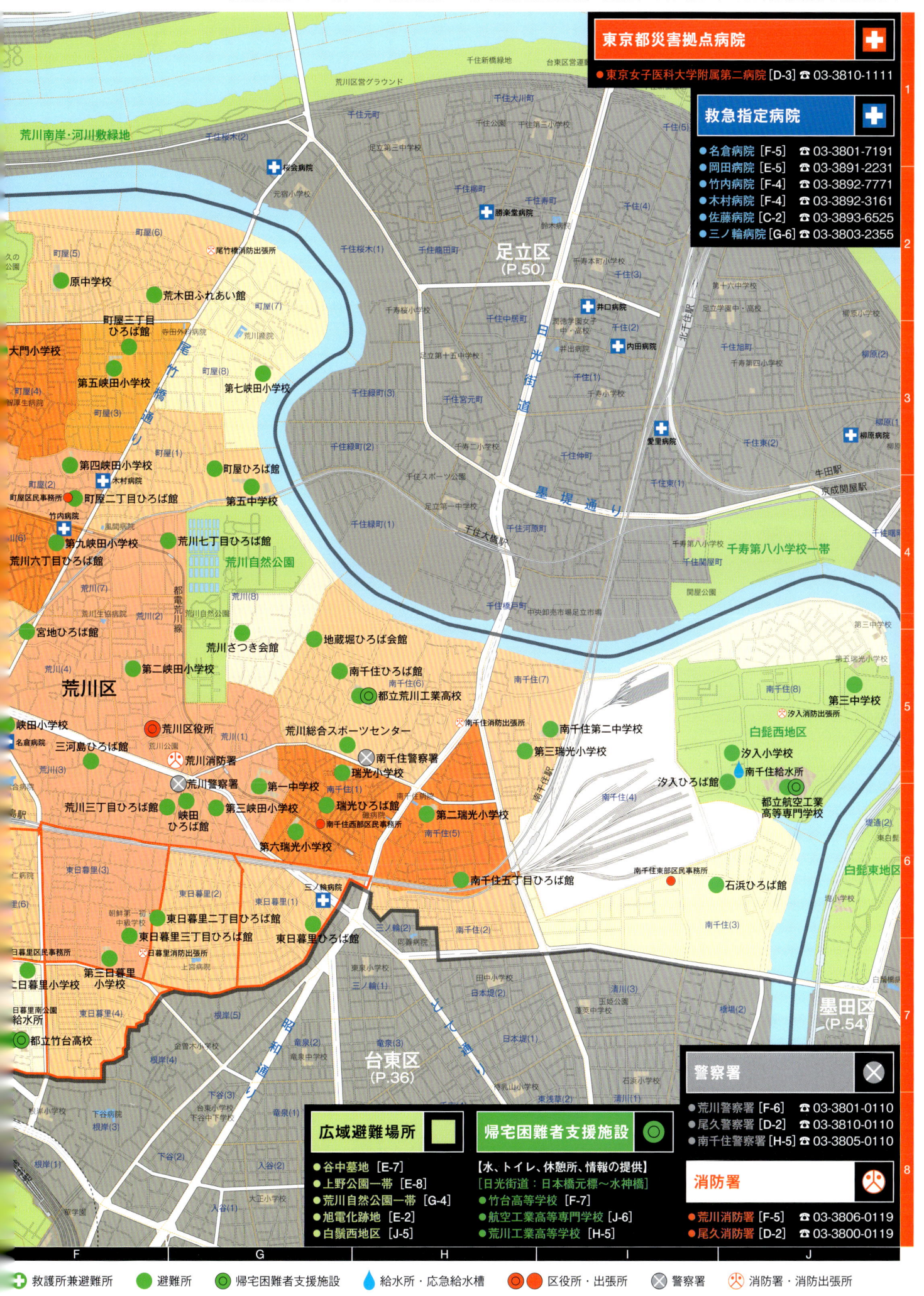

●荒川区 [区面積] 10.20㎢ [人口・世帯]夜間人口：176,886人／世帯数：73,039世帯／昼間人口：175,677人／夕方の推定人口：183,364人
[建築物総棟数]42,284棟（45m超の高層建築物数：14棟）[急傾斜地崩壊危険箇所]4（自然面：2／人工斜面：2） 2003年修正版 東京都地域防災計画より

東京都災害拠点病院 ✚
- 東京女子医科大学附属第二病院 [D-3] ☎ 03-3810-1111

救急指定病院 ✚
- 名倉病院 [F-5] ☎ 03-3801-7191
- 岡田病院 [E-5] ☎ 03-3891-2231
- 竹内病院 [F-4] ☎ 03-3892-7771
- 木村病院 [F-4] ☎ 03-3892-3161
- 佐藤病院 [C-2] ☎ 03-3893-6525
- 三ノ輪病院 [G-6] ☎ 03-3803-2355

警察署 ⊗
- 荒川警察署 [F-6] ☎ 03-3801-0110
- 尾久警察署 [D-2] ☎ 03-3810-0110
- 南千住警察署 [H-5] ☎ 03-3805-0110

消防署
- 荒川消防署 [F-5] ☎ 03-3806-0119
- 尾久消防署 [D-2] ☎ 03-3800-0119

広域避難場所
- 谷中墓地 [E-7]
- 上野公園一帯 [E-8]
- 荒川自然公園一帯 [G-4]
- 旭電化跡地 [E-2]
- 白鬚西地区 [J-5]

帰宅困難者支援施設
【水、トイレ、休憩所、情報の提供】
[日光街道：日本橋元標～水神橋]
- 竹台高等学校 [F-7]
- 航空工業高等専門学校 [J-6]
- 荒川工業高等学校 [H-5]

凡例：救護所兼避難所／避難所／帰宅困難者支援施設／給水所・応急給水槽／区役所・出張所／警察署／消防署・消防出張所

生き残り地図
品川区

東京湾の玄関として、江戸の昔から重要な交易拠点であった品川。2002年以降、りんかい線の全線開通、埼京線相互乗り入れ、東海道新幹線の新駅開業によって鉄道ネットワークの主要ポイントになり、同時に品川駅周辺一帯の再開発は、東京に新たな街を誕生させた。

品川区は区中央から見て、西北、西南一帯にかけて、火災の危険度が高い。東急目黒線～中原街道～第二京浜までのエリアと、第二京浜～新幹線～横須賀線～東海道本線・京浜東北線までのエリアだ。中原街道や第二京浜が防火帯にはなるが、これらのエリアでは駅や電車の交通網も多く、それらへの被害拡大も予想される。

品川区危険エリア

建物倒壊・火災・避難のすべてに注意!
小山6丁目、中延5・6丁目、旗の台4丁目、二葉3・4丁目

建物倒壊と火災に注意!
西品川2丁目、二葉2丁目

火災と避難に注意!
荏原6丁目、大崎3・4丁目、戸越2・6丁目、中延1・2・3・4丁目、西大井1・2・5・6丁目、西中延1・2・3丁目、旗の台3・5丁目、東中延1・2丁目、豊町4・5・6丁目

建物倒壊に注意!
南品川4丁目

火災に注意!
荏原1・2・3・4・5丁目、大井2・4・5丁目、小山2・3・4・5丁目、戸越1・3・4・5丁目、西品川3丁目、東大井6丁目、平塚1・2・3丁目、二葉1丁目、南品川5丁目、豊町1・2丁目

避難に困難をともなう!
西大井4丁目、西五反田5・6・8丁目、旗の台1・2丁目、東大井5丁目、南品川6丁目

品川区役所 [F-5] ☎ 03-3777-1111
http://www.city.shinagawa.tokyo.jp/

給水拠点
- 区立戸越公園 [E-5]
- 区立しおじ公園 [H-7]
- 都立八潮高等学校 [H-5]

品川区外広域避難場所
● 大田区・目黒区 東京工業大学 (P.66～67・P.86～87) 参照

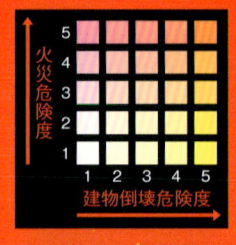

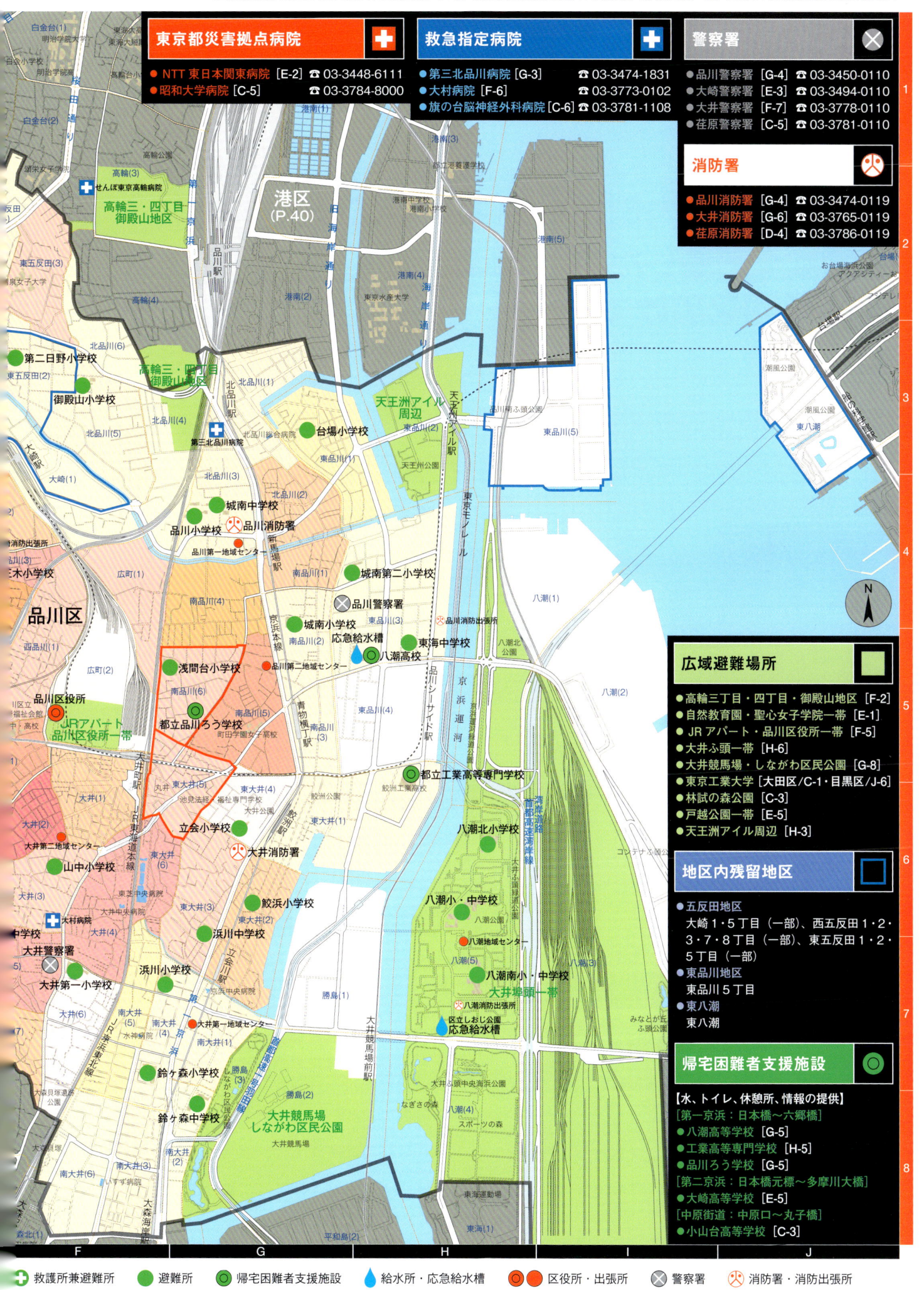

●品川区 ［区面積］22.72km² ［人口・世帯］夜間人口：325,377人／世帯数：149,466世帯／昼間人口：463,420人／夕方の推定人口：477,394人
［建築物総棟数］65,403棟（45m超の高層建築物数：84棟）［急傾斜地崩壊危険箇所］41（自然斜面：5／人工斜面：36）2003年修正版 東京都地域防災計画より

東京都災害拠点病院 ✚
- NTT東日本関東病院 [E-2] ☎ 03-3448-6111
- 昭和大学病院 [C-5] ☎ 03-3784-8000

救急指定病院 ✚
- 第三北品川病院 [G-3] ☎ 03-3474-1831
- 大村病院 [F-6] ☎ 03-3773-0102
- 旗の台脳神経外科病院 [C-6] ☎ 03-3781-1108

警察署 ⊗
- 品川警察署 [G-4] ☎ 03-3450-0110
- 大崎警察署 [E-3] ☎ 03-3494-0110
- 大井警察署 [F-7] ☎ 03-3778-0110
- 荏原警察署 [C-5] ☎ 03-3781-0110

消防署
- 品川消防署 [G-4] ☎ 03-3474-0119
- 大井消防署 [G-6] ☎ 03-3765-0119
- 荏原消防署 [D-4] ☎ 03-3786-0119

広域避難場所
- 高輪三丁目・四丁目・御殿山地区 [F-2]
- 自然教育園・聖心女子学院一帯 [E-1]
- JRアパート・品川区役所一帯 [F-5]
- 大井ふ頭一帯 [H-6]
- 大井競馬場・しながわ区民公園 [G-8]
- 東京工業大学 [大田区／C-1・目黒区／J-6]
- 林試の森公園 [C-3]
- 戸越公園一帯 [E-5]
- 天王洲アイル周辺 [H-3]

地区内残留地区
- 五反田地区
  大崎1・5丁目（一部）、西五反田1・2・3・7・8丁目（一部）、東五反田1・2・5丁目（一部）
- 東品川地区
  東品川5丁目
- 東八潮
  東八潮

帰宅困難者支援施設 ⊙
【水、トイレ、休憩所、情報の提供】
[第一京浜：日本橋～六郷橋]
- 八潮高等学校 [G-5]
- 工業高等専門学校 [H-5]
- 品川ろう学校 [G-5]
[第二京浜：日本橋元標～多摩川大橋]
- 大崎高等学校 [E-5]
[中原街道：中原口～丸子橋]
- 小山台高等学校 [C-3]

救護所兼避難所 ｜ 避難所 ｜ 帰宅困難者支援施設 ｜ 給水所・応急給水槽 ｜ 区役所・出張所 ｜ 警察署 ｜ 消防署・消防出張所

生き残り地図 品川区

帰宅困難率 **47.5%** (ワーストランキング7位)	建物全半壊数 **約4,500棟** (ワーストランキング8位)	帰宅困難者数 **約12.4万人** (ワーストランキング8位)

被災シミュレーション

環状7号線の内側に広がる火災エリア。隙間なく密着した木造建物群が、延焼範囲を広げていく。

被害想定

[前提条件] ●震源地：23区直下（深さ地下20〜30km）　●規模：直下型地震（マグニチュード7.2）　●季節・時刻：冬の夕方　午後6時　●気象条件：風速6m/秒

区面積 22.72km²

想定震度面積率	6強 1.0%	6弱 99.0%	5強 0%
液状化可能性面積率（液状化しやすさの順にABC）	A 42.0%	B 4.0%	C 1.0%

		木造	RC造	S造	計
建築物被害	半壊棟数	2,763棟	247棟	227棟	3,237棟
RC造：鉄筋コンクリート S造：鉄骨	全壊棟数	954棟	229棟	121棟	1,304棟
	計	3,717棟	476棟	348棟	4,541棟

火災被害	焼失面積	2.13km²	焼失面積率	9.4%
	焼失棟数	1,0657棟	焼失棟数率	16.3%

人的被害	死者数	192人	
	負傷者数	6,383人	（重傷：675人　軽傷：5,708人）

供給処理施設の機能支障率	上水道	26%	電力	15%
	都市ガス	40%	電話	32%

自宅外避難者数（1日後）	68,919人（31,661世帯）
帰宅困難者数	124,458人

品川区は火災危険度が高い。環状7号線と山手通りに挟まれた区域一帯が、極めて火災危険の高いエリアだ。

その中でも最も危険度が高いとされたのは、品川区豊町5丁目。木造建築物がほとんど隙間なく密集し、細い街路が網の目のように走っている。

このエリアでは火災延焼の危険性はもちろん、消火活動を行う消防車や緊急車輌が路地に入れず、さらなる混乱を招く可能性が大きい。

エリア内には相当数の避難所があるが、いったん火の手が上がり区域全体で延焼が拡大していった場合、どこまで避難所として機能が発揮できるのか疑問も残る。区内には急傾斜地崩壊危険箇所も多く分布している。

その他、品川区では避難危険度のワースト上位に入っているのが、中延2丁目、西中延2丁目。さらに総合危険度では、二葉3丁目〜4丁目、旗の台4丁目、中延5丁目と4つもワースト10にランクインしている。

いっぽう、湾岸地域に目を転じると、天王洲アイルなどのエリアでは、液状化もしくはそれに伴う地盤の側方流動が問題視される。そして同じく湾岸地域にある、危険物を貯蔵した屋外タンク群の存在も気になるところだ。

防災ナビ

数字で見る防災データ

- 東京都災害拠点病院病床数 1,544床
- 備蓄倉庫数 67ヶ所
- 避難所数 113ヶ所
- 救急告示医療機関 5ヶ所
- 避難所収容人員 166,493人
- 街頭消火器 約5,200本
- 給水拠点確保水量 3,100m³
- 消防車（ポンプ車）数 26台
- 屋外拡声器 136ヶ所
- 救急車数 9台

品川区の防災対策

学校避難所の拠点整備
- 災害用物資用備蓄倉庫の設置／プール水ろ過機の配備／屋上に学校名表示／校門に避難町会・自治会の表示（全校整備済）
- 生活用水確保のための井戸の設置（41校整備済）
- 仮設トイレ用便槽の設置（2004年度末54校）

小中学校備蓄倉庫の災害用物資の主な備蓄
災害用備蓄食糧3,000食／おかゆ類60食／鍋・カマドセット2組／仮設トイレ5基／固形燃料72個／給水容器30個／毛布300枚／防水シート50枚／スコップ5架 等

ブロック塀の改善
避難道路等のブロック塀の実態調査を実施し、危険な物については、必要な補強を行うよう改善指導している。区民がブロック塀等を生垣等へ改修する場合、工事費の一部を助成。

落下物等の防止
東京都震災予防計画により3階以上の建築物のうち避難道路沿いおよび繁華街にあるものについて実態調査を実施。落下の恐れのあるものについて安全指導。

防火貯水槽の整備
小型防災ポンプ等の水利として区内全域の163ヶ所に震災対策用防火貯水槽を設置。また、学校・公園等の区有施設にも189基の防火貯水槽を設置。さらに中高層建築物等の開発事業主に対し20m³以上の防火貯水槽の設置を指導。

生き残り地図 大田区

項目	数値	ワーストランキング
焼失棟数	約46,800棟	1位
死者数	約1,100人	1位
負傷者数	1万人以上	1位

被災シミュレーション

避難危険度の高さばかりか、焼失棟数、死者数、負傷者数などでもワースト1位を記録。

被害想定

[前提条件] ●震源地：23区直下（深さ地下20〜30km） ●規模：直下型地震（マグニチュード7.2） ●季節・時刻：冬の夕方 午後6時 ●気象条件：風速6m/秒

区面積 59.46k㎡

想定震度面積率	6強	30.0%	6弱	70.0%	5強	0%
液状化可能性面積率（液状化しやすさの順にABC）	A	78.6%	B	0%	C	0%

建築物被害		木造	RC造	S造	計
	半壊棟数	8,143棟	545棟	1,294棟	9,982棟
	全壊棟数	3,105棟	452棟	769棟	4,326棟
RC造：鉄筋コンクリート S造：鉄骨	計	11,248棟	997棟	2,063棟	14,308棟

火災被害	焼失面積	10.76k㎡	焼失面積率	18.1%
	焼失棟数	46,818棟	焼失棟数率	33.6%

人的被害	死者数	1,104人
	負傷者数	11,822人（重傷：675人 軽傷：5,708人）

供給処理施設の機能支障率	上水道	46%	電力	27%
	都市ガス	82%	電話	59%

自宅外避難者数（1日後）	236,938人（102,940世帯）
帰宅困難者数	118,967人

東京直下型地震が発生した場合、被害想定上のさまざまな項目において、最も多くワーストランキングのトップに名前が上がっているのが大田区だ。

被害想定データを見ると、次のような数字が並んでいる。地震発生48時間後の焼失棟数46,818棟、死者数1,104人、負傷者数11,822人、そして火災による電話被害59.1%。

大田区は、田園調布、馬込、久が原などの台地部、大森、蒲田、糀谷などの平地部から成り立っている。

平地部は台地部に比べて、繁華街、住宅、工場などの密集市街地が広がっているうえ、道路や公園などの整備が不十分な地域がある。また区内の建築物棟数の約7割が木造建築物で、このような建築物の密集地域は、極めて火災に弱く、延焼の危険性が高い。

避難危険度の高いエリアは区北部から南部にかけて連続している。ターミナル駅である蒲田駅〜電車区付近での火災発生にも注意が必要だ。

そして、羽田空港。この空港のあるエリアも地盤の液状化やタンクの問題を抱えている。大森などの地域も、液状化もしくはそれに伴う流動化が懸念される。

防災ナビ

数字で見る防災データ

- 東京都災害拠点病院病床数：1,547床
- 備蓄倉庫数：120ヶ所
- 避難所数：102ヶ所
- 救急告示医療機関：21ヶ所
- 避難所収容人員：160,725人
- 街頭消火器：約7,800本
- 給水拠点確保水量：29,100㎥
- 消防車（ポンプ車）数：40台
- 屋外拡声器：200ヶ所
- 救急車数：16台

大田区の防災対策

屋外無線放送塔
地震などの災害が発生した場合、また、災害が発生するおそれがある場合（警戒宣言の発令など）に、区の災害対策本部から、迅速かつ的確な情報を屋外無線放送塔を通じて区民に伝達。

大田区防災講習会の開催
毎年いろいろな防災に関するテーマを選び、その業務に携わっている方や専門家の方を講師に迎えて「大田区防災講習会」を開催。

災害に弱い立場の方への支援体制づくり
災害時に自力で行動を取りにくい高齢者や身体の不自由な方などを、防災市民組織を中心とした地域ぐるみで支援する体制づくりを進めている。区内で30の自治会・町会が活動。また、体制づくりやその後の活動の参考となるよう、「災害に弱い立場の方への支援を考える講習会」を実施。

学校避難所運営協議会
災害時に避難所となる学校の使用方法、避難所の開設・運営方法、および地域の連携体制等を話し合う、平常時の組織として、学校避難所運営協議会を推進。

街頭設置消火器
日常の火災はもちろん、震災時の初期消火活動に役立ててもらうため、区内に約7,800本の消火器を街頭に設置。

生き残り地図
大田区

東京都の南端に位置。大正時代以降、中小工場が活躍し、京浜工業地帯の一角となってから今日に至るまで、東京随一の工業地域だ。そんな密集市街地の地震に強いまちづくりと、東京国際空港の沖合展開跡地や周辺地域の整備などが課題。

大田区では、避難危険度の高い場所が連続していて、区北部の上池台、東・南雪谷、北・中・東・南馬込周辺から、山王、大森北、中央、西蒲田、池上、さらに大森西・中、蒲田、東・南蒲田、仲六郷まで繋がっている印象を受ける。また蒲田電車区付近、および東糀谷、羽田付近での火災にも注意が必要だ。

大田区危険エリア

建物倒壊・火災・避難のすべてに注意!
西蒲田4丁目、南蒲田3丁目

建物倒壊と火災に注意!
新蒲田3丁目、仲六郷2丁目、羽田3・6丁目

建物倒壊と避難に注意!
中央3・7・8丁目、西蒲田1丁目、東矢口3丁目

火災と避難に注意!
西蒲田5丁目、東馬込2丁目

火災に注意!
大森東4丁目、西六郷1・2丁目

避難に注意!
池上6・7・8丁目、大森北1・5丁目、大森中2丁目、大森西6・7丁目、蒲田1・2・3・5丁目、上池台1・2・3・4・5丁目、北馬込1・2丁目、久が原5丁目、山王3・4丁目、中央1・2・4丁目、仲池上2丁目、中馬込1・2・3丁目、仲六郷1丁目、西蒲田2・3・6・7丁目、東蒲田1・2丁目、東馬込1丁目、東雪谷3・4・5丁目、南蒲田1・2丁目、南馬込1・3丁目、南雪谷1丁目

● 町別危険度カラー
数字が高い程危険度が高い

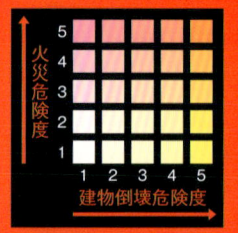

火災危険度 1〜5
建物倒壊危険度 1〜5

警察署 ✕

- 大森警察署 [G-5] ☎ 03-3762-0110
- 田園調布警察署 [C-3] ☎ 03-3607-0110
- 蒲田警察署 [F-6] ☎ 03-3731-0110
- 池上警察署 [D-4] ☎ 03-3755-0110
- 東京空港警察署 [J-6] ☎ 03-5757-0110

消防署

- 大森消防署 [G-4] ☎ 03-3766-0119
- 田園調布消防署 [C-3] ☎ 03-3727-0119
- 蒲田消防署 [F-6] ☎ 03-3735-0119
- 矢口消防署 [E-6] ☎ 03-3758-0119

大田区役所
[F-6] ☎ 03-5744-1111
http://www.city.ota.tokyo.jp/

給水拠点 💧

- 馬込給水所 [E-3]
- 上池台給水所 [E-2]
- 区立西六郷三丁目公園 [E-7]
- 区立萩中公園 [G-7]
- 区立都堀公園 [G-4]
- 区立下丸子公園 [C-5]
- 区立女塚なかよし公園 [E-5]

凡例: 広域避難場所 / 地区内残留地区 / 避難危険度4〜5エリア / 東京都災害拠点病院 / 救急指定病院 / 医療救護所

●大田区　[区面積]59.46k㎡　[人口・世帯]夜間人口：636,276人／世帯数：276,436世帯　昼間人口：650,419人／夕方の推定人口：706,786人
[建築物総棟数]139,472棟（45m超の高層建築物数：31棟）[急傾斜地崩壊危険箇所]67（自然斜面：31／人工斜面：36）2003年修正版 東京都地域防災計画より

救急指定病院

- 大田病院 [G-5]　☎ 03-3762-8421
- 東京労災病院 [H-5]　☎ 03-3742-7301
- 大鳥居病院 [G-6]　☎ 03-3741-0118
- 渡辺病院 [G-7]　☎ 03-3741-2392
- 市川第二病院 [H-7]　☎ 03-3741-1661
- 蒲田総合病院 [F-6]　☎ 03-3738-8221
- 安田病院 [G-3]　☎ 03-3761-1023
- 牧田総合病院 [F-3]　☎ 03-3762-4671
- 中島病院 [F-4]　☎ 03-3775-7711
- 大森赤十字病院 [F-4]　☎ 03-3775-3111
- 松井病院 [E-4]　☎ 03-3752-1111
- 池上総合病院 [E-5]　☎ 03-3752-3151
- 田園調布中央病院 [B-2]　☎ 03-3721-7121
- 木村病院 [D-5]　☎ 03-3758-2671
- 東急病院 [D-1]　☎ 03-3718-3331
- 目蒲病院 [D-5]　☎ 03-3759-8888
- 本多病院 [E-5]　☎ 03-3732-2331
- 黒田病院 [F-6]　☎ 03-3733-0525
- 村木外科胃腸科 [G-5]　☎ 03-3763-6986

帰宅困難者支援施設

【水、トイレ、休憩所、情報の提供】

[第一京浜：日本橋～六郷橋]
- 城南養護学校 [F-7]
- 六郷工科高等学校 [F-7]

[第二京浜：日本橋元標～多摩川大橋]
- 南高等学校 [E-3]

[環状8号線]
- 大森高等学校 [E-5]
- 田園調布高等学校 [C-3]
- 雪谷高等学校 [D-3]
- つばさ総合高等学校 [G-7]
- 蒲田高等学校 [F-6]
- 大田ろう学校 [A-2]
- 矢口養護学校 [D-5]

広域避難場所

- 大井ふ頭一帯 [I-3]
- 東京工業大学 [C-2]
- 平和島地区 [H-4]
- 昭和島野球場一帯 [H-5]
- 森ヶ崎公園・大森一中 [H-6]
- 東京国際空港 [I-7]
- 萩中公園・大師橋緑地 [G-8]
- 蒲田電車区一帯 [E-6]
- 池上本門寺一帯 [E-4]
- 多摩川河川敷・六郷橋一帯 [E-8]
- 多摩川河川敷・ガス橋一帯 [C-5]
- 多摩川河川敷・田園調布先二子橋一帯 [B-3]

東京都災害拠点病院

- 東邦大学医学部附属大森病院 [F-5]　☎ 03-3762-4151
- 都立荏原病院 [D-2]　☎ 03-5734-8000

1:32,786 (1cm=327m)

● 救護所兼避難所　● 避難所　◎ 帰宅困難者支援施設　💧 給水所・応急給水槽　● 区役所・出張所　✕ 警察署　🔥 消防署・消防出張所

生き残り地図

文京区

弥生式土器の出土地としても有名な、文教と住宅の街。区内には古くからの史跡や文化財、由緒ある公園、植物園等があり、明治期より多くの文人・学者が集まった。高さ155メートルの東京ドームホテル、東京ドーム、東京ドームシティは一大娯楽ゾーンだ。

文京区では、区の北東（千駄木・根津周辺）、中央（白山・向丘・小石川周辺）、西北（大塚・音羽・目白台周辺）などに、火災を中心とした危険エリアが存在する。また東京ドームに近い後楽2丁目、本郷5丁目、水道2丁目は、建物倒壊と火災両面での危険度が高い。

文京区危険エリア

建物倒壊と火災に注意!
後楽2丁目、水道2丁目、千石4丁目、千駄木2丁目、根津2丁目、本郷5丁目

火災に注意!
大塚4・5・6丁目、音羽2丁目、小石川3丁目、千駄木1・3・4・5丁目、白山1・2・5丁目、向丘1丁目、目白台1・2・3丁目、弥生2丁目

避難に困難をともなう!
関口1丁目

●町別危険度カラー
数字が高い程危険度が高い

東京都災害拠点病院
- 都立駒込病院 [H-2] ☎03-3823-2101
- 日本医科大学附属病院 [H-4] ☎03-3822-2131
- 順天堂大学医学部附属順天堂医院 [I-8] ☎03-3813-3111
- 東京大学医学部付属病院 [I-6] ☎03-3815-5411
- 東京医科歯科大学医学部付属病院 [I-8] ☎03-3813-6111

救急指定病院
- 東京健生病院 [E-3] ☎03-3944-6111

帰宅困難者支援施設
【水、トイレ、休憩所、情報の提供】
[川越街道：本郷3～東埼橋]
- 竹早高等学校 [F-6]
- 文京盲学校 [G-8]
[中山道：室町3～戸田橋]
- 小石川高等学校 [F-2]
- 向丘高等学校 [H-4]
- 工芸高等学校 [H-8]

広域避難場所
- 六義園 [G-1]
- 東京大学 [I-6]
- 後楽園一帯 [G-7]
- お茶の水女子大学一帯 [D-5]
- 教育の森公園一帯 [E-4]
- 護国寺一帯 [D-3]
- 小石川植物園 [F-4]
- 戸山公園一帯 [新宿区/F-4]

- 広域避難場所
- 地区内残留地区
- 避難危険度4～5エリア
- 東京都災害拠点病院
- 救急指定病院
- 医療救護所

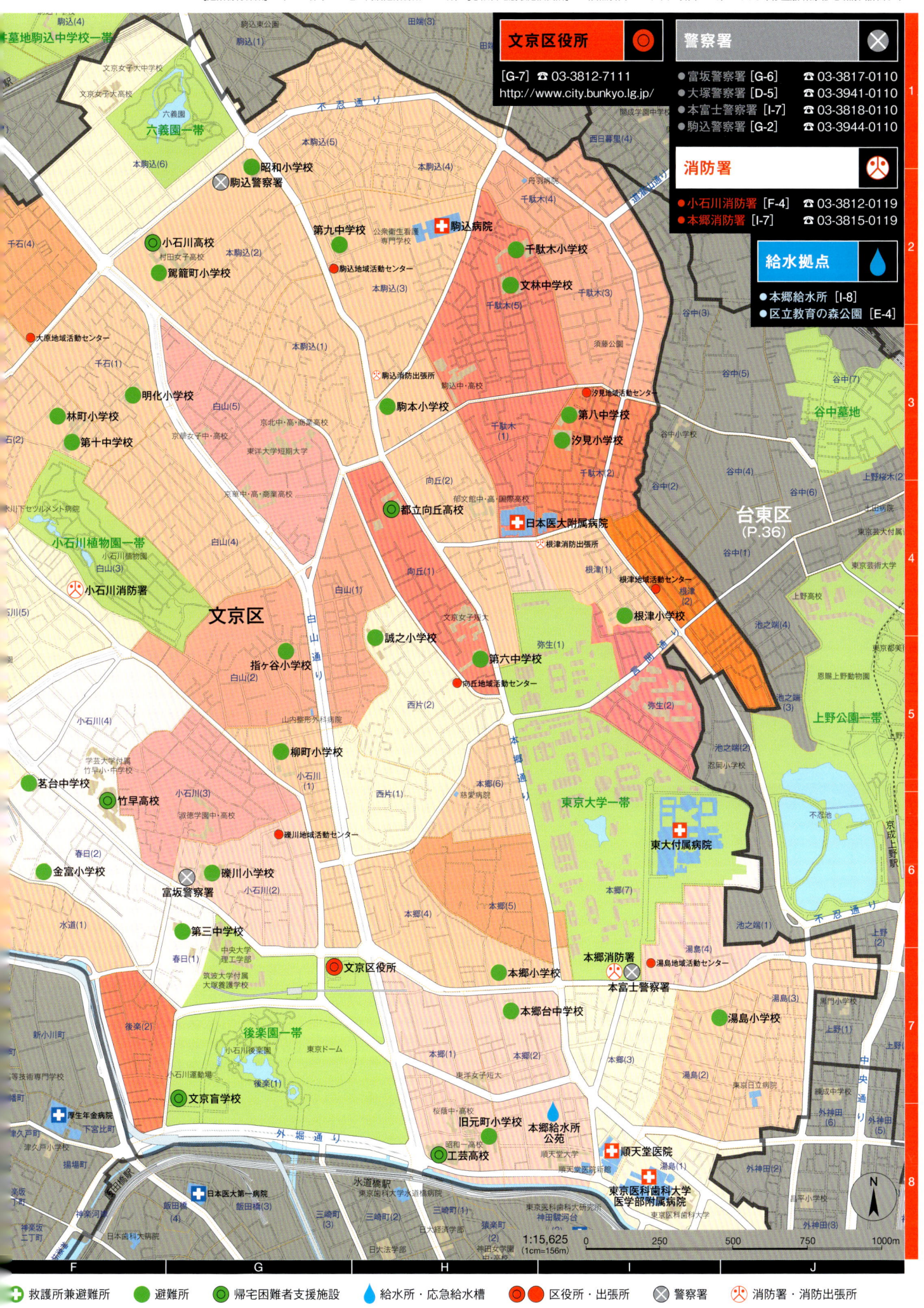

●文京区　[区面積] 11.31km²　[人口・世帯] 夜間人口：172,474人／世帯数：77,959世帯／昼間人口：338,253人／夕方の推定人口：339,687人
[建築物総棟数] 39,903棟（45m超の高層建築物数：54棟）　[急傾斜地崩壊危険箇所] 45（自然斜面：12／人工斜面：33）2003年修正版 東京都地域防災計画より

| 文京区役所 | [G-7] ☎ 03-3812-7111　http://www.city.bunkyo.lg.jp/ |

警察署
- 富坂警察署 [G-6]　☎ 03-3817-0110
- 大塚警察署 [D-5]　☎ 03-3941-0110
- 本富士警察署 [I-7]　☎ 03-3818-0110
- 駒込警察署 [G-2]　☎ 03-3944-0110

消防署
- 小石川消防署 [F-4]　☎ 03-3812-0119
- 本郷消防署 [I-7]　☎ 03-3815-0119

給水拠点
- 本郷給水所 [I-8]
- 区立教育の森公園 [E-4]

凡例：救護所兼避難所　避難所　帰宅困難者支援施設　給水所・応急給水槽　区役所・出張所　警察署　消防署・消防出張所

生き残り地図

文京区

	ワーストランキング
帰宅困難率	10位
45.4%	

	ワーストランキング
帰宅困難者数	10位
約11.3万人	

被災シミュレーション

戦災を生き残った木造住宅密集地域は火災危険度が高く、狭い路地や階段坂など避難ルートの確保にも注意が必要だ。

被害想定
[前提条件] ●震源地：23区直下（深さ地下20〜30km） ●規模：直下型地震（マグニチュード7.2） ●季節・時刻：冬の夕方　午後6時 ●気象条件：風速6m/秒

区面積 11.31km²

想定震度面積率	6強	0%	6弱	27.7%	5強	72.3%
液状化可能性面積率（液状化しやすさの順にABC）	A	2.1%	B	4.3%	C	2.1%

建築物被害		木造	RC造	S造	計
	半壊棟数	910棟	139棟	53棟	1,102棟
	全壊棟数	312棟	135棟	26棟	473棟
RC造：鉄筋コンクリート S造：鉄骨	計	1,222棟	274棟	79棟	1,575棟

火災被害	焼失面積	0.75km²	焼失面積率	6.6%
	焼失棟数	1,792棟	焼失棟数率	4.5%

人的被害	死者数	51人
	負傷者数	2,784人（重傷：225人　軽傷：2,559人）

供給処理施設の機能支障率	上水道	13%	電力	7%
	都市ガス	0%	電話	7%

自宅外避難者数（1日後）	15,026人（6,792世帯）
帰宅困難者数	113,229人

5つの台地部（関口台、小日向台、小石川台、白山台、本郷台）と、5つの低地部（音羽谷、茗荷谷、千川谷、指ケ谷、根津谷）から構成されている文京区。台地部と低地部の間は斜面地で、坂と崖の多い起伏に富んだ景観が魅力だ。

しかし同時にその地形が、地震においては危険な場所を生むこともある。それは崩壊の可能性のある急傾斜地だ。文京区では、目白台、関口、大塚、春日など、自然斜面12ヶ所、人工斜面33ヶ所、計45ヶ所の急傾斜地崩壊危険箇所がある。また文京区は、火災危険度5の町丁目が都内で4番目に多い。その主な原因となるのは、老朽木造住宅が密集する地域。同時多発の火災の発生と、延焼による被害拡大の危険性があるからだ。またこのような木造家屋が密集した地域では細街路が多く、緊急車両が進入できない場所も見られる。

区では、木造住宅が密集している2つの地区「大塚5、6丁目地区（約25.5ha）」と、「千駄木1〜5丁目・向丘2丁目地区（約91ha）」を木造住宅密集市街地整備促進事業の対象地区にしている。たとえば千駄木・向丘地区は、戦災を免がれ、都市基盤インフラが整備されないまま自然発生的に形成された住宅地と、幹線道路沿いの商店街からなる町。これに連なる根津2丁目も建物倒壊危険度の上位に入っている。

防災ナビ

数字で見る防災データ

- 東京都災害拠点病院病床数 **4,865床**
- 備蓄倉庫数 **41ヶ所**
- 避難所数 **32ヶ所**
- 救急告示医療機関 **6ヶ所**
- 避難所収容人員 **36,488人**
- 街頭消火器 **約3,500本**
- 給水拠点確保水量 **21,500m³**
- 消防車（ポンプ車）数 **14台**
- 屋外拡声器 **88ヶ所**
- 救急車数 **6台**

文京区の防災対策

防災行政無線
災害時に正確な情報を迅速に伝える無線設備を、区内88ヶ所に設置。

食糧・日常生活用品などの備蓄
区ではクラッカー等（主食約19万食）・おかゆ（乳児・病弱者）をはじめ、毛布、タオル、紙オムツなど日常生活用品を備蓄。

生活用水の確保
容量40m³の貯水槽を31ヶ所・20m³の貯水槽を1ヶ所、区内の公園および児童遊園内に設置。

文の京セイフティリフォーム
地震・火災による被害を最小限にとどめ、安心して住み続けられる町を形成することを目標に、2つの施策を実施。
- 地震による建物倒壊で避難路の閉塞を防ぐため、木造住宅耐震改修を行う建物所有者に対し助成
- 区民、NPO等に対し、建築物の耐震改修に関する情報発信、意識啓発の場を提供

避難所運営訓練にご参加を
1998年度から、災害時に避難所となる区立小中学校で、避難所運営訓練を開催。この訓練では、避難所運営の基本となる、総務情報班、避難者援護班、給食物資班、救護衛生班の4班に分かれ、訓練内容などの説明の後に、実際の役割に沿って訓練が進められる。

防災安全課 ☎03-5803-1179

生き残り地図

北区

指標	値	ワーストランキング
自宅外避難者数（1日後）	7万人以上	8位
焼失面積率	10.6%	9位
液状化可能性Aランク面積率	59.1%	10位

被災シミュレーション

老朽化した木造住宅、商店、工場が密集し、公園の数も不足しているエリアでは、建物倒壊、火災、避難などの危険度も高くなる。

被害想定

[前提条件] ●震源地：23区直下（深さ地下20～30km） ●規模：直下型地震（マグニチュード7.2） ●季節・時刻：冬の夕方 午後6時 ●気象条件：風速6m/秒

区面積 20.59km²

想定震度面積率	6強	0%	6弱	48.9%	5強	51.1%

液状化可能性面積率（液状化しやすさの順にABC）	A	59.1%	B	4.5%	C	0%

建築物被害		木造	RC造	S造	計
	半壊棟数	1,905棟	176棟	313棟	2,394棟
	全壊棟数	769棟	147棟	193棟	1,109棟
RC造：鉄筋コンクリート S造：鉄骨	計	2,674棟	323棟	506棟	3,503棟

火災被害	焼失面積	2.19km²	焼失面積率	10.6%
	焼失棟数	11,090棟	焼失棟数率	16.2%

人的被害	死者数	140人
	負傷者数	2,620人（重傷：352人 軽傷：2268人）

供給処理施設の機能支障率	上水道	30%	電力	15%
	都市ガス	0%	電話	37%

自宅外避難者数（1日後）	70,412人（30,950世帯）
帰宅困難者数	42,925人

東京都の北東部に位置し、埼玉県にも接している北区。地形は、ほぼ平坦で水はけの良い山の手台地と、地下水位が高く、地震時に液状化しやすい下町低地の2つに大分される。

北区では次の5つの地域、「十条地域」「池袋西・池袋北・滝野川地域」「西ヶ原・巣鴨地域」「志茂地域」「荒川地域」を、木造住宅密集地域の中でも地域危険度が高く、老朽化した木造建物が集まり、震災時に甚大な被害が予想される地域に指定。建物の不燃化や延焼しゃ断帯の整備などを行い、火災の拡大を防ぐとしている。このうち十条地域、志茂地域については、特に注意が必要だ。

人口約23,000人が暮らす十条地域。ここは住宅を中心に路線型の商店街が広く分布しているエリアだが、生活道路が極めて少なく狭あいな場所が多い。二方向避難ができない行き止まり道路も多く見られ、公園数も絶対的に不足している。建物の老朽化も進み、不燃領域率は35%と低い。そして、志茂地域。ここも老朽化した木造住宅や工場が密集し、地域内の不燃領域率は40%だ。

どちらも建物倒壊、火災危険などに要注意。区内には急傾斜地崩壊危険箇所も多く、荒川流域の一部の場所は、液状化の危険性が高い。

防災ナビ

数字で見る防災データ

- 東京都災害拠点病院 病床数：350床
- 備蓄倉庫数：107ヶ所
- 避難所数：100ヶ所
- 救急告示医療機関：13ヶ所
- 避難所収容人員：236,020人
- 街頭消火器：約5,500本
- 給水拠点確保水量：4,500m³
- 消防車（ポンプ車）数：28台
- 屋外拡声器：106ヶ所
- 救急車数：8台

北区の防災対策

自分たちのまちは自分たちで守ろう
自主防災組織は、基本的に町会・自治会単位。北区では、現在176の町会のうち、173の町会で組織している。

地区防災会議
大地震の被害を最小限に抑えるには、自主防災組織の活動が重要。しかし、広域的で同時多発する地震被害に、一つの自主防災組織で対処することは困難。このため、地域振興室（旧出張所）単位に自主防災組織の連合体である地区防災会議を結成し、自主防災組織相互の協力体制をつくっている。被害の小さかった自主防災組織が、近隣で被害の大きかった自主防災組織の応援をする。

自主防災組織の主な配備品
炊き出しセット、可搬型発電機、折り畳みリヤカー、二連伸縮ハシゴ、担架、サイレン付メガホン、救急カバン、ラジオ付強力ライト、カケヤ、ノコギリ、ハンマー、バール、エンジンチェンソー、油圧ジャッキ、カナテコ、バラシバール、パンタジャッキ、剣スコップ、ボルトクリッパー、大ハンマー、ノコギリ、鉄蓋開閉ハンドル、担架、トランジスタメガホン

給水所
災害用給水所（深井戸）：自家発電装置を装備した深井戸が区内に15ヶ所設置。
震災対策用応急給水槽：区内3ヶ所に各1,500m³の飲料水を貯水。

生き残り地図
北区

北区は、飛鳥山の花見、滝野川の紅葉など、江戸町民の行楽地として愛されてきた地域。それが明治になって近代工業発祥の地になり、戦後は工場跡地が巨大な団地に化けた。現在、ハード、ソフト両面からのバリアフリーのまちづくりが進められている。

荒川河川敷をはじめ、比較的面積のある避難場所を、何ヶ所も確保している北区だが、気になるのは、建物倒壊と火災の危険度の高い場所が、数ヶ所密集して存在していることだ。特に、建物倒壊・火災・避難のすべてに注意が必要な中十条3丁目付近に、高危険区域が固まっている。

北区危険エリア

建物倒壊・火災・避難のすべてに注意！
中十条3丁目

建物倒壊と火災に注意！
赤羽西4丁目、上十条1・2・3・4・5丁目、岸町2丁目、志茂2・4丁目、十条仲原1・2・3丁目、滝野川4・6丁目、豊島3・6丁目、中十条2丁目、西ケ原3・4丁目

建物倒壊に注意！
赤羽西2丁目、上中里3丁目、田端2・3丁目、堀船3丁目

火災に注意！
王子本町2丁目、上中里1丁目、神谷1丁目、志茂1丁目、十条仲原4丁目、滝野川5丁目、豊島7・8丁目、中里3丁目、中十条1丁目、堀船1丁目

●町別危険度カラー
数字が高い程危険度が高い

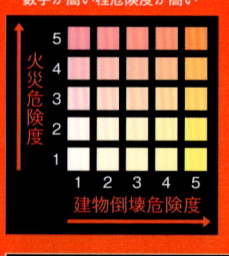

北区役所 [G-6] ☎ 03-3908-1111
http://www.city.kita.tokyo.jp/

広域避難場所
- 染井墓地・駒込中学校一帯 [G-8]
- 荒川河川敷・赤羽ゴルフ一帯 [E-1]
- 桐ケ丘・赤羽台・西が丘地区 [E-3]
- 公団豊島五丁目団地一帯 [I-4]
- 王子六・飛鳥高校・駿台学園一帯 [G-5]
- JR田端・尾久操車場 [I-7]
- 北区防災センター一帯 [H-7]
- 都営滝野川三丁目団地一帯 [G-7]
- 十条台・北区中央公園一帯 [F-6]
- 東京家政大学・加賀中学校一帯 [F-6]
- 公団王子五丁目団地一帯 [G-4]
- 飛鳥山公園 [G-6]
- 北運動公園一帯 [G-3]
- 清水坂公園一帯 [F-4]

帰宅困難者支援施設
【水、トイレ、休憩所、情報の提供】
[北本通り：王子駅〜新荒川大橋]
- 飛鳥高等学校 [G-5]
- 桐ケ丘高等学校 [E-2]
- 王子工業高等学校 [G-7]
- 北養護学校 [F-6]
- 王子養護学校 [F-6]
- 王子第二養護学校 [F-6]
[環状7号線]
- 赤羽商業高等学校 [E-4]

給水拠点
- 区立桐ヶ丘中央公園 [E-3]
- 区立滝野川公園 [H-7]
- 区立北運動公園 [F-3]
- 田端災害用給水所 [I-8]
- 飛鳥山災害用給水所 [G-6]
- 北区役所災害用給水所 [G-6]
- 赤羽台災害用給水所 [E-3]
- 堀船災害用給水所 [H-6]
- 西ケ原災害用給水所 [H-7]
- 名主の滝災害用給水所 [G-5]
- 中央公園災害用給水所 [F-6]
- 赤羽自然観察公園災害用給水所 [E-3]
- 浮間3丁目災害用給水所 [D-2]
- 清水坂公園災害用給水所 [F-4]
- 豊島馬場遺跡公園災害用給水所 [H-4]
- JR尾久駅構内災害用給水所 [I-7]
- 岩淵災害用給水所 [F-2]
- 浮間災害用給水所 [E-1]
- JR田端ビル災害用給水所 [I-7]

■ 広域避難場所　■ 地区内残留地区　■ 避難危険度4〜5エリア　✚ 東京都災害拠点病院　✚ 救急指定病院　✚ 医療救護所

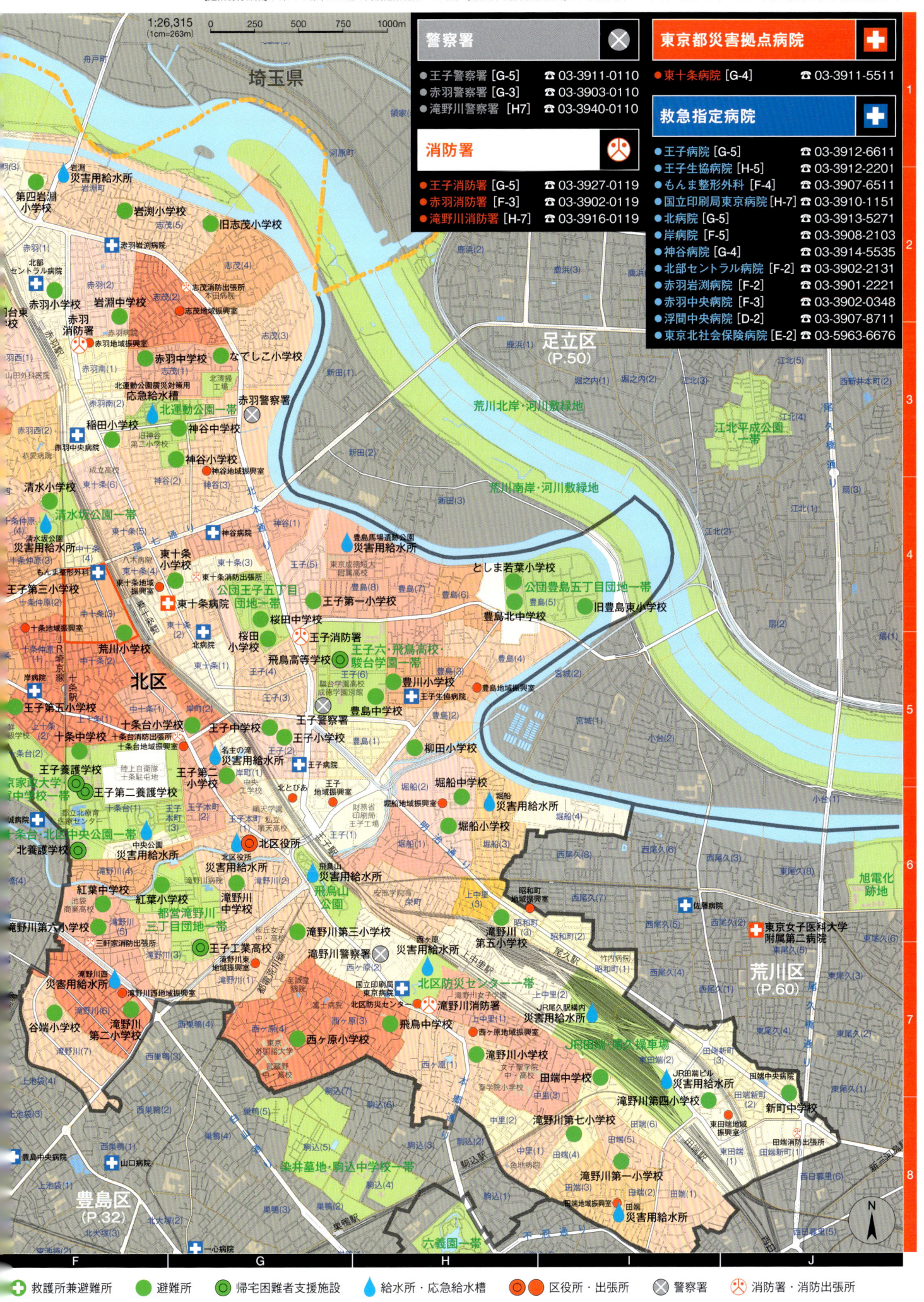

●北区　［区面積］20.59km²　［人口・世帯］夜間人口：334,127人／世帯数：146,865世帯／昼間人口：315,336人／夕方の推定人口：303,735人
［建築物総棟数］68,410棟（45m超の高層建築物数：23棟）［急傾斜地崩壊危険箇所］58（自然斜面：24／人工斜面：34）2003年修正版 東京都地域防災計画より

警察署		
● 王子警察署 [G-5]	☎	03-3911-0110
● 赤羽警察署 [G-3]	☎	03-3903-0110
● 滝野川警察署 [H7]	☎	03-3940-0110

消防署		
● 王子消防署 [G-5]	☎	03-3927-0119
● 赤羽消防署 [F-3]	☎	03-3902-0119
● 滝野川消防署 [H-7]	☎	03-3916-0119

東京都災害拠点病院		
● 東十条病院 [G-4]	☎	03-3911-5511

救急指定病院		
● 王子病院 [G-5]	☎	03-3912-6611
● 王子生協病院 [H-5]	☎	03-3912-2201
● もんま整形外科 [F-4]	☎	03-3907-6511
● 国立印刷局東京病院 [H-7]	☎	03-3910-1151
● 北病院 [G-5]	☎	03-3913-5271
● 岸病院 [F-5]	☎	03-3908-2103
● 神谷病院 [G-4]	☎	03-3914-5535
● 北部セントラル病院 [F-2]	☎	03-3902-2131
● 赤羽岩渕病院 [F-2]	☎	03-3901-2221
● 赤羽中央病院 [F-3]	☎	03-3902-0348
● 浮間中央病院 [D-2]	☎	03-3907-8711
● 東京北社会保険病院 [E-2]	☎	03-5963-6676

凡例：救護所兼避難所／避難所／帰宅困難者支援施設／給水所・応急給水槽／区役所・出張所／警察署／消防署・消防出張所

生き残り地図

板橋区

東京都内でも有数の工業エリア、板橋区。光学機器を中心に発展し、印刷、精密機器、化学、鉄鋼などの工場が、区内東北部に群立している。また大規模住宅団地が開発され、都市化、宅地化も進行している。

板橋区の危険区域は、区の中央からほぼ東南部に集中している。その中でもまず目につくのが、中山道と環七通りの交差点付近に広がる一帯。2ヶ所の広域避難場所は近くにあるが、火災危険度の高いエリアがいくつも繋がっているので、事前に安全な避難経路を把握しておくことが必要だ。また川越街道沿いの一帯も火災の広がりに要注意だ。

板橋区危険エリア

建物倒壊・火災・避難のすべてに注意!
中板橋

建物倒壊と火災に注意!
大山西町、清水町

火災と避難に注意!
大山東町、大山町

火災に注意!
泉町、板橋3丁目、大谷口1・2丁目、大谷口上町、大谷口北町、小茂根2丁目、常盤台4丁目、仲宿、中台1丁目、中丸町、蓮沼町、東山町、富士見町、本町、前野町3丁目、南町、宮本町、大和町、若木1・2丁目

避難に困難をともなう!
相生町、大山金井町、熊野町、栄町、志村2丁目、徳丸1丁目、仲町、西台4丁目、蓮根1・2丁目、前野町2丁目

●町別危険度カラー
数字が高い程危険度が高い

東京都災害拠点病院
- 日本大学医学部附属板橋病院 [H-7] ☎ 03-3972-8111
- 帝京大学医学部附属病院 [J-6] ☎ 03-3964-1211

救急指定病院
- 愛誠病院 [J-6] ☎ 03-3961-5351
- 木村牧角病院 [I-8] ☎ 03-3959-3121
- 東京都立豊島病院 [I-6] ☎ 03-5375-1234
- 東京都老人医療センター [I-7] ☎ 03-3964-1141
- 田崎病院 [H-7] ☎ 03-3956-0864
- 大和病院 [I-5] ☎ 03-3962-3341
- 富士見病院 [I-5] ☎ 03-3962-2431
- 東京武蔵野病院 [F-7] ☎ 03-3956-2136
- 常盤台外科病院 [H-5] ☎ 03-3960-7211
- 上板橋病院 [G-5] ☎ 03-3933-7191
- 金子病院 [G-6] ☎ 03-3956-0145
- 高島平中央総合病院 [F-2] ☎ 03-3936-7451
- 板橋区医師会病院 [E-2] ☎ 03-3975-8151
- 舟渡病院 [H-1] ☎ 03-3968-8851
- 誠志会病院 [G-3] ☎ 03-3968-2621
- 小豆沢病院 [I-4] ☎ 03-3966-8411
- 板橋中央総合病院 [H-4] ☎ 03-3967-1181
- 北村整形外科病院 [D-4] ☎ 03-3939-3020
- 安田病院 [C-4] ☎ 03-3939-0101
- 小林病院 [C-3] ☎ 03-3930-7077
- 東武練馬中央病院 [E-4] ☎ 03-3934-1611

板橋区役所 [I-7] ☎ 03-3964-1111
http://www.city.itabashi.tokyo.jp/

広域避難場所
- 桐ケ丘・赤羽台・西が丘地区 [I-4]
- 浮間公園・荒川河川敷緑地一帯 [F-1]
- 高島平二・三丁目地区 [E-2]
- 東京家政大学・加賀中学校一帯 [J-6]
- 公社向原住宅一帯 [G-7]
- 城北中央公園一帯 [G-6]
- 光が丘団地・光が丘公園一帯 [C-5]
- 中台三丁目地区 [G-4]
- 都営幸町アパート一帯 [H-7]

1:28,571 (1cm=285m)

凡例: 広域避難場所 / 地区内残留地区 / 避難危険度4~5エリア / 東京都災害拠点病院 / 救急指定病院 / 医療救護所

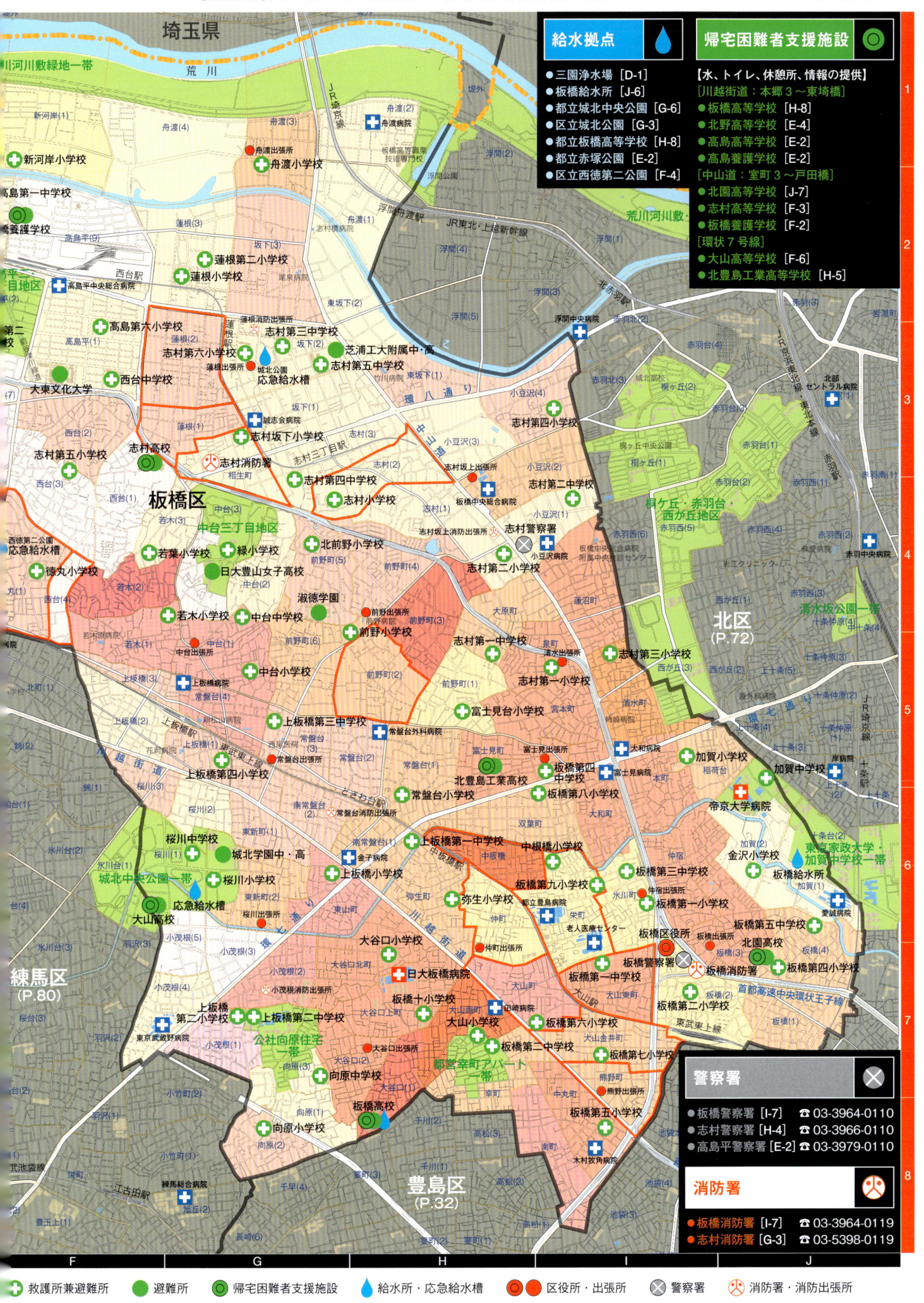

●板橋区 ［区面積］32.17㎢ ［人口・世帯］夜間人口：511,415人／世帯数：225,655世帯／昼間人口：463,669人／夕方の推定人口：461,720人
［建築物総棟数］95,998棟（45m超の高層建築物数：17棟）［急傾斜地崩壊危険箇所］43（自然斜面：24／人工斜面：19）2003年修正版 東京都地域防災計画より

給水拠点

- 三園浄水場 [D-1]
- 板橋給水所 [J-6]
- 都立城北中央公園 [G-6]
- 区立城北公園 [G-3]
- 都立板橋高等学校 [H-8]
- 都立赤塚公園 [E-2]
- 区立西徳第二公園 [F-4]

帰宅困難者支援施設

【水、トイレ、休憩所、情報の提供】

［川越街道：本郷3～東埼橋］
- 板橋高等学校 [H-8]
- 北野高等学校 [E-4]
- 高島高等学校 [E-2]
- 高島養護学校 [E-2]

［中山道：室町3～戸田橋］
- 北園高等学校 [J-7]
- 志村高等学校 [F-3]
- 板橋養護学校 [F-2]

［環状7号線］
- 大山高等学校 [F-6]
- 北豊島工業高等学校 [H-5]

警察署

- 板橋警察署 [I-7] ☎ 03-3964-0110
- 志村警察署 [H-4] ☎ 03-3966-0110
- 高島平警察署 [E-2] ☎ 03-3979-0110

消防署

- 板橋消防署 [I-7] ☎ 03-3964-0119
- 志村消防署 [G-3] ☎ 03-5398-0119

救護所兼避難所　避難所　帰宅困難者支援施設　給水所・応急給水槽　区役所・出張所　警察署　消防署・消防出張所

生き残り地図
板橋区

帰宅困難率 ワーストランキング13位	帰宅困難者数 ワーストランキング13位
44.2%	約6.9万人

被災シミュレーション

区南部にある大谷口に象徴される、都市基盤インフラが未整備の町の被災の深刻さ。いざその時、本当に避難場所に到達できるのか。

被害想定
[前提条件] ●震源地：23区直下（深さ地下20～30km）●規模：直下型地震（マグニチュード7.2）●季節・時刻：冬の夕方　午後6時　●気象条件：風速6m/秒

区面積 32.17km²

想定震度面積率	6強	0%	6弱	40.4%	5強	59.6%
液状化可能性面積率 液状化しやすさの順にABC	A	20.6%	B	2.8%	C	0%

建築物被害		木造	RC造	S造	計
	半壊棟数	1,483棟	109棟	170棟	1,762棟
	全壊棟数	509棟	102棟	95棟	706棟
RC造：鉄筋コンクリート S造：鉄骨	計	1,992棟	211棟	265棟	2,468棟

火災被害	焼失面積	0.57km²	焼失面積率	1.8%
	焼失棟数	2,540棟	焼失棟数率	2.6%

人的被害	死者数	45人		
	負傷者数	2,699人	（重傷：233人	軽傷：2,466人）

供給処理施設の機能支障率	上水道	12%	電力	6%
	都市ガス	0%	電話	17%

自宅外避難者数（1日後）	36,452人（16,084世帯）
帰宅困難者数	69,143人

板橋区の総合危険度では、中板橋、大山東町が危険度ランク5、仲宿、大山地域、大谷口地域、双葉、大和町が4と、板橋区役所周辺の危険度ランクが高い。また区全体の被害想定は、建物全半壊数2,468棟、焼失棟数2,540棟、負傷者数2,699人、帰宅困難者数69,143人などとなっている。

そんな板橋区の代表的な危険地域と考えられるのが、大谷口だ。ここは国や東京都が改善すべき密集市街地として指定した地区。老朽化した木造建築が密集し、狭い路地も多く、緊急時の消防活動にも支障をきたす環境にある。また区内を通る東武東上線が道路と交差し、交通渋滞の一因になっている。地域での避難訓練の際も、避難順路が火災発生や建物倒壊の想定地点となっており、なんと避難場所に到達できなかったという深刻な報道もある。

そんな大谷口地域の抱える危険性は、内閣府の「都市再生モデル事業」として、GIS（地図情報システム）を活用した地震シミュレーションゲームのかたちでも、小学生や地元の人々に知らされた。この地域の避難路だが、川越街道から城北中央公園への道は比較的安全な道と考えられている。ここを通って城北中央公園へ避難する。公園にはのべ50万人分の水が用意されている。

防災ナビ

数字で見る防災データ

東京都災害拠点病院病床数	2,257床	備蓄倉庫数	15ヶ所
避難所数	100ヶ所	救急告示医療機関	23ヶ所
避難所収容人員	97,343人	街頭消火器	約4,200本
給水拠点確保水量	45,400m³	消防車（ポンプ車）数	22台
屋外拡声器	105ヶ所	救急車数	10台

板橋区の防災対策

区立防災センター
区民の生命と財産の安全を確保するため、防災活動の拠点として設置された。災害に備え、24時間情報監視態勢をとっている。
板橋区防災センター（板橋区役所内）
☎03-3579-2211

飲料水／食糧、衣料、日用品などの備蓄
非常災害時の飲料水として受水槽、浄水場、給水場、応急給水槽、プール（ろ過器設置）、深井戸などで必要な水を確保。またサバイバルフーズ、乾パン、毛布などを備蓄。このほかに、区内業者と協定を結び、食糧、日用品、燃料などの確保に努めている。

住民防災組織
大地震などの災害に備えて「自分達のまちは自分達で守る」を合言葉として、町会・自治会を母体として218の住民防災組織が結成されている。

防災ボランティア
区では、防災ボランティア登録制度を発足させ、大災害が発生したときに備え、防災に関する講習会や講座を開催している。
尚、登録対象者は
●板橋区に在住・在勤・在学されている方
●年齢おおむね16歳～65歳までで訓練・災害時に活動できる方
●住所・電話番号等を公表できる方
●他のボランティア団体に未加入の方等の条件がありますので、下記までお問い合わせを。
区役所総務部防災課：☎03-3579-2152

生き残り地図
中野区

項目	値	ワーストランキング
電話支障率	59%	1位
焼失面積率	25.3%	3位
焼失棟数	約18,200棟	6位

被災シミュレーション

人口密度、日本最大の中野区は、地震発生時の死者発生率が一番高く、原因としては火災延焼が最も多い。

被害想定

[前提条件] ●震源地:23区直下(深さ地下20〜30km) ●規模:直下型地震(マグニチュード7.2) ●季節・時刻:冬の夕方 午後6時 ●気象条件:風速6m/秒

区面積 15.59k㎡

想定震度面積率	6強	0%	6弱	14.5%	5強	85.5%
液状化可能性面積率(液状化しやすさの順にABC)	A	0%	B	0%	C	0%

建築物被害 RC造:鉄筋コンクリート S造:鉄骨		木造	RC造	S造	計
	半壊棟数	1,098棟	79棟	44棟	1,221棟
	全壊棟数	366棟	79棟	20棟	465棟
	計	1,464棟	158棟	64棟	1,686棟

火災被害	焼失面積	3.94k㎡	焼失面積率	25.3%
	焼失棟数	18,180棟	焼失棟数率	29.5%

人的被害	死者数	516人
	負傷者数	3,475人 (重傷:612人 軽傷:2,863人)

供給処理施設の機能支障率	上水道	11%	電力	29%
	都市ガス	0%	電話	59%

自宅外避難者数(1日後)	69,327人 (34,940世帯)
帰宅困難者数	37,703人

狭い路地に老朽化した木造賃貸アパートの密集地域(別名・木賃ベルト地帯)も形成される中野区。ここは関東大震災以降に発展した区で、都心からの避難者が多く住みだしたことから始まる。区の人口密度は全国の市町村中最大だ。

中野区は木造住宅の密集地域や狭い道路が多いため、地震による被害発生の危険性が高い。特に注意すべきなのが、火災の危険性だ。

火災危険度はランク5が3町丁目、ランク4が23町丁目あり、両方合わせると、中野区全体の約30%を占めている。

焼失棟数は18,180棟、焼失面積率もワースト3位。

中央防災会議の発表(都心西部直下地震)によれば、全壊家屋は東京都想定のおよそ20倍の1万棟、焼失棟数は都の想定の3倍近いおよそ5万棟。また都の被害想定を元にした地震発生時の死者発生率を計算すると23区中一番で、死者の原因別内訳も、火災延焼中が最も多い。区内で特に火災危険度が高いエリアは、新宿副都心に近接している中野南台地区、そしてJR中野駅北側の東西に広がる大和町・野方地区は、どちらも建物の密集、行き止まり・未整備道路も多く、避難にも注意が必要だ。

防災ナビ

数字で見る防災データ

東京都災害拠点病院 病床数 663床	備蓄倉庫数 55ヶ所
避難所数 50ヶ所	救急告示医療機関 6ヶ所
避難所収容人員 103,691人	街頭消火器 約6,100本
給水拠点確保水量 1,500㎥	消防車(ポンプ車)数 19台
屋外拡声器 113ヶ所	救急車数 6台

中野区の防災対策

地域の初期消火体制
地域の初期消火能力の向上を図るため、区内全域に街頭消火器や中型消火器の設置を進めるとともに、防災会に軽可搬消火ポンプの配備を行っている。街頭消火器は、おおむね25世帯に1本の割合で設置。

中野・野方消防団
消防団は、消防組織法に基づき設置されている防火・防災のための防災機関の一つ。消防団員は、特別職(非常勤)の公務員で、仕事を持ちながら災害時の消火活動、救急・救助活動や、平時の訓練などの防火・防災活動に従事している。また、地域防災のリーダーとしても重要な役割を担っている。区内には、中野消防団(8分団)・野方消防団(8分団)があり、あわせて定員は500人。

防災会(地域防災住民組織)
地域防災住民組織である「防災会」は区内に117組織。災害に備えて、日ごろから防災知識の普及・啓発活動や防災訓練を消防署や警察署、中野区と協力・連携して実施している。

防災活動拠点と資機材
区では、地域の公園・広場等を地域防災会の災害時の防災活動拠点とし、防災資材倉庫・防火水槽・軽可搬消火ポンプ等を装備。また現在、防災資材倉庫は147ヶ所、配備してあるのは倒壊家屋からの人命救助を目的とした次のような資機材。軽可搬消火ポンプ、小型発電機、投光機、組立式リヤカー、車椅子、担架、油圧ジャッキ、バール、とびくち、のこぎり、手斧、ハンマー、救援ロープなど。

生き残り地図
中野区

日本で最も人口密度が高い地域、それが中野区。その特徴を一言でいうと、利便性の高い、高密度低層住宅都市ということになる。都心へも近く、交通網も充実しており、商業やサービス業がビジネスの中心になっている。

中野区は、火災危険度の高い場所が多い。中野駅に接し中野ブロードウェイなどの商業施設が多数ある中野5丁目から、早稲田通りをまたいで新井1丁目、上高田1〜3丁目の一帯。野方警察署そばの野方、大和町、若宮一帯。さらに青梅街道周辺から区南部につづく一帯だ。この中には避難危険度の高い場所も挟まれている。

中野区危険エリア

火災と避難に注意！
中央2丁目、本町1・2・4丁目

火災に注意！
新井1丁目、上高田1・2・3丁目、中央4・5丁目、中野1・5丁目、野方1・2・3丁目、本町6丁目、南台1・2・4丁目、大和町1・2・3・4丁目、弥生町3・4丁目、若宮1丁目

避難に困難をともなう！
中央3丁目、本町3丁目、弥生町1・2丁目

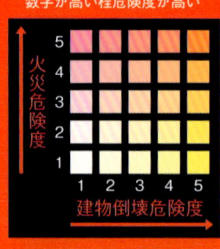

中野区役所
[G-4] ☎ 03-3389-1111
http://www.city.tokyo-nakano.lg.jp/

給水拠点
● 区立みずのとう公園 [E-3]

警察署
● 中野警察署 [H-3] ☎ 03-3366-0110
● 野方警察署 [G-5] ☎ 03-3386-0110

消防署
● 中野消防署 [H-3] ☎ 03-3366-0119
● 野方消防署 [E-5] ☎ 03-3330-0119

広域避難場所
● 新宿中央公園一帯 [I-1]
● 百人町三丁目地区 [新宿区/E-4]
● 国立療養所中野病院跡地一帯 [D-4]
● 哲学堂公園一帯 [E-3]
● 公社広町住宅一帯 [I-4]
● 中野区役所一帯 [G-4]
● 公社鷺宮西住宅一帯 [E-7]
● 立正佼成会大聖堂一帯 [I-5]
● 平和の森公園一帯 [F-4]
● 東京大学附属中等教育学校一帯 [I-3]
● 都立武蔵丘高校一帯 [D-8]
● 白鷺一丁目地区 [F-7]

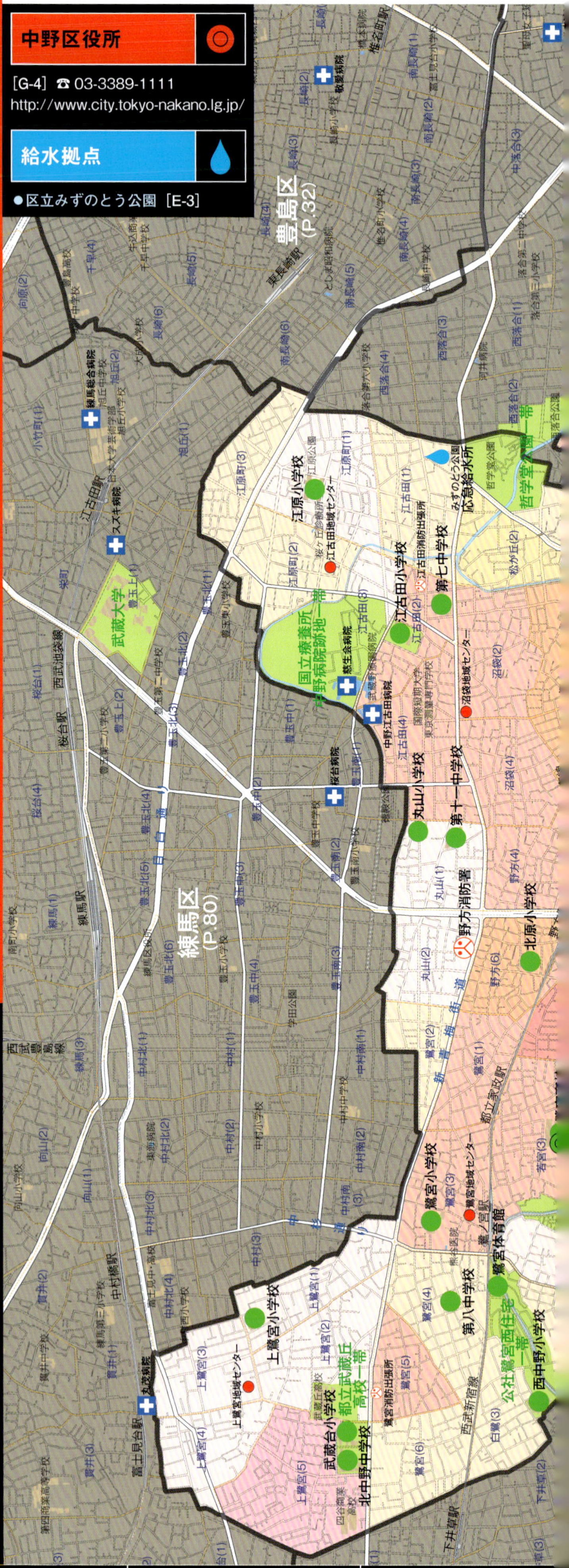

●町別危険度カラー
数字が高い程危険度が高い

凡例：
- 広域避難場所
- 地区内残留地区
- 避難危険度4〜5エリア
- 東京都災害拠点病院
- 救急指定病院
- 医療救護所

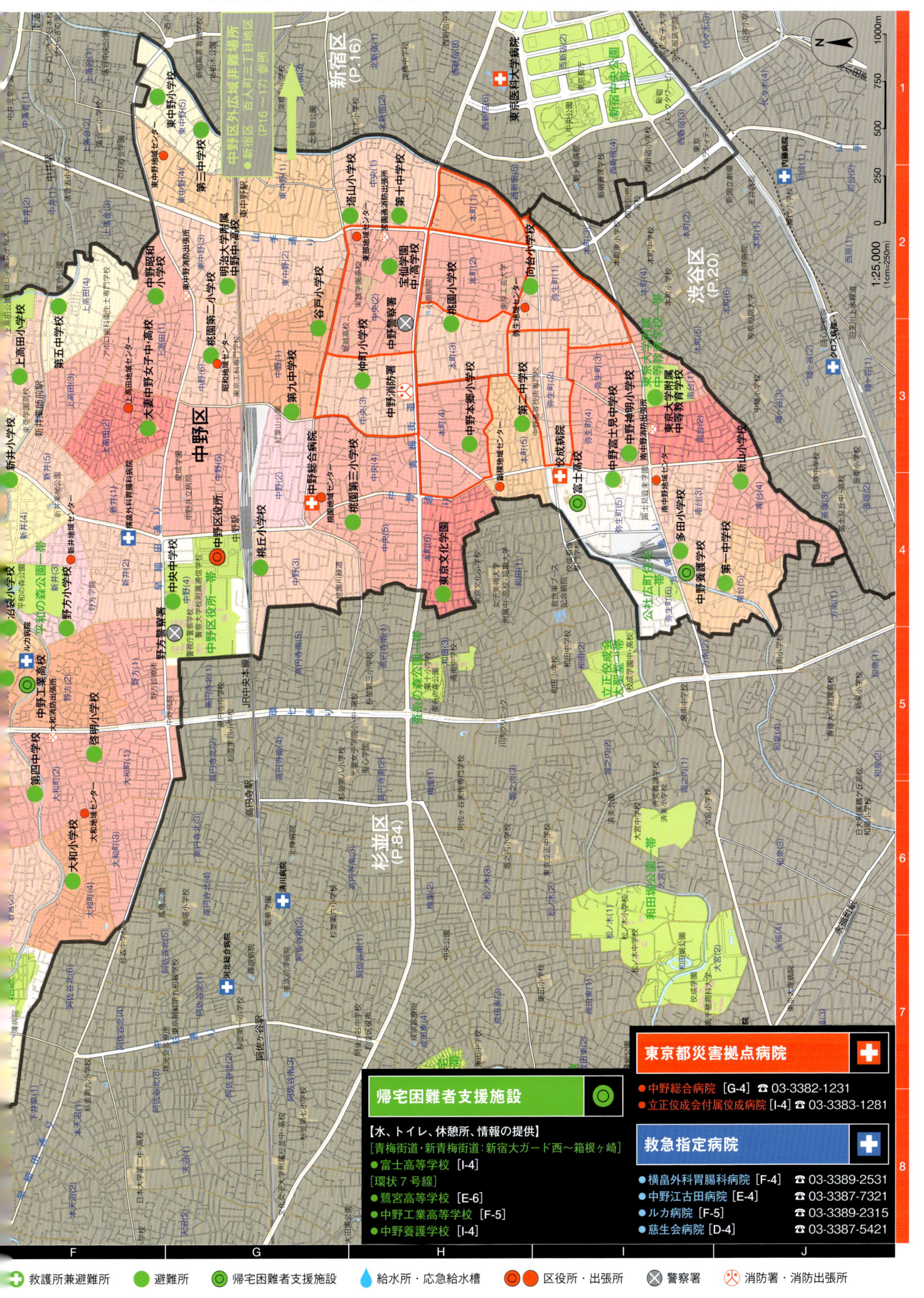

●中野区　[区面積]15.59k㎡　[人口・世帯]夜間人口:306,581人／世帯数:154,518世帯／昼間人口:261,764人／夕方の推定人口:273,270人
[建築物総棟数]61,655棟(45m超の高層建築物数:11棟)　[急傾斜地崩壊危険箇所]13(自然斜面:2／人工斜面:11)　2003年修正版 東京都地域防災計画より

東京都災害拠点病院
- 中野総合病院　[G-4]　☎ 03-3382-1231
- 立正佼成会付属佼成病院　[I-4]　☎ 03-3383-1281

救急指定病院
- 横山外科胃腸科病院　[F-4]　☎ 03-3389-2531
- 中野江古田病院　[E-4]　☎ 03-3387-7321
- ルカ病院　[F-5]　☎ 03-3389-2315
- 慈生会病院　[D-4]　☎ 03-3387-5421

帰宅困難者支援施設
【水、トイレ、休憩所、情報の提供】
[青梅街道・新青梅街道:新宿大ガード西〜箱根ヶ崎]
- 富士高等学校　[I-4]

[環状7号線]
- 鷺宮高等学校　[E-6]
- 中野工業高等学校　[F-5]
- 中野養護学校　[I-4]

凡例:
- 救護所兼避難所
- 避難所
- 帰宅困難者支援施設
- 給水所・応急給水槽
- 区役所・出張所
- 警察署
- 消防署・消防出張所

生き残り地図 練馬区

練馬区は都内でも緑が多い。緑被率は20％を超える。宅地化の進展に際しても、緑の維持のために、市民農園の設置、公共施設緑化、民有地緑化などの施策がとられている。地下鉄大江戸線開通で、利便性も向上。

練馬区は全体的に、建物倒壊、火災いずれの点でも、他区に比べて危険度は低い。しかし一部地域では、避難の困難さが考えられる。たとえば区西部の大泉町6丁目から西大泉5丁目までの一帯は、数ヶ所の避難拠点を擁しながらも、広域避難所までの距離がやや遠いことなどから、避難危険度が高くなっている。

練馬区危険エリア

避難に困難をともなう！

大泉町6丁目、北町2丁目、豊玉北5・6丁目、西大泉1・5・6丁目、西大泉町、貫井1丁目、早宮1丁目、東大泉3・4丁目、南大泉5・6丁目

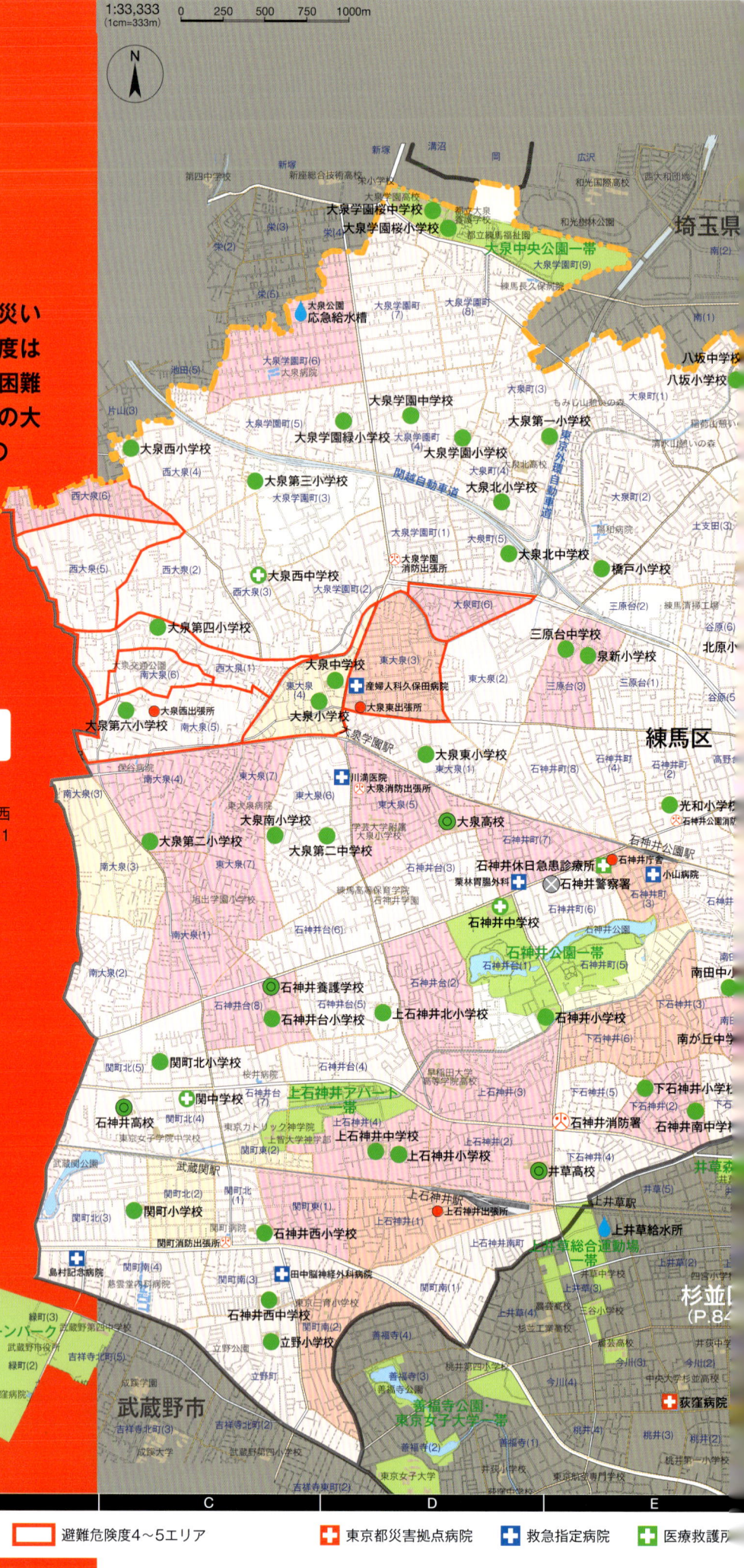

● 町別危険度カラー
数字が高い程危険度が高い

火災危険度 / 建物倒壊危険度

凡例：
- 広域避難場所
- 地区内残留地区
- 避難危険度4〜5エリア
- 東京都災害拠点病院
- 救急指定病院
- 医療救護所

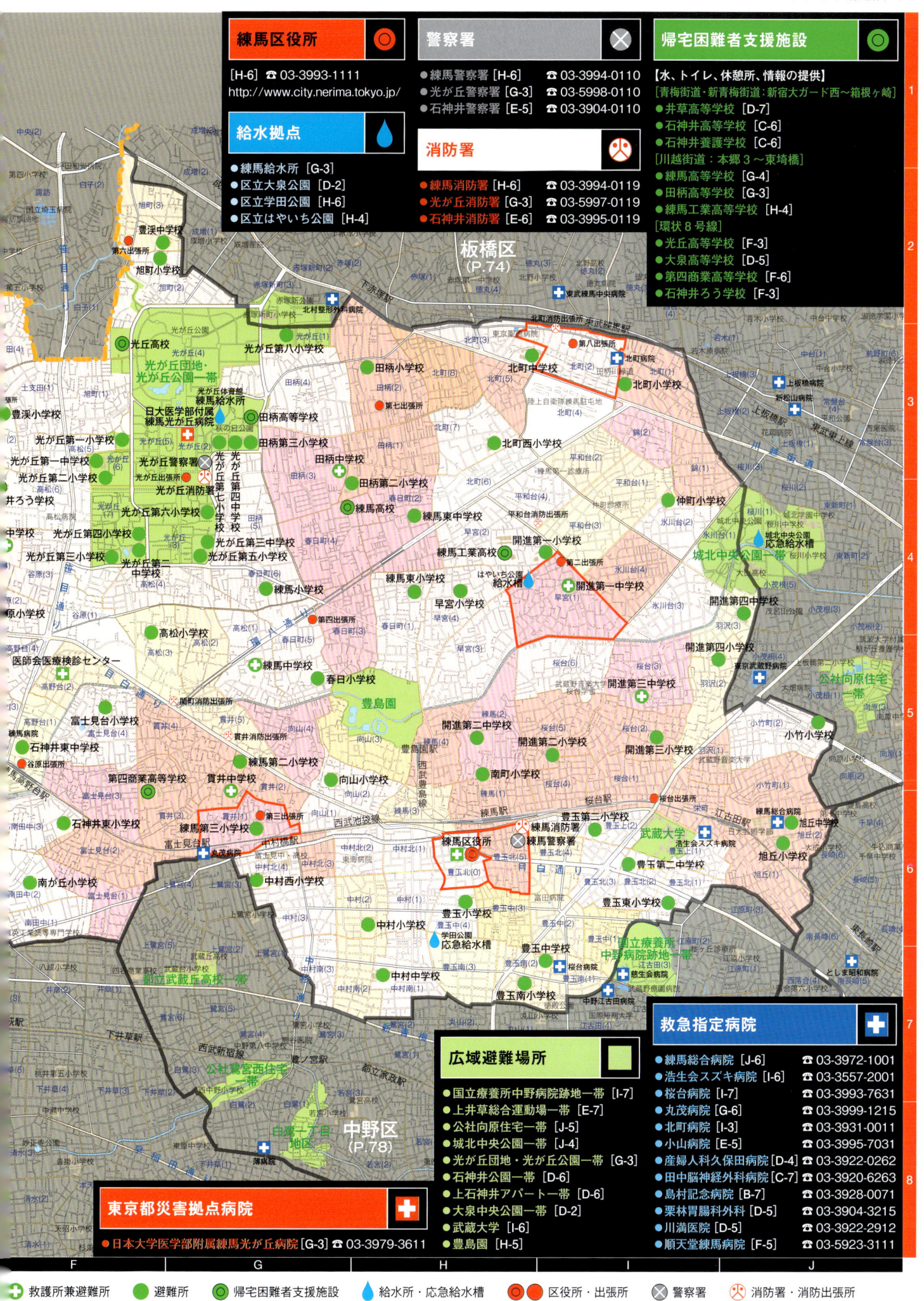

●練馬区　[区面積] 48.16㎢　[人口・世帯] 夜間人口：635,746人／世帯数：264,086世帯／昼間人口：475,647人／夕方の推定人口：500,993人
[建築物総棟数] 133,771棟（45m超の高層建築物数：19）[急傾斜地崩壊危険箇所] 10（自然斜面：6／人工斜面：4）2003年修正版 東京都地域防災計画より

練馬区役所
[H-6] ☎ 03-3993-1111
http://www.city.nerima.tokyo.jp/

給水拠点
- 練馬給水所 [G-3]
- 区立大泉公園 [D-2]
- 区立学田公園 [H-6]
- 区立はやいち公園 [H-4]

警察署
- 練馬警察署 [H-6] ☎ 03-3994-0110
- 光が丘警察署 [G-3] ☎ 03-5998-0110
- 石神井警察署 [E-5] ☎ 03-3904-0110

消防署
- 練馬消防署 [H-6] ☎ 03-3994-0119
- 光が丘消防署 [G-3] ☎ 03-5997-0119
- 石神井消防署 [E-6] ☎ 03-3995-0119

帰宅困難者支援施設
【水、トイレ、休憩所、情報の提供】
[青梅街道・新青梅街道：新宿大ガード西～箱根ヶ崎]
- 井草高等学校 [D-7]
- 石神井高等学校 [C-6]
- 石神井養護学校 [C-6]

[川越街道：本郷3～東埼橋]
- 練馬高等学校 [G-4]
- 田柄高等学校 [G-3]
- 練馬工業高等学校 [H-4]

[環状8号線]
- 光丘高等学校 [F-3]
- 大泉高等学校 [D-5]
- 第四商業高等学校 [F-6]
- 石神井ろう学校 [F-3]

広域避難場所
- 国立療養所中野病院跡地一帯 [I-7]
- 上井草総合運動場一帯 [E-7]
- 公社向原住宅一帯 [J-5]
- 城北中央公園一帯 [J-4]
- 光が丘団地・光が丘公園一帯 [G-3]
- 石神井公園一帯 [D-6]
- 上石神井アパート一帯 [D-6]
- 大泉中央公園一帯 [D-2]
- 武蔵大学 [I-6]
- 豊島園 [H-5]

救急指定病院
- 練馬総合病院 [J-6] ☎ 03-3972-1001
- 浩生会スズキ病院 [I-6] ☎ 03-3557-2001
- 桜台病院 [I-7] ☎ 03-3993-7631
- 丸茂病院 [G-6] ☎ 03-3999-1215
- 北町病院 [I-3] ☎ 03-3931-0011
- 小山病院 [E-5] ☎ 03-3995-7031
- 産婦人科久保田病院 [D-4] ☎ 03-3922-0262
- 田中脳神経外科病院 [C-7] ☎ 03-3920-6263
- 島村記念病院 [B-7] ☎ 03-3928-0071
- 栗林胃腸科外科 [D-5] ☎ 03-3904-3215
- 川満医院 [D-5] ☎ 03-3922-2912
- 順天堂練馬病院 [F-5] ☎ 03-5923-3111

東京都災害拠点病院
- 日本大学医学部附属練馬光が丘病院 [G-3] ☎ 03-3979-3611

凡例：救護所兼避難所／避難所／帰宅困難者支援施設／給水所・応急給水槽／区役所・出張所／警察署／消防署・消防出張所

生き残り地図

練馬区

焼失面積 ワーストランキング8位	2.94km²
焼失棟数 ワーストランキング13位	約9,700棟

被災シミュレーション

農村から東京のベッドタウンとして市街化された練馬区は、急激な市街化によって危険箇所が生じている。

被害想定

[前提条件] ●震源地：23区直下（深さ地下20〜30km） ●規模：直下型地震（マグニチュード7.2） ●季節・時刻：冬の夕方　午後6時　●気象条件：風速6m/秒

区面積 48.16km²

想定震度面積率	6強	0%	6弱	0.5%	5強	99.5%
液状化可能性面積率 液状化しやすさの順にABC	A	0%	B	0%	C	0%

		木造	RC造	S造	計
建築物被害 RC造：鉄筋コンクリート S造：鉄骨	半壊棟数	1,494棟	97棟	54棟	1,645棟
	全壊棟数	498棟	97棟	24棟	619棟
	計	1,992棟	194棟	78棟	2,264棟

火災被害	焼失面積	2.94km²	焼失面積率	6.1%
	焼失棟数	9,709棟	焼失棟数率	7.3%

人的被害	死者数	56人		
	負傷者数	2,578人（重傷：257人　軽傷：2,321人）		

供給処理施設の機能支障率	上水道	7%	電力	6%
	都市ガス	0%	電話	14%

自宅外避難者数（1日後）	49,606人（20,606世帯）
帰宅困難者数	46,436人

区のほぼ全域が武蔵野台地の中央北側に位置する練馬区。戦前は、武蔵野の面影を残す農業地帯だったが、板橋区から独立し、東京のベッドタウンとして急激に都市化。2004年4月には人口約68万人、世帯数30万世帯に達した。しかしその急激な市街化のプロセスは、街区を無秩序に形成させ、曲折した道路や、袋小路なども多く生じさせた。そのため地域全体では空地率が高いにもかかわらず、木造低住宅が密集した火災延焼の危険性のある地域が点在する、といった事態も招いている。

建物倒壊危険度、火災危険度については、区内全域に渡って比較的低くなってはいるが、被害想定としては、建築物被害2,264棟、焼失棟数9,709棟、負傷者数2,578人といった数字が出ている。避難危険度については、東大泉、西大泉、南大泉および豊玉北の一部が高くなっている。

また区では阪神・淡路大震災などから得た教訓をもとに、防災都市づくり推進計画を策定し、江古田北部地区、練馬地区、北町地区などの老朽住宅や木造賃貸住宅が密集した市街地整備や、川越街道沿道、笹目通り・環状八号線沿道などの避難路周辺の不燃化を進めている。

防災ナビ

数字で見る防災データ

東京都災害拠点病院病床数 344床	備蓄倉庫数 114ヶ所
避難所数 103ヶ所	救急告示医療機関 13ヶ所
避難所収容人員 39,686人	街頭消火器 約6,300本
給水拠点確保水量 69,700m³	消防車（ポンプ車）数 24台
屋外拡声器 191ヶ所	救急車数 11台

練馬区の防災対策

地域でのボランティア活動、防災活動
防災会：地域の防災活動や被災者支援活動（区内に250以上の組織）、**市民消火隊**：地域の消火活動がおもな任務（28隊）、**避難拠点運営連絡会**：小中学校ごとに組織、**消防団**：消防組織の一部として、地域の防災活動を行う。

防災備蓄庫
練馬区では、防災備蓄庫を区立小中学校103ヶ所（避難拠点）に設置。防災備蓄庫には、被災者の避難生活に必要な生活必需品や停電に備えた発電機などの資器材が入っている。

防災教育と学習
練馬区では、次のような防災についての教育、学習活動を随時行っている。
防災住民組織の役員向け：ボランティアコーディネイト学習会／防災行政無線通信訓練／トイレ仮設訓練／医療救護訓練／児童・生徒の防災教育。
小中学校の児童・生徒向け：総合的な防災訓練（初期消火、応急救護、炊き出し、要援護者支援など）／避難拠点（＝避難所）運営の訓練の一部（炊き出し、給水など）／サバイバル訓練／防災講話と学校内の備蓄庫見学／防災講話と防災会資器材庫見学／起震車体験。

その他
無線放送塔：区内191ヶ所／**ミニ防災井戸**：区内約500ヶ所　など。

生き残り地図 杉並区

項目	値	ワーストランキング
焼失面積率	25.5%	2位
焼失棟数	約35,700棟	4位
自宅外避難者（1日後）	約13.6万人	6位

被災シミュレーション

火災危険度の高いエリアと避難危険度の高いエリアが密集する高円寺、阿佐ヶ谷は極めて危険だ。

被害想定

[前提条件] ●震源地：23区直下（深さ地下20～30km） ●規模：直下型地震（マグニチュード7.2） ●季節・時刻：冬の夕方 午後6時 ●気象条件：風速6m/秒

区面積 34.02km²

想定震度面積率	6強	0%	6弱	40.1%	5強	59.9%
液状化可能性面積率（液状化しやすさの順にABC）	A	0%	B	0%	C	0%

建築物被害		木造	RC造	S造	計
	半壊棟数	2,120棟	112棟	84棟	2,316棟
	全壊棟数	707棟	112棟	36棟	855棟
RC造：鉄筋コンクリート S造：鉄骨	計	2,827棟	224棟	120棟	3,171棟

火災被害	焼失面積	8.69km²	焼失面積率	25.5%
	焼失棟数	35,670棟	焼失棟数率	33.1%

人的被害	死者数	478人
	負傷者数	4,962人（重傷：819人 軽傷：4,143人）

供給処理施設の機能支障率	上水道	11%	電力	29%
	都市ガス	0%	電話	53%

自宅外避難者数（1日後）	135,968人（66,387世帯）
帰宅困難者数	53,331人

焼失面積率ワースト2位（焼失面積8.69km²）、焼失棟数率ワースト4位（焼失棟数35,670棟）。そんな想定がなされている杉並区。最も大きな被害は、中央線沿線の高円寺、阿佐ヶ谷一帯に集中しそうだ。

阿佐ヶ谷南1～2丁目、高円寺南3丁目、北3丁目、高円寺南2丁目・4丁目の一部、そして高円寺北1丁目など。これらの地域は商店、飲食店をはじめ、さまざまな商業系施設が集積し、老朽化した木造アパート等の共同住宅も多い密集市街地だ。地域内の不燃領域率は39%。全体的に狭小の敷地が数多く分布し、たとえば住宅街の中に建っている中層建物も、大半が店舗兼用住宅のような小規模建物で、敷地いっぱいに建てている。そして、仮にそれ自体は不燃建物だとしても、住宅地で起きた火災の延焼を防ぐまでの機能は持ち合わせていない。

仮にこの地域で1軒、火や油等を使う飲食店などから出火した場合、延焼の可能性は極めて高く、大火災に発展する恐れがある。しかも集中的な大火災になると、火災合流や火災旋風とも呼ばれる、竜巻状の火災熱風が発生する危険性すら生じてくる。

防災ナビ

数字で見る防災データ

- 東京都災害拠点病院病床数：264床
- 備蓄倉庫数：89ヶ所
- 避難所数：89ヶ所
- 救急告示医療機関：9ヶ所
- 避難所収容人員：124,079人
- 街頭消火器：約5,600本
- 給水拠点確保水量：83,700m³
- 消防車（ポンプ車）数：29台
- 屋外拡声器：117ヶ所
- 救急車数：10台

杉並区の防災対策

飲料水、食糧等の供給
飲料水の確保については、区内全体で83,700m³、区民の約54日分の飲料水を確保。被災者に対する給食は、原則として震災救援所において実施。生活用水については井戸（震災時の井戸協力の家）や、区立小中学校および区施設に設置した井戸が、約1,000基確保されている。

地震・避難情報
ケーブルテレビ「ジェイコム東京」が区内の災害情報等を提供。区内の約120ヶ所に設置された屋外放送塔から、地震情報や余震情報を知らせる。また杉並区のホームページを通じて、各種の災害情報を提供するほか、区の広報車が地域を巡回して、災害情報などを知らせる。

被災時にけがをしたら
各震災救援所（区立小中学校67校）には、それぞれ医薬品を用意しているが、このうち15校では、被災状況に応じて、医療関係者による応急治療などを行うため、医療救護所を開設。さらに、救急救命措置が必要な重傷者などは、後方医療機関に搬送し、必要な治療を行う。

消防団、防災市民組織の活動
区内には杉並消防団、荻窪消防団がある。団員は750名。消防団員として活躍してみたい方は区内各消防署まで。また、防災市民組織（防災会）は、地域ぐるみで防災活動を行うために、町会・自治会等を母体に結成された自主的な組織。区内には、163組織（2004年12月現在）がある。

生き残り地図

杉並区

杉並区は、東京都西端の武蔵野台地の上にあり、関東大震災の後、文化人や学者などが多数移住した場所でもある。自然環境に恵まれた住宅地域として、区では「みどりの都市」を掲げている。近年のアニメ産業の集積にも、注目が集まっている。

杉並区の危険度は、中央線沿いの高円寺、阿佐ヶ谷周辺に、大半が集中していると言っても過言ではない。火災危険度と避難危険度、もしくは火災危険度、いずれかの極めて危険なエリアと、避難に困難をともなうエリアが隣接して、広域な危険区域を形成している。

杉並区危険エリア

火災と避難に注意！
阿佐谷北2・4丁目、阿佐谷南2丁目、天沼1・3丁目、高円寺北3丁目、西荻南2丁目

火災に注意！
阿佐谷南1丁目、和泉1・4丁目、梅里2丁目、高円寺南1・3・5丁目、成田東1・3・5丁目、方南1丁目、松ノ木3丁目、和田1丁目

避難に困難をともなう！
阿佐谷北1・3・5丁目、天沼2丁目、上荻1丁目、高円寺北2・4丁目、高円寺南2・4丁目、西荻北3・4丁目、西荻南3丁目、南荻窪4丁目

杉並区役所 ◎
[H-4] ☎ 03-3312-2111
http://www.city.suginami.tokyo.jp/

警察署 ✕
- 杉並警察署 [H-4] ☎ 03-3314-0110
- 荻窪警察署 [E-3] ☎ 03-3397-0110
- 高井戸警察署 [F-5] ☎ 03-3316-0110

消防署
- 杉並消防署 [H-4] ☎ 03-3393-0119
- 荻窪消防署 [E-3] ☎ 03-3395-0119

広域避難場所
- 明大八幡山グランド一帯 [F-8]
- 中野区役所一帯 [J-3]
- 和田堀公園一帯 [H-6]
- 善福寺川緑地 [G-5]
- 阿佐ヶ谷住宅・杉並高校一帯 [G-5]
- 公団荻窪団地 [G-5]
- 三井上高井戸グランド一帯 [G-7]
- 都営上高井戸住宅一帯 [F-6]
- NHKグランド一帯 [E-6]
- 善福寺公園・東京女子大学一帯 [D-3]
- 上井草総合運動場一帯 [E-2]
- 蚕糸の森公園一帯 [J-5]
- 井草森公園一帯 [F-1]
- 白鷺一丁目地区 [H-2]

帰宅困難者支援施設 ◎
【水、トイレ、休憩所、情報の提供】
[甲州街道：桜門〜八王子]
- 杉並総合高等学校 [G-7]
- 杉並ろう学校 [H-8]

[青梅街道・新青梅街道：新宿大ガード西〜箱根ヶ崎]
- 杉並高等学校 [G-4]
- 農芸高等学校 [E-2]
- 杉並工業高等学校 [E-2]

[井の頭通り：大原2〜関前]
- 豊多摩高等学校 [G-6]
- 西高等学校 [E-5]

[環状8号線]
- 荻窪高等学校 [F-4]

●町別危険度カラー
数字が高い程危険度が高い
火災危険度 1〜5／建物倒壊危険度 1〜5

凡例：
- 広域避難場所
- 地区内残留地区
- 避難危険度4〜5エリア
- 東京都災害拠点病院
- 救急指定病院
- 医療救護所

●杉並区 [区面積]34.02㎢ [人口・世帯]夜間人口:515,803人/世帯数:251,837世帯/昼間人口:414,470人/夕方の推定人口:413,387人
[建築物総棟数]107,736棟(45m超の高層建築物数:7棟) [急傾斜地崩壊危険箇所]2(自然斜面:2/人工斜面:0) 2003年修正版 東京都地域防災計画より

給水拠点 💧

- 杉並浄水所 [D-2]
- 和泉水圧調整所 [I-8]
- 上井草給水所 [E-1]
- 都立和田堀公園 [H-6]
- 区立蚕糸の森公園 [J-5]
- 区立昭栄公園 [E-7]
- 区立井草公園 [F-1]
- 区立馬橋公園 [H-3]

東京都災害拠点病院 ✚

- 荻窪病院 [E-2]　☎ 03-3399-1101

救急指定病院 ✚

- 樺島病院 [H-6]　☎ 03-3311-1195
- 寺田病院 [E-5]　☎ 03-3332-1166
- 清川病院 [H-4]　☎ 03-3312-0151
- 河北総合病院 [H-3]　☎ 03-3339-2121
- 城西病院 [F-3]　☎ 03-3390-4166
- 山中病院 [E-4]　☎ 03-3335-5611
- 東京衛生病院 [F-3]　☎ 03-3392-6151
- 西荻中央病院 [E-4]　☎ 03-3396-3181

凡例: 救護所兼避難所／避難所／帰宅困難者支援施設／給水所・応急給水槽／区役所・出張所／警察署／消防署・消防出張所

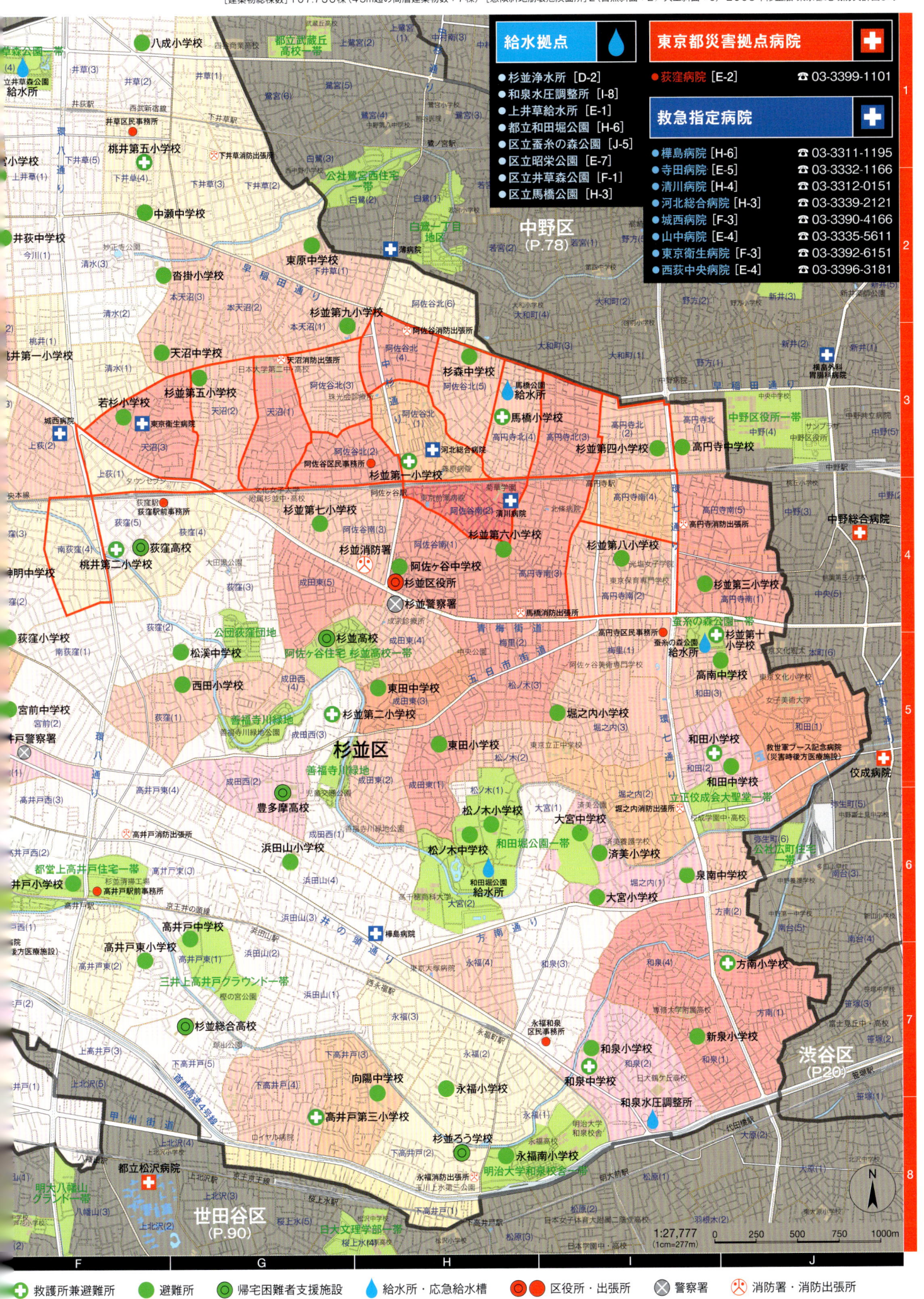

1:27,777 (1cm=277m)

生き残り地図
目黒区

目黒、中目黒、駒場、自由が丘など、環境の良い住宅地を多数抱える目黒区。都心への近さと、比較的緑が豊かであることから、いま最も人気の高いエリアのひとつだ。しかし区内には、過密住宅地、住工混在地などもあり、商工業と住宅の新しい共存の方法が模索されている。

目黒区では区の南部、東急目黒線西小山駅に接する原町1丁目、目黒本町5・6丁目、洗足1丁目のエリアが木造住宅密集地域になっており、建物倒壊、火災、避難のいずれかにおいて高い危険度を持つ要注意地域だ。また目黒駅を目黒川方面に下った下目黒1丁目や、自由が丘駅に接する自由が丘1丁目などをはじめ、避難危険度の高い場所も点在している。

目黒区危険エリア

建物倒壊・火災・避難のすべてに注意！
原町1丁目

火災と避難に注意！
目黒本町6丁目

火災に注意！
洗足1丁目、目黒本町5丁目

避難に困難をともなう！
大橋1丁目、下目黒1丁目、自由が丘1丁目、鷹番2・3丁目、中央町1・2丁目、原町2丁目、碑文谷1・2丁目、南1・2・3丁目、目黒本町2丁目、祐天寺2丁目

目黒区役所
[E-4] ☎ 03-3715-1111
http://www.city.meguro.tokyo.jp/

給水拠点
- 八雲給水所 [H-7]
- 林試の森公園 [G-3]

東京都災害拠点病院
- 国立病院東京医療センター [G-8] ☎ 03-3411-0111

救急指定病院
- 東邦大学医学部附属大橋病院 [D-5] ☎ 03-3468-1251
- 三宿病院 [E-5] ☎ 03-3711-5771
- 東京共済病院 [E-3] ☎ 03-3712-3151
- 総合病院厚生中央病院 [E-2] ☎ 03-3713-2141
- 城南病院 [G-2] ☎ 03-3711-5436
- 目黒病院 [F-4] ☎ 03-3711-5641
- 碑文谷病院 [I-5] ☎ 03-3723-1515
- 日扇会第一病院 [I-6] ☎ 03-3718-7281
- 本田病院 [H-6] ☎ 03-3718-9731

●町別危険度カラー
数字が高い程危険度が高い

凡例：広域避難場所／地区内残留地区／避難危険度4〜5エリア／東京都災害拠点病院／救急指定病院／医療救護所

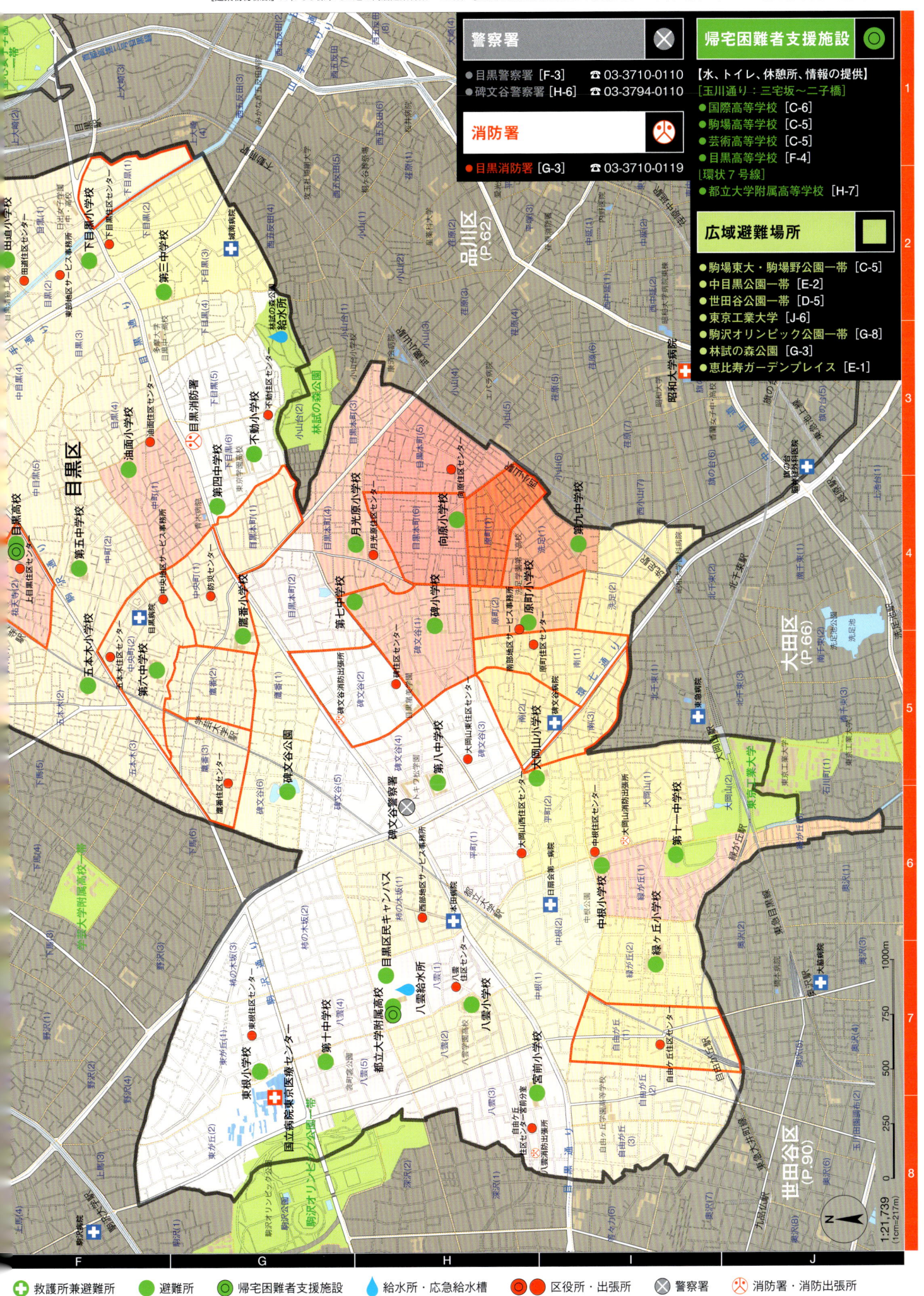

●目黒区　[区面積]14.70km²　[人口・世帯]夜間人口：243,100人／世帯数：116,528世帯／昼間人口：270,536人／夕方の推定人口：296,682人
[建築物総棟数]47,750棟（45m超の高層建築物数：16棟）[急傾斜地崩壊危険箇所]20（自然斜面：12／人工斜面：8）2003年修正版 東京都地域防災計画より

警察署
- 目黒警察署　[F-3]　☎ 03-3710-0110
- 碑文谷警察署　[H-6]　☎ 03-3794-0110

消防署
- 目黒消防署　[G-3]　☎ 03-3710-0119

帰宅困難者支援施設
【水、トイレ、休憩所、情報の提供】
[玉川通り：三宅坂～二子橋]
- 国際高等学校　[C-6]
- 駒場高等学校　[C-5]
- 芸術高等学校　[C-5]
- 目黒高等学校　[F-4]

[環状7号線]
- 都立大学附属高等学校　[H-7]

広域避難場所
- 駒場東大・駒場野公園一帯　[C-5]
- 中目黒公園一帯　[E-2]
- 世田谷公園一帯　[D-5]
- 東京工業大学　[J-6]
- 駒沢オリンピック公園一帯　[G-8]
- 林試の森公園　[G-3]
- 恵比寿ガーデンプレイス　[E-1]

凡例：救護所兼避難所／避難所／帰宅困難者支援施設／給水所・応急給水槽／区役所・出張所／警察署／消防署・消防出張所

1:21,739（1cm=217m）

生き残り地図

目黒区

指標	値	ワーストランキング
焼失面積率	27.2%	1位
焼失棟数率	34.6%	2位
焼失棟数	約16,500棟	7位

被災シミュレーション

火災延焼によって、区全体の約4分の1が焼失すると想定される目黒区。避難経路づくりはまだ十分ではないという。

被害想定

[前提条件]
- 震源地：23区直下（深さ地下20～30km）
- 規模：直下型地震（マグニチュード7.2）
- 季節・時刻：冬の夕方 午後6時
- 気象条件：風速6m/秒

区面積 14.7km²

想定震度面積率	6強	0%	6弱	100%	5強	0%

液状化可能性面積率（液状化しやすさの順にABC）	A	3.3%	B	0%	C	0%

建築物被害		木造	RC造	S造	計
	半壊棟数	1,350棟	123棟	68棟	1,541棟
	全壊棟数	457棟	120棟	30棟	607棟
	計	1,807棟	243棟	98棟	2,148棟

RC造：鉄筋コンクリート　S造：鉄骨

火災被害	焼失面積	4.00km²	焼失面積率	27.2%
	焼失棟数	16,535棟	焼失棟数率	34.6%

人的被害	死者数	172人
	負傷者数	3,438人（重傷：422人　軽傷：3,016人）

供給処理施設の機能支障率	上水道	14%	電力	32%
	都市ガス	0%	電話	55%

自宅外避難者数（1日後）	62,251人（29,839世帯）
帰宅困難者数	51,874人

東京都23区中、地震による焼失面積率1位・焼失棟数率2位となっているのが目黒区だ。

東京都の被害想定では、目黒区内の出火件数は19件。このうち消火件数が13件で、延焼不拡大が4件、延焼拡大が2件となっている。焼失面積は、4.00km²。目黒区全体の約4分の1が焼失してしまうことになる。

また区内では木造建築物のうち、全壊が457棟、半壊が1,350棟、計1,807棟が被害を受けるとも試算している。

そんな目黒区の重点整備地域は、都市基盤インフラが整備されないまま市街化した北東部の専用住宅地と、戦前の耕地整理と区画整理が実施された南西部の併用住宅地から構成される、林試の森周辺・荏原地区の約193ha。

木造建築物の老朽化と密集化が進行し、防災上さまざまな問題がある地域で、現在、被災した際の避難経路になる道路整備が進められているが、区画道路など、道路ネットワークの形成はまだ十分ではないようだ。

ちなみにこの林試の森周辺・荏原地区の整備は、目黒区と隣り合う品川区の側でも取り組まれている。

防災ナビ

数字で見る防災データ

- 東京都災害拠点病院病床数：780床
- 備蓄倉庫数：50ヶ所
- 避難所数：40ヶ所
- 救急告示医療機関：10ヶ所
- 避難所収容人員：34,370人
- 街頭消火器：約4,700本
- 給水拠点確保水量：18,100m³
- 消防車（ポンプ車）数：10台
- 屋外拡声器：59ヶ所
- 救急車数：4台

目黒区の防災対策

食料・生活必需品などの確保

災害時に備えて、飲料水・乾パン・粉ミルク・毛布・敷物などを確保。飲料水は、小中学校の受水槽や、林試の森公園の応急給水槽・八雲給水所の水を活用。さらに約200本の民間の井戸が、震災時協力井戸として指定されている。また、食料・日用品などは、区内10ヶ所の備蓄倉庫に備蓄。第一次避難場所となる小中学校に倉庫を設置し、最小限の食糧など備蓄品の一部を保管している。

情報の伝達

災害時に正しい情報を伝達するため、小中学校や公園など区内59ヶ所に防災行政無線スピーカーを配置。また、災害対策活動に必要な情報を収集・伝達するため、無線機を小中学校や関係防災機関などに配備し、都・区間を結ぶ防災行政無線による情報ネットワークを最大限に活用する。

災害に強い都市づくり

防災生活圏促進：林試の森周辺地区、目黒本町周辺地区～建築物の不燃化立替えの誘導や公園、道路等の整備。

都市防災不燃化促進：補助46号線目黒本町3丁目地区～広域避難場所に通じる避難路の不燃化促進。

木造住宅密集地域整備：駒場地区、上目黒・祐天寺地区、五本木地区、目黒本町地区、目黒本町六丁目・原町地区～老朽住宅等の建替え促進や道路・公園などの整備。

狭あい道路の拡幅整備：数多く存在する、道路幅が4mに満たない道路の拡幅整備についての協議、費用の助成等。

生き残り地図 世田谷区

死者数 ワーストランキング2位	焼失棟数 ワーストランキング3位	焼失面積 ワーストランキング3位
約800人	約36,800棟	9.51km²

被災シミュレーション

ブロック、石、コンクリート塀の被害、死者数、落下物の多さなど実は世田谷区には危険が多い。

被害想定

[前提条件] ●震源地：23区直下（深さ地下20～30km） ●規模：直下型地震（マグニチュード7.2） ●季節・時刻：冬の夕方 午後6時 ●気象条件：風速6m/秒

区面積 58.08km²

想定震度面積率	6強	0%	6弱	97.5%	5強	2.5%
液状化可能性面積率（液状化しやすさの順にABC）	A	6.1%	B	0%	C	0%

		木造	RC造	S造	計
建築物被害 RC造：鉄筋コンクリート S造：鉄骨	半壊棟数	4,616棟	280棟	241棟	5,137棟
	全壊棟数	1,558棟	275棟	112棟	1,945棟
	計	6,174棟	555棟	353棟	7,082棟

火災被害	焼失面積	9.51km²	焼失面積率	16.4%
	焼失棟数	36,790棟	焼失棟数率	23.5%

人的被害	死者数	834人
	負傷者数	8,360人（重傷：1,148人 軽傷：7,212人）

供給処理施設の機能支障率	上水道	16%	電力	33%
	都市ガス	0%	電話	46%

自宅外避難者数（1日後）	161,216人（75,342世帯）
帰宅困難者数	96,077人

都内最多の80万人都市、世田谷区。山の手地盤（台地）で地震に強いといわれ、23区中、地震による危険度はさほど高くないのではと思われがちだ。しかし実は世田谷区には、危険なデータが数々あるのだ。

まずブロックや石、コンクリート塀の被害率だが、これが23区中で最も高く、死者数、落下物の多さ、電力被害については、すべてワースト2位。火災による焼失棟数は36,790棟で、ワースト3位にランキングされている。

ちなみに震度の最大値は、区のほぼ全域に渡って、耐震性の低い木造建築物が倒壊してしまう震度6弱。建物倒壊危険度は、多摩川沿いの砧や、玉川地域をはじめ、太子堂や北沢などの住宅密集地で高くなっている。

そしてこの太子堂と世田谷区役所周辺、三宿地域が、区の重点整備地域で、広範囲に存在する消防活動困難区域の解消や、防災に役立つ空き地確保などが進められつつある。

また区ではおよそ16万人の自宅外避難者を想定しているが、避難所の公立小中学校96校のうち、耐震化されて実際に使える場所は約6割。その場合、実際には7人に1人しか避難所には入れないことになる。

防災ナビ

数字で見る防災データ

東京都災害拠点病院病床数 2,170床	備蓄倉庫数 105ヶ所
避難所数 117ヶ所	救急告示医療機関 23ヶ所
避難所収容人員 172,664人	街頭消火器 約6,200本
給水拠点確保水量 68,400m³	消防車（ポンプ車）数 33台
屋外拡声器 187ヶ所	救急車数 13台

世田谷区の防災対策

防災無線塔からの放送
区では、災害時に情報をいち早く伝えるために、防災無線塔を区内187ヶ所に設置。災害時には、区役所から無線で各塔より放送する。この装置にはバッテリーが内蔵されていて停電しても72時間は作動可能。

防災関係機関用の防災無線機の配備
区、警察、消防、ライフライン各社、学校、医師会等の防災関係機関が相互に情報連絡を行えるように、防災無線機が配備されている。

高所カメラ
三軒茶屋キャロットタワー屋上に設置し、災害初期情報等の被害状況を迅速かつ的確に把握する。この映像は、パラボラアンテナによるデジタル無線通信で区役所本庁舎と北沢総合支所に送られ、遠隔操作・監視している。また、この映像はパソコン画面で見られるように変換され、区役所防災関係所管や区内の警察署、消防署でも閲覧しているほか、ホームページでも公開している。

気象情報システム
気象情報会社と契約することにより、気象コンサルティングサービスを受けるとともに、詳細な気象情報をリアルタイムで入手できる気象情報システムを整備。これは世田谷区地域に特化して気象データを解析し、提供される詳細な情報となっている。また防災担当の職員には、地震・気象注警報のメールが配信され、地震や異常気象に対して迅速に対応できる体制を整えている。

生き残り地図
世田谷区

東京23区の西南端に広がる世田谷区。関東大震災後に急速に宅地化されるまでは、東京近郊の農村だった。区内には馬事公苑、駒沢オリンピック公園、砧公園など公園施設も充実し、住環境も良い。人口は東京都最大の約80万人。

23区中、もっとも地震被害の地域危険度が低い、といった結果が出ているのが世田谷区だ。その中でも危険度が高いのは、国道246号線沿いの三軒茶屋駅のある三軒茶屋1丁目。火災の危険度が区内で一番高い。そして自由が丘にも程近い奥沢2、3丁目、目黒通り沿いの等々力6丁目、環状8号線と国道246号線が交差する瀬田3丁目の3ケ所は、避難危険度の高さが指摘されている。

世田谷区危険エリア

火災に注意！
三軒茶屋1丁目

避難に困難をともなう！
奥沢2・3丁目、瀬田3丁目、等々力6丁目

世田谷区役所
[G-3] ☎ 03-5432-1111
http://www.city.setagaya.tokyo.jp/

帰宅困難者支援施設
【水、トイレ、休憩所、情報の提供】
[玉川通り：三宅坂～二子橋]
- 桜町高等学校 [G-5]
- 深沢高等学校 [G-6]
- 園芸高等学校 [G-6]
- 青鳥養護学校 [I-3]

[環状7号線]
- 光明養護学校 [G-2]

[環状8号線]
- 松原高等学校 [E-2]
- 千歳丘高等学校 [E-3]
- 芦花高等学校 [D-3]
- 玉川高等学校 [F-7]
- 砧工業高等学校 [E-6]
- 世田谷工業高等学校 [C-3]
- 久我山盲学校 [C-1]
- 青鳥養護学校久我山分校 [C-1]

警察署
- 世田谷警察署 [H-4] ☎ 03-3418-0110
- 北沢警察署 [G-2] ☎ 03-3324-0110
- 玉川警察署 [G-6] ☎ 03-3705-0110
- 成城警察署 [D-3] ☎ 03-3482-0110

消防署
- 世田谷消防署 [H-4] ☎ 03-3412-0119
- 玉川消防署 [G-6] ☎ 03-3705-0119
- 成城消防署 [D-5] ☎ 03-3416-0119

●町別危険度カラー
数字が高い程危険度が高い
（火災危険度 1～5／建物倒壊危険度 1～5）

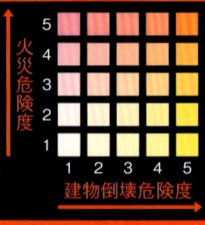

凡例：
- 広域避難場所
- 地区内残留地区
- 避難危険度4～5エリア
- 東京都災害拠点病院
- 救急指定病院
- 医療救護所

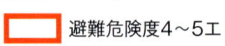

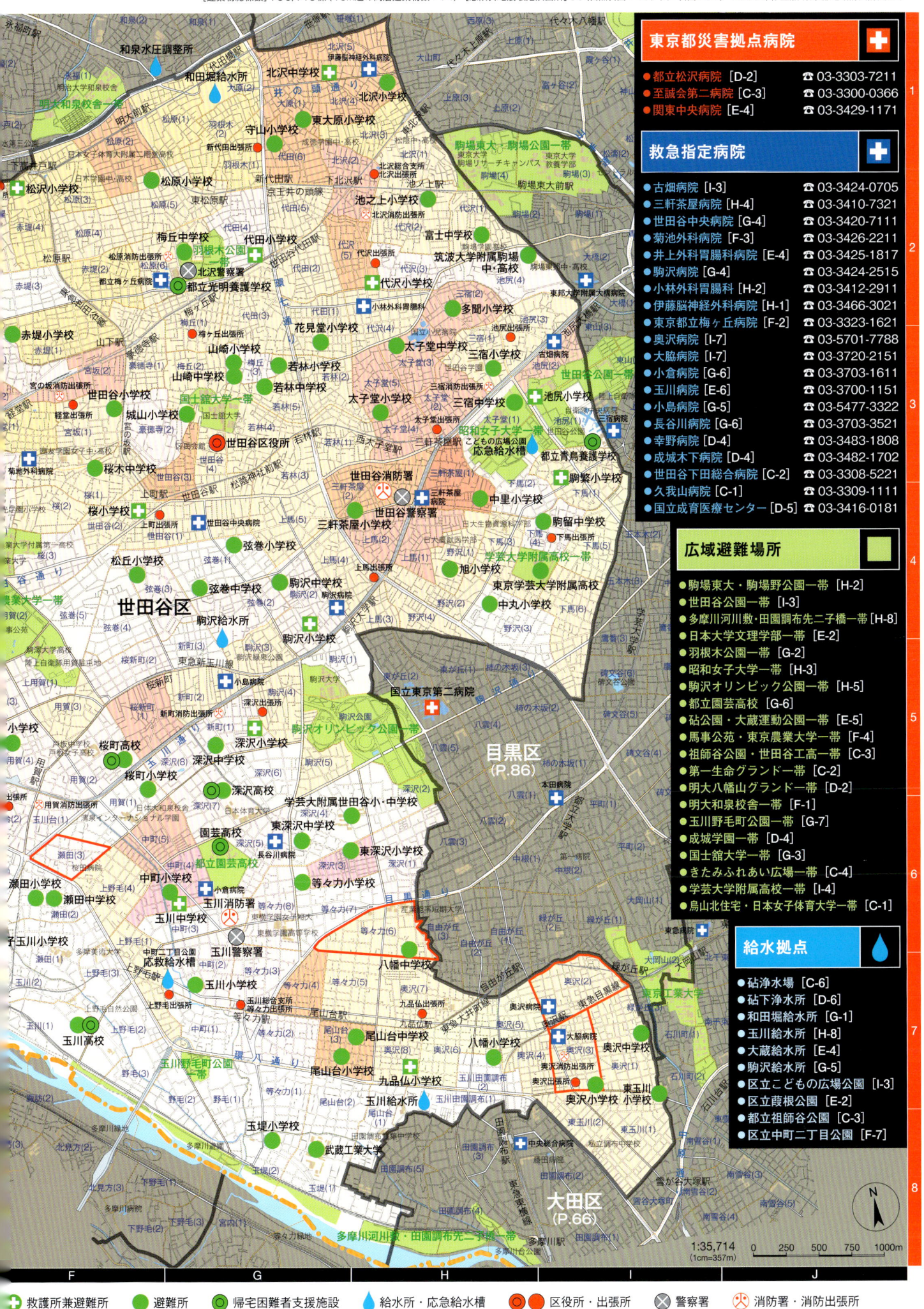

●世田谷区 ［区面積］58.08㎢ ［人口・世帯］夜間人口：781,104人／世帯数：365,041世帯／昼間人口：661,327人／夕方の推定人口：653,507人
［建築物総棟数］156,448棟（45m超の高層建築物数：14）［急傾斜地崩壊危険箇所］50（自然斜面：19／人工斜面：31）2003年修正版 東京都地域防災計画より

東京都災害拠点病院
- 都立松沢病院 [D-2]　☎ 03-3303-7211
- 至誠会第二病院 [C-3]　☎ 03-3300-0366
- 関東中央病院 [E-4]　☎ 03-3429-1171

救急指定病院
- 古畑病院 [I-3]　☎ 03-3424-0705
- 三軒茶屋病院 [H-4]　☎ 03-3410-7321
- 世田谷中央病院 [G-4]　☎ 03-3420-7111
- 菊池外科病院 [F-3]　☎ 03-3426-2211
- 井上外科胃腸科病院 [E-4]　☎ 03-3425-1817
- 駒沢病院 [G-4]　☎ 03-3424-2515
- 小林外科胃腸科 [H-2]　☎ 03-3412-2911
- 伊藤脳神経外科病院 [H-1]　☎ 03-3466-3021
- 東京都立梅ヶ丘病院 [F-2]　☎ 03-3323-1621
- 奥沢病院 [I-7]　☎ 03-5701-7788
- 大脇病院 [I-7]　☎ 03-3720-2151
- 小倉病院 [G-6]　☎ 03-3703-1611
- 玉川病院 [E-6]　☎ 03-3700-1151
- 小島病院 [C-5]　☎ 03-5477-3322
- 長谷川病院 [G-6]　☎ 03-3703-3521
- 幸野病院 [D-4]　☎ 03-3483-1808
- 成城木下病院 [D-4]　☎ 03-3482-1702
- 世田谷下田総合病院 [C-2]　☎ 03-3308-5221
- 久我山病院 [C-1]　☎ 03-3309-1111
- 国立成育医療センター [D-5]　☎ 03-3416-0181

広域避難場所
- 駒場東大・駒場野公園一帯 [H-2]
- 世田谷公園一帯 [I-3]
- 多摩川河川敷・田園調布先二子橋一帯 [H-8]
- 日本大学文理学部一帯 [E-2]
- 羽根木公園一帯 [G-2]
- 昭和女子大学一帯 [H-3]
- 駒沢オリンピック公園一帯 [H-5]
- 都立園芸高校 [G-6]
- 砧公園・大蔵運動公園一帯 [E-5]
- 馬事公苑・東京農業大学一帯 [F-4]
- 祖師谷公園・世田谷工高一帯 [C-3]
- 第一生命グランド一帯 [C-2]
- 明大八幡山グランド一帯 [D-2]
- 明大和泉校舎一帯 [F-1]
- 玉川野毛町公園一帯 [G-7]
- 成城学園一帯 [D-4]
- 国士舘大学一帯 [G-3]
- きたみふれあい広場一帯 [C-4]
- 学芸大学附属高校一帯 [I-4]
- 烏山北住宅・日本女子体育大学一帯 [C-1]

給水拠点
- 砧浄水場 [C-6]
- 砧下浄水所 [D-6]
- 和田堀給水所 [G-1]
- 玉川給水所 [H-8]
- 大蔵給水所 [E-4]
- 駒沢給水所 [G-5]
- 区立こどもの広場公園 [I-3]
- 区立蘆根公園 [E-2]
- 都立祖師谷公園 [C-3]
- 区立中町二丁目公園 [F-7]

縮尺 1:35,714 (1cm=357m)

凡例：救護所兼避難所／避難所／帰宅困難者支援施設／給水所・応急給水槽／区役所・出張所／警察署／消防署・消防出張所

ちょっと待って、音声通話！
大地震になったら、「災害用伝言ダイヤル」か、携帯電話の「災害用伝言板サービス」を活用しよう！

大地震などが発生すると、安否の確認、お見舞い、被災状況の問い合わせなど、電話を使う人の数が爆発的に増加し、回線の繋がりにくい状況が1日から数日間続く。そんなときにぜひ活用したいのが、「災害用伝言ダイヤル」と携帯電話の「災害用伝言板サービス」だ。

災害用伝言ダイヤル「171」

NTT東日本が運用する伝言システム。災害が発生すると運用を始める。このシステムに登録できるのは被災地内の電話番号のみ。回線状況により、録音は被災地内電話番号からのみとなる場合もあるが、再生は被災地外からも可能。局番なしの「171」に電話をかけ、伝言を録音する場合「1」を入力後、自宅の電話番号を入力し録音。伝言を聞くには「2」を入力してから相手の電話番号を入力し、伝言を聞くことができる。1伝言あたり30秒以内で、1つの電話番号について1～10伝言まで預けることが可能。

※提供の開始、登録できる電話番号などの運用方法・提供条件については、状況に応じてNTTが設定し、テレビ・ラジオ・インターネット等を通じて知らされる。

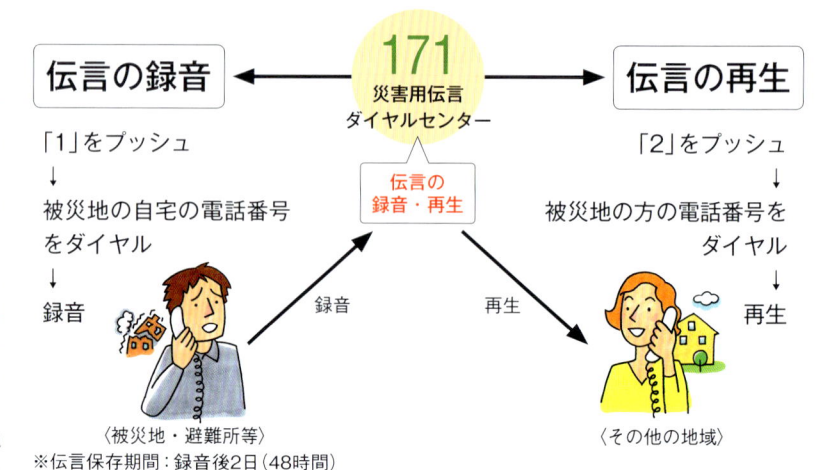

伝言の録音　←　171 災害用伝言ダイヤルセンター　→　**伝言の再生**

「1」をプッシュ
↓
被災地の自宅の電話番号をダイヤル
↓
録音

〈被災地・避難所等〉

伝言の録音・再生

「2」をプッシュ
↓
被災地の方の電話番号をダイヤル
↓
再生

〈その他の地域〉

※伝言保存期間：録音後2日（48時間）

携帯電話の災害用伝言板サービス

NTTドコモが運用する伝言板システム。震度6弱以上の地震が発生すると運用を開始。iモードメニューの先頭に「災害用伝言板」が表示され、ここから利用を始める。100文字程度の文章が入力でき、伝言はiモード以外にも、インターネット接続されたパソコンからも見ることができる。

また、au、ボーダフォン、ツーカーも同様のサービスを開始している。NTTドコモのシステムとリンクしているので、異なる携帯電話会社の端末間でも自由に利用できる。

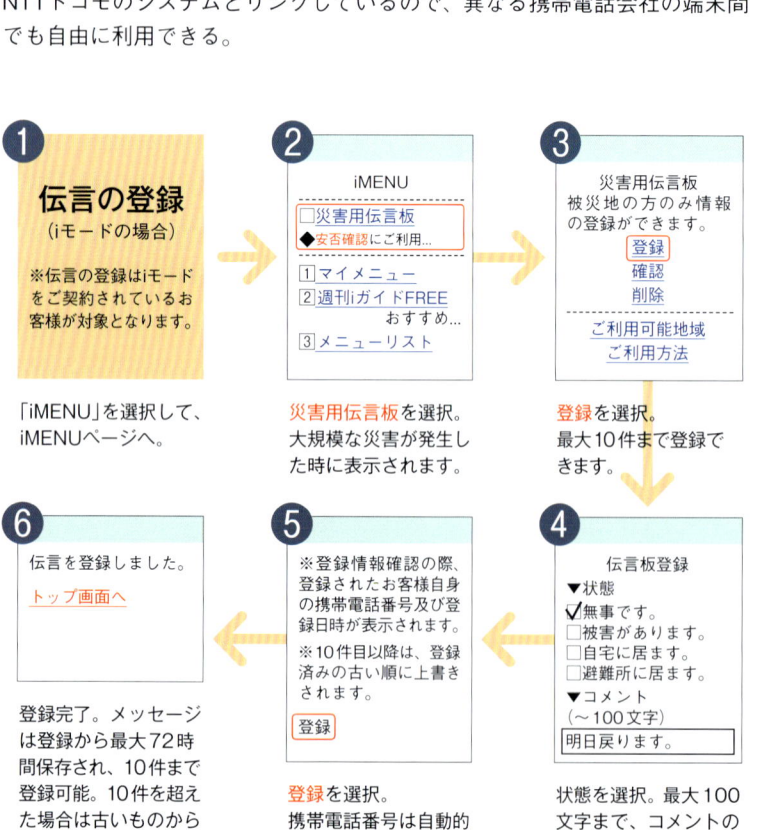

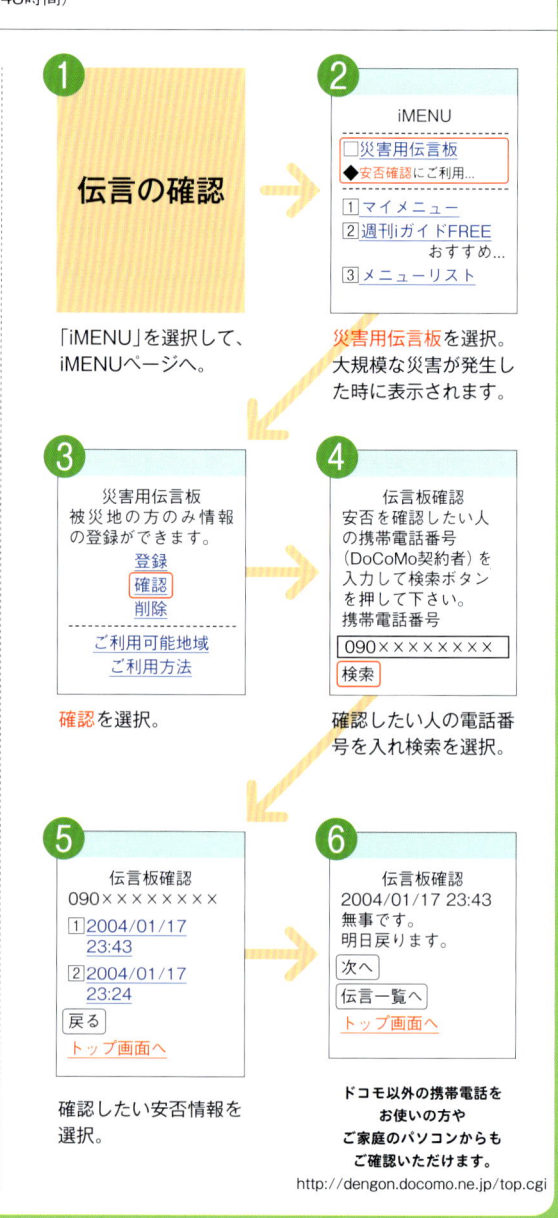

❶ 伝言の登録（iモードの場合）
※伝言の登録はiモードをご契約されているお客様が対象となります。
「iMENU」を選択して、iMENUページへ。

❷ iMENU
□災害用伝言板
◆安否確認にご利用...
①マイメニュー
②週刊iガイドFREE おすすめ...
③メニューリスト

災害用伝言板を選択。大規模な災害が発生した時に表示されます。

❸ 災害用伝言板　被災地の方のみ情報の登録ができます。
登録
確認
削除
ご利用可能地域
ご利用方法

登録を選択。最大10件まで登録できます。

❹ 伝言板登録
▼状態
✓無事です。
□被害があります。
□自宅に居ます。
□避難所に居ます。
▼コメント（～100文字）
明日戻ります。
登録

状態を選択。最大100文字まで、コメントの記入が可能。

❺ ※登録情報確認の際、登録されたお客様自身の携帯電話番号及び登録日時が表示されます。
※10件目以降は、登録済みの古い順に上書きされます。
登録

登録を選択。携帯電話番号は自動的に登録されます。

❻ 伝言を登録しました。
トップ画面へ

登録完了。メッセージは登録から最大72時間保存され、10件まで登録可能。10件を超えた場合は古いものから順次上書きされます。

❶ 伝言の確認
「iMENU」を選択して、iMENUページへ。

❷ iMENU
□災害用伝言板
◆安否確認にご利用...
①マイメニュー
②週刊iガイドFREE おすすめ...
③メニューリスト

災害用伝言板を選択。大規模な災害が発生した時に表示されます。

❸ 災害用伝言板　被災地の方のみ情報の登録ができます。
登録
確認
削除
ご利用可能地域
ご利用方法

確認を選択。

❹ 伝言板確認
安否を確認したい人の携帯電話番号（DoCoMo契約者）を入力して検索ボタンを押して下さい。
携帯電話番号
090×××××××
検索

確認したい人の電話番号を入れ検索を選択。

❺ 伝言板確認
090×××××××
①2004/01/17 23:43
②2004/01/17 23:24
戻る
トップ画面へ

確認したい安否情報を選択。

❻ 伝言板確認
2004/01/17 23:43
無事です。
明日戻ります。
次へ
伝言一覧へ
トップ画面へ

ドコモ以外の携帯電話をお使いの方やご家庭のパソコンからもご確認いただけます。
http://dengon.docomo.ne.jp/top.cgi

イラスト：日野浦 剛

東京直下大地震 生き残り地図
［情報編］

地震の時代を生きぬくためには
**災害イマジネーション能力を
高めることが必要だ！**

いますぐ本気で始めたい。
地震の国・日本に必要な、
住まいの「耐震改修」対策。

How to 耐震改修テクニック❶
木造住宅の耐震補強方法

How to 耐震改修テクニック❷
家具の固定方法

誰でもできるわが家の耐震診断

東京都23区、
住まいの耐震診断・改修支援制度一覧

**会社から自宅までのサバイバルウォーク
「帰宅困難者」という問題**

地震は突然あなたを襲う！
あらゆる状況での対応策を
しっかり覚えておこう

セブン-イレブン・ジャパンと
NTTドコモに見る、
**ネットワーク社会を支える
企業の防災システム**

緊急アンケート実施!!
**東京都の主要交通機関の
防災対策はどうなっている!?**

大地震の混乱の中で、大人たちは本当に、
**幼い子どもたちを守ることが
できるだろうか？**

あなたの会社やお店でも、いますぐ導入すべき！
災害状況へのイマジネーションと判断力を養う
災害体験図上演習

知っていると役立つ
アフター大震災復興Q&A

緊急時情報シート【個人記録／情報】

緊急時情報シート【家族一覧表】

「地震の時代を生き抜くためには災害イマジネーション能力を高めることが必要だ！」

この国の防災力を向上させるためには、災害状況を具体的にイメージできる人間を、いかに増やすかに尽きる。一人ひとりの生活時間の中に、地震への確かな意識づけを行う。それが注目の、災害状況イマジネーション支援システム「目黒メソッド」だ。

過去の地震被害から学ぶべきことは

　総合的な地震防災力は、「被害抑止力」「被害軽減・災害対応力」「最適復旧・復興」の3つをバランスよく講ずることで実現するが、このなかで一番大切なのは、「被害抑止力」だ。なぜなら、どれだけ優れた事後対応システムや復旧・復興戦略を持っていようと、抑止力が小さくては、地震直後に発生する被害を減らすことはできないからだ。日本の現在の状況を考えると、「被害抑止力」を高めるうえでもっとも重要なのは、既存不適格建物の耐震補強であり、これを推進するためには国民一人ひとりの"災害イマジネーション能力"を向上させることが不可欠である。

　しかし、兵庫県南部地震をはじめとして、世界各地で発生している多くの地震被害からわかることは、社会のさまざまな立場の人々の災害イマジネーション能力がいずれも非常に低かったという事実だ。すなわち、政治家、行政、研究者、エンジニア、マスコミ、そして一般の市民まで、ごく一部の例外的な人を除いて、ほとんどの人々が災害状況を具体的にイメージできる能力を養っておらず、この能力の欠如が、最適な事前・最中・事後の対策を講じることができない原因となっている。イメージできない状況に対する適切な心がけや準備などは無理である。

災害への想像力を高めるイマジネーション支援システム「目黒メソッド」

　防災対策を実現するうえでもっとも重要なことは、「災害発生時からの時間経過の中で、自分の周辺で何が起こるのかを具体的にイメージできる人を、いかにして増やすか」ということである。この能力を高める努力をせずに、「まず○○をしなさい」「次に△△をしなさい」…といったことを強いたところで、心に響かないし、長続きもしない。その当然の帰結として、地域や組織、そして個人の防災能力を高めることにもつながらない。

　そこで災害状況を具体的にイメージする能力を向上させるために開発されたのが、東京大学の目黒公郎教授が考案し利用している、災害状況イマジネーション支援システム「目黒メソッド」だ。

目黒メソッドの使い方1
「自分や家族の1日の行動パターンは？」

　この「目黒メソッド」では、地震被害をイメージするため、横軸に地震発生後の時間経過を「3秒、10秒、30秒、1分、2分…、○時間…、○日…、○週間…、○ヶ月…、○年…、10年後」のように記入し、縦軸には1日の時間と時間帯別の行動パターンを書いた表（右ページ・図1参照）を用意する。

　行動パターンとは、「何時に起床して、朝の支度・朝食をとって、どんな手段でどこを通って、どれだけの時間をかけて通勤して、会社ではどんな仕事をして、…そして何時に床に就く」というものである。そのさい、もっとも頻繁に繰り返している典型的な1日の行動パターンを詳細に記載することが重要だ。そのとき、図2に示すように住んでいる地域や会社周辺の環境、住宅や学校、会社建物の耐震性、立地条件や屋内の家具の構成や配置、家族

●お役立ち！地震対策・情報サイト●　東京都の災害情報ページ。
災害情報　http://www.metro.tokyo.jp/SAIGAI/

災害状況イマジネーション支援システム「目黒メソッド」

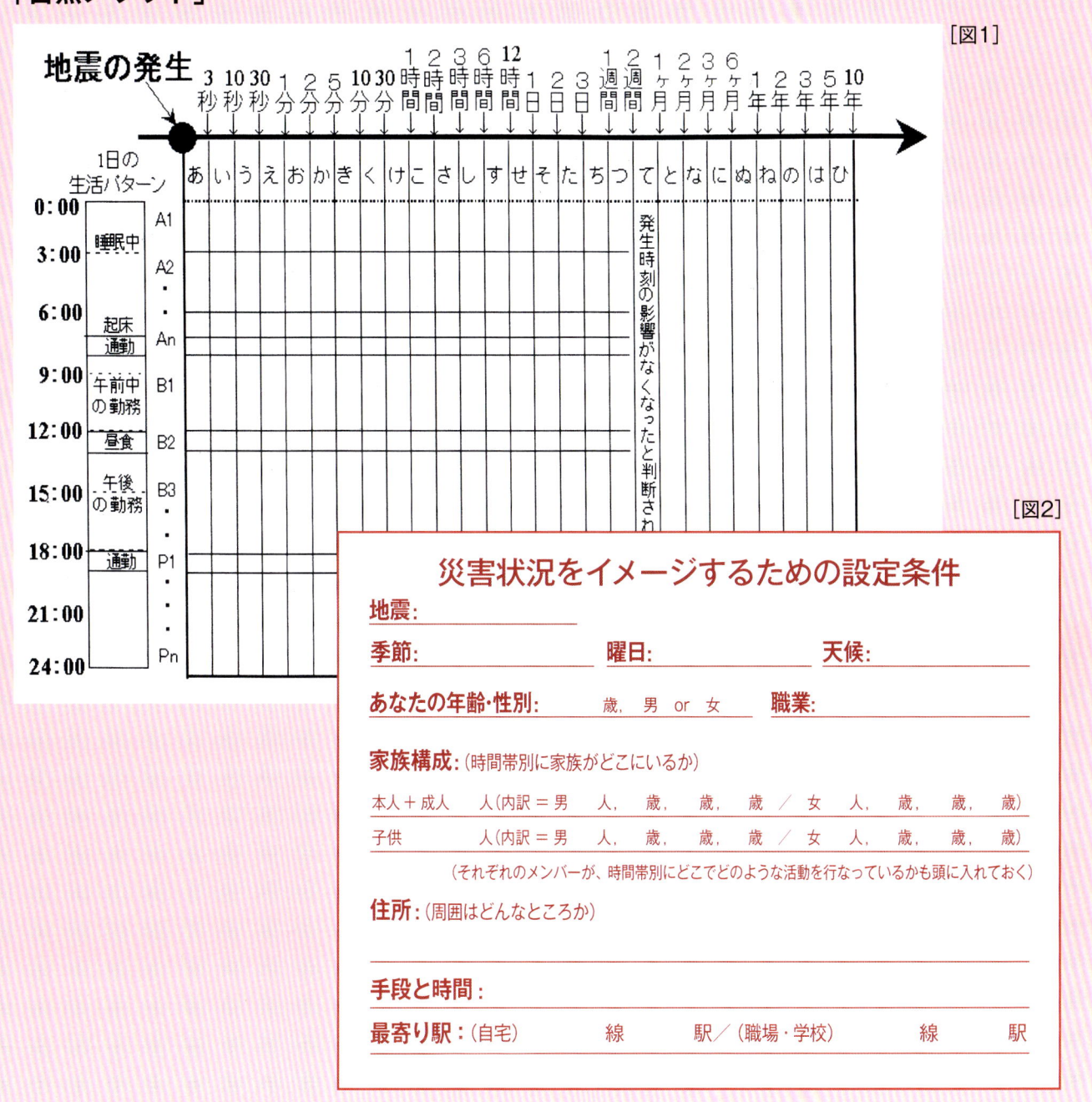

[図1]

地震の発生 → 3秒 10秒 30秒 1分 2分 5分 10分 30分 1時間 2時間 3時間 6時間 12時間 1日 2日 3日 1週間 2週間 1ヶ月 2ヶ月 3ヶ月 6ヶ月 1年 2年 3年 5年 10年

あ い う え お か き く け こ さ し す せ そ た ち つ て と な に ぬ ね の は ひ

1日の生活パターン
- 0:00 睡眠中 A1
- 3:00 　　　 A2
- 6:00 起床・通勤 ⋮ An
- 9:00 午前中の勤務 B1
- 12:00 昼食 B2
- 15:00 午後の勤務 B3 ⋮
- 18:00 通勤 P1
- 21:00 　　　 ⋮
- 24:00 　　　 Pn

発生時刻の影響がなくなったと判断され

[図2]

災害状況をイメージするための設定条件

地震：＿＿＿＿＿＿＿＿＿＿

季節：＿＿＿＿　曜日：＿＿＿＿＿＿　天候：＿＿＿＿

あなたの年齢・性別：＿＿歳，男 or 女　職業：＿＿＿＿＿

家族構成：（時間帯別に家族がどこにいるか）

本人＋成人　　人(内訳＝男　人, 　歳, 　歳, 　歳／女　人, 　歳, 　歳, 　歳)
子供　　人(内訳＝男　人, 　歳, 　歳, 　歳／女　人, 　歳, 　歳, 　歳)

（それぞれのメンバーが、時間帯別にどこでどのような活動を行なっているかも頭に入れておく）

住所：（周囲はどんなところか）

手段と時間：

最寄り駅：（自宅）　　　線　　　駅／（職場・学校）　　　線　　　駅

構成、家族の時間帯別の行動パターン、通勤手段や交通機関が使えなくなった場合の徒歩での所要時間なども考えてもらう。

目黒メソッドの使い方2 「自分の周囲で何が起こるか」

そしていよいよ記入作業に取りかかる。各行動パターンの時間帯に、兵庫県南部地震のような激しい揺れ（例えば震度6強や7）をともなう地震が、あなたを襲ったと仮定し、横軸に用意した地震発生からの時間経過の中で、自分の周辺で起こると考えられる事柄を一つひとつ書き出してもらう。

実はこれがなかなかたいへんな作業なのだ。何が起こるか想像もつかない人も多いし、適切に書き出せたと思っている人でも、実はまったく認識不足なことを平気で書いてしまったりする。

ある自治体の防災関係者は、通勤時間に地震に襲われた30秒後の状況として次のような記載をした。

「激しい揺れで電車が止まった。窓から外を見ると多くの家が倒れ、あちこちから煙が見えた。自分は、車内の平穏を守るために助言をした…」

冷静に考えてみてもらいたい。震度6強クラスだと電車は脱線しはじめ、震度7だと客室部が台車から外れて転倒するものも出る。普段の満員電車で、運転手さんがちょっと変なブレーキをかけただけで、乗客が押されて転んだり、もう少しで将棋倒しになったりするほど危険な状況になることを、多くの人々は体験されているだろう。

それが、満員電車が脱線したり、客

室が台車から外れて転倒したりするような状況ではどんな事態になるか。のんきに「窓から外を見れば…」などといっている場合でないことは明らかだ。しかし、防災関係者ですら、災害状況に対してこの程度のリアリティしか持ち合わせていないのが現実なのである。

図1の地震後の経過時間と行動パターン別のすべてのマスを埋めるのに、2週間から1ヶ月の時間は必要であろう。それでも、適切な記載をできる人はほとんどいない。そこで、記入した表を持ち寄って、皆で読みあったり、発表しあったりする。

ここまでの作業を通じてまず認識してほしい点は、地震の発生時刻によって、自分の周辺で起こる事柄が大きく変わることである。同様に、季節や天候を特定しないと適切に記載することができないことだ。

目黒メソッドの使い方3
「自分がするべきことは？」

次に、それぞれの出来事に対して、今度は「あなたは何をしなくてはなりませんか？ あなたに求められるものは何ですか？」と問いかける。そしてまた同様の図を使って、それぞれのマスを埋めてもらう。

さらに「それを実行するためには何が必要ですか？」「今の状況で、それは入手できそうですか？ 準備できていますか？」「できないと思われる場合、それはなぜですか？」「ではどうしましょう？」というように問いかけを続ける。

ひと通り考えてもらった後に、具体的に災害がイメージできたかどうかをたずねる。一連の作業を行なう前に比べたら、かなり具体的に災害のイメージを持つことができるようになっている。ただし、まだまだ十分ではない。次のような質問で、「あっ、そうか」となる。

「そのマスに書かれていることは、夜、しかも地震後は停電する可能性が高いので、暗闇の中での作業となりますが、その点を認識していますか？」「家族には、けが人が出ましたか？ 想定上、出せましたか？ 亡くなった人はいませんか？」「なぜあなたはピンピンしているのですか？」「地震の3日後は、お葬式ですよ。認識できていますか？」「対策は長期化していますが、日常業務の年間スケジュールとの関係は把握していますか？」

この辺までくると皆さんかなり本気になってくる。

次に、同様なシミュレーションを、季節や天候を変えて行う。するとこれらの条件によって大きく変化する事柄、それほど変化しない事柄がわかる。

「守られる側」と「守る側」

これまでにもテレビや雑誌、新聞などで繰り返し地震の教訓が報じられてきた。しかし、いずれも視聴者の心には届かなかった。理由はなぜか？ どれもが「人様、他人様の出来事」でしかなかったからだ。一方目黒メソッドでは、いちいち自分の生活を意識しなければならない。自分の日常生活をモデルとしている点が、当事者意識を持ちやすくしているのだ。

これらの作業を「個人でまず」「次に家族やグループで」実施すべきことを強調したい。こうした一連のシミュレーションをとおして、防災や危機管理とは、誰もが常に考えなければならないことであり、他人任せにはできないことを認識し始める。

自分はいつも「守ってもらう側」と考えている圧倒的に多数の一般市民、たとえば家庭の若い主婦が、家に子どもと自分しかいない時間帯に地震に襲われれば、自分が「守る側」にならざるをえないことを実感する。自治体の防災関係者が、職員として住民を「守る側」にある時間が、1日8時間勤務、週休2日、その他の休暇…と考えていくと、自分の持っている時間全体の20％ちょっとであることに気づく。他の住民同様に被災する可能性と、防災職員として活動できない状況の多さを実感する。

このように社会の一員としての私たちには、それぞれの立場で、状況に応じた個人としての二面性（多面性）がある。この立場によって変わる「すべきこと」と「ニーズ」の把握、双方の立場での対策の立案が重要なのである。

こうして目黒メソッドを通して、地震発生後に時間の経過にともなってどのような出来事が自分の周囲で起こるのかをイメージできる能力がつくと、今度は次の地震までの時間が与えられた場合に、その時間をどうやって有効に使えばよいかがわかってくる。図3、

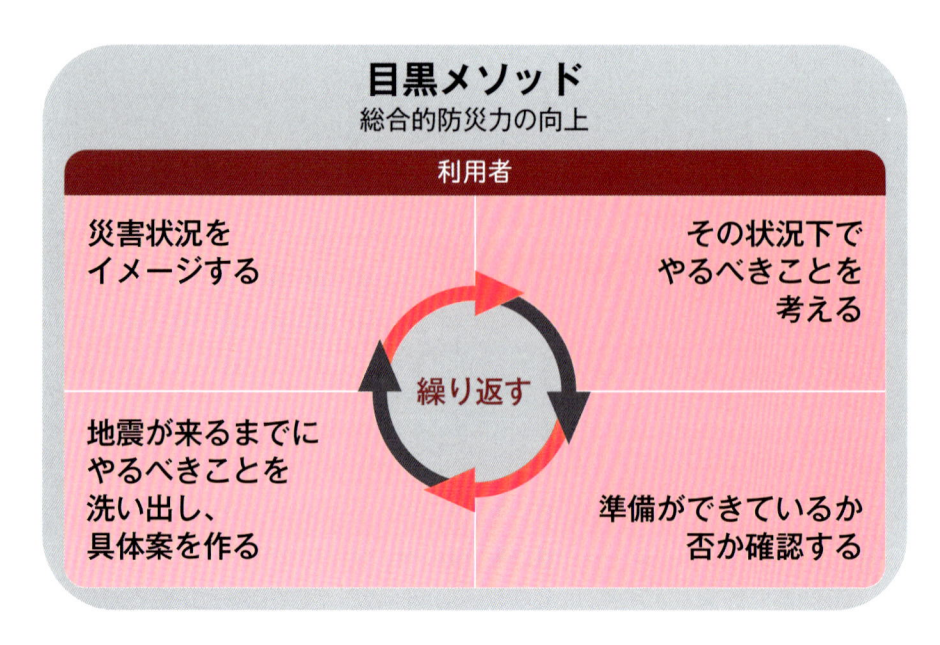

目黒メソッド
総合的防災力の向上

利用者

災害状況をイメージする	その状況下でやるべきことを考える
地震が来るまでにやるべきことを洗い出し、具体案を作る	準備ができているか否か確認する

繰り返す

●お役立ち！地震対策・情報サイト　東京都都市整備局のホームページ。
東京都都市整備局　http://www.toshiseibi.metro.tokyo.jp/

「地震の時代を生き抜くためには災害イマジネーション能力を高めることが必要だ！」

図4のように、図1とは矢印の出発点の位置を変えた図を用意して考えてもらいたい。

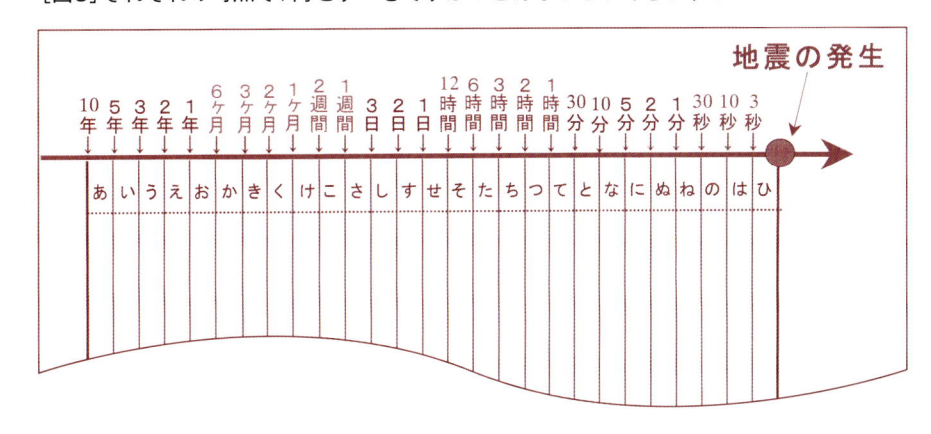

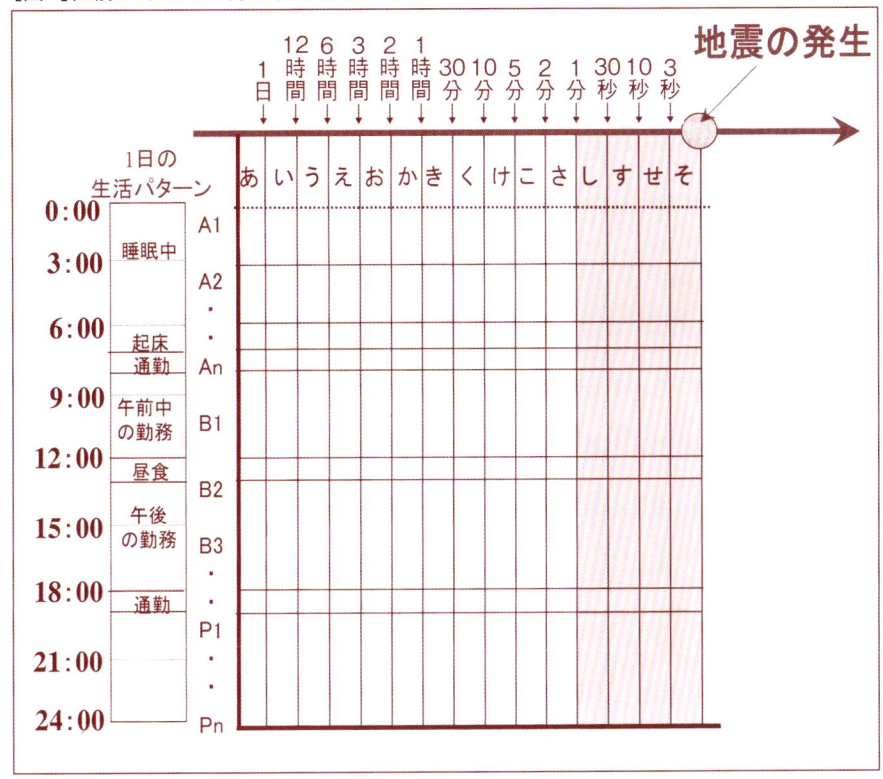

緊急地震速報を活用する

　目黒メソッドを利用して、地震発生後に何をすべきかをイメージする際、いつ地震が起こるのかが事前にわかれば、その行動はより適切なものとなり、多くの人的被害を防ぐことができる。その情報を提供してくれるのが、「緊急地震速報」だ。

　緊急地震速報とは、地震が起こったときに、「今、あなたがいる所は○○秒後に、震度△△で揺れますよ」と伝える仕組みである。全国に配置した地震計が地震の最初の揺れ（P波）を観測すると、即座に解析を始め、起こった地震の場所とマグニチュードを決定する。そしてそのデータから、あらかじめ契約している人に対して、その人のいる場所を襲う激しい揺れ（S波）の大きさと到達時刻を計算してこの情報を送るのである。そのようなシステムはすでに実現しており、事前にこの仕組みを理解し、準備しておくことで、多くの死傷者を減らすことが可能になる。

　小学校や工場で行われた実験では、教室の隅に地震発生と揺れの強さと到達時刻を示す掲示板とフラッシュライトを設置し、それが点滅して何秒と出たらすぐ対応するように訓練すると、子どもたちは2秒あれば3分の1くらい、5秒あればほぼ100％が机の下にもぐりこむことができるようになる。

　現在想定されている東海地震では、静岡県を対象にすると、地域によって2秒から20秒程度の猶予時間を提供できる。この猶予時間をもとにシミュレーションすると、理想的な条件（全市民がこのようなシステムの存在を認識し、事前の対応訓練を受けている条件のもとで、地震が昼に発生した場合）では、静岡県では想定されている死者の約80％を減らすことができる。

　ただし、直下で起きた兵庫県南部地震のケースでは、特に被害の大きかった地域では地震の場所とマグニチュードを計算している間に揺れが襲ってしまったり、非常に短い猶予時間しか提供できないエリアが多いので、死者は1％ほどしか減らすことができない。しかし周辺地域でのけが人は減らせるので、無傷の人を3000人以上増やすことができる。また人間の判断を介さない自動制御システムを対象とする場合には、1秒以下の時間でも大きな被害軽減につながる事例は少なくない。

　東京はどうかというと、首都圏直下地震は多くの場合、兵庫県南部地震と同様であるが、想定される東海地震や関東地震では、20～40秒間の猶予時間を提供でき、事前の適切な準備で人的被害も含めて、地震被害を大幅に減らすことが可能だ。

いますぐ本気で始めたい。地震国・日本に必要な、住まいの「耐震改修」対策。

自助、共助（互助）、公助。3つのキーワードで語られる、
この国にいま最も必要な「耐震改修」対策。
東京大学・目黒公郎教授は、その根本からの在りかたを問い、
実際の暮らしに役立つ画期的な提案をしている。

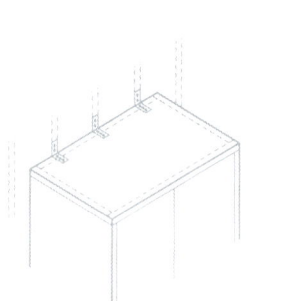

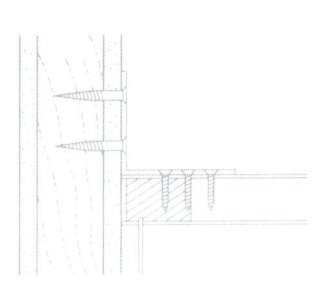

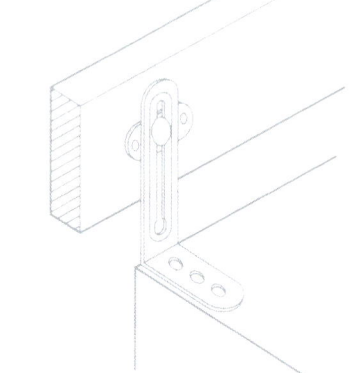

公助　行政によるインセンティブ制度

わが国は、自然災害については自力復興を原則としている。しかし実際には、被災者には各種の支援がなされ、阪神・淡路大震災の際には、ガレキ処理や仮設住宅の供給、復興住宅の建設などをはじめとして、全壊住宅世帯には最大1世帯当たり1300万円、半壊でも1000万円規模のお金が使われた。これらの多くは、建物被害がなければ費やす必要のないお金であり、その主な原資は公費だ。

「行政によるインセンティブ制度」とは、事前に持ち主が自前で耐震診断を受け、改修の必要がないと判定された住宅、または改修をして認定を受けた住宅（公費の軽減のために自助努力したもの）が、地震によって被害を受けた場合に、損傷の程度に応じて、行政から優遇支援される制度だ。この制度が実現すると、被災建物数が激減するので、行政は全壊世帯に1000万円を優に越える支援をしても、トータルとしての出費は減る。

自治体が事前にお金を用意して、市民に補強をお願いする現在の制度は、存在する既存不適格建物数を考えると、都道府県単位で地震の前に数千億から1兆円を越える予算措置を必要とし、まったく現実的でない。

いっぽう目黒教授が提案する制度では、行政は事前に巨額の資金を用意する必要がない。また発生する被害を激減させ、行政と市民の両者の視点から地震時の出費を大幅に軽減し、税金の有効活用を実現する。しかも契約建物の耐震性を継続的にウォッチングする仕組みが誘発され、これが社会ストックとしての住宅の継続的な品質管理に貢献する。

ところが現在の制度は「やりっぱなしの一発勝負」なので悪徳業者が生まれる。巨額の支援をする自治体では、耐震改修費が他の地域に比べて著しく高くなるという弊害が生まれている。

経済的な理由から耐震改修できないという世帯を調べてみると、ほとんどのケースでは「いま、キャッシュがない」だけで、土地付の住宅や生命保険などを持っている。この人たちには土地や生命保険を担保に、金融機関から耐震補強費を借りて、まず補強をしてもらう。しかし毎月の支払いが難しいので、その分を行政が公的資金から貸し出す。払い戻しはその世帯主が亡くなった際に一括して行なえばよい。こうすることで市民の命が守られ、行政は地震時の出費を大幅に軽減できる。

これが耐震補強を推進するための「行政によるリバースモーゲージ」だ。

共助　耐震改修実施者を対象とした共済制度

次に「共助」システムだが、これは「耐震改修実施者を対象としたオールジャパンの共済制度」だ。

耐震改修済みの建物が被災するのは、おおむね震度6以上。現在心配されている巨大地震が発生しても、震度6以上の揺れに曝される地域に存在する建物は、全国の建物の数％程度。この地域内に存在する耐震改修済みの建物が被災する確率は多くても5～10％程度なので、全国比で考えればせいぜい数百分の1程度になる。つまり数百世帯の積み立てで、被災世帯1軒を支援する割合になる。（図1）

例えば東海地震を対象とすれば、耐震改修時（100～150万円の支払い時）に、2.2万円の積み立てを1回だけ行えば、全壊時に1000万円、半壊時に300万円の支援をうけることができる。

ところが耐震改修を前提にしない共済では、結果的に自助努力した人から集めたお金が努力していない人に流れるだけで、耐震補強へのインセンティブを削ぐ。しかも補強を前提にしていないので被災建物数が大幅に増え、十分な積み立ても難しい。（図2）

わが国で考えられる最大規模の東海・東南海・南海の連動地震を想定しても、同様に耐

いまだに進まない、耐震改修の現状

目黒東大教授は力説する。兵庫県南部地震では、既存不適格構造物(耐震性の不十分な既設の建物)を中心とした約24万棟の全半壊建物により、直後に5500人が亡くなった。被害額の点でも、住家被害は直接被害10兆円の6割を占めた。防災の最重要課題は、既存不適格建物の建替えや耐震補強(改修)を推進することである。

既存不適格の可能性の高い建物は、東京で150万棟、神奈川で100万棟、静岡で60万棟といわれている。しかし兵庫県南部地震から10年を経ても、耐震改修はうまく進展していない。

耐震改修費は木造住宅で1㎡当たり1万5000円が目安。100㎡なら150万円。最近ではもっと安い工法が多く提案されている。よく耐震改修に使う「お金がない」という声を聞くが、その一方で、耐震補強と無関係なリフォームは、現在、年間40万棟の規模で、平均400万円以上かけて行なわれており、最近ではさらに数も予算も増える傾向にある。このリフォームの機会を活用して耐震補強をすれば、経費は半分から3分の1になる。

既存不適格建物の耐震改修を促進するためには、適切な「技術」と「制度」の整備が必要だ。

防災における「自助」「共助(互助)」「公助」の考えかた

防災においては「自助」「共助」「公助」が重要だが、基本は「自助」にある。また「共助」や「公助」は「自助」を誘発する仕組みがないと、大幅な無駄やモラルハザードを生むだけでなく、被害軽減に結びつかない。

地震防災における「自助」の最重要なアクションは、持ち主による事前の「建替え」と「耐震改修」である。これを実現する「制度」として、目黒教授は「行政によるインセンティブ制度(公助)」、「耐震改修実施者を対象とした共済制度(共助)」、「新しい地震保険(自助)」を提案している。

これら3つの制度によって、耐震改修が不要な耐震性の高い建物に住む人と耐震改修を実施した人は、将来の地震で万が一、全壊・全焼などの被害を受けても、新築住宅の建設に十分な支援を地震後に受けることができる環境が整う。

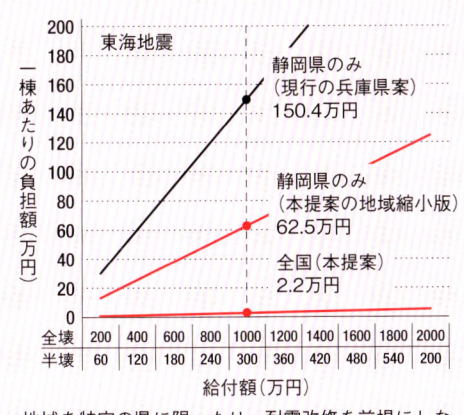

地域を特定の県に限ったり、耐震改修を前提にしない場合、必要な積立金は格段に高くなる

[図1] 被災時の給付(支援)金の額別積み立て金(東海地震を対象として)

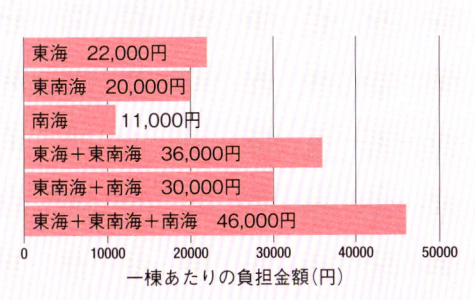

[図2] 想定される巨大地震を対象とした場合の積み立て金

- 東海 22,000円
- 東南海 20,000円
- 南海 11,000円
- 東海+東南海 36,000円
- 東南海+南海 30,000円
- 東海+東南海+南海 46,000円

震改修時に4~5万円程度(消費税以下)の積み立てを1回だけすれば、全壊時に1000万円、半壊時に300万円の支援を受けることができる。

自助 新しい地震保険

耐震改修済みの住宅が、揺れで壊れる可能性は著しく低い。またすでに説明したように目黒教授提案の「公助・共助」制度から、揺れで被災した場合には新築に十分な2000~3000万円という支援が、行政(公助)と共済(共助)から得られる。

問題は震後火災である。そこで目黒教授が提案するのが、揺れによる被害を免責にする地震保険である。すなわち、揺れには耐えて残ったが、その後の火災で被災した場合に役立つ保険だ。

例えば兵庫県南部地震では、揺れで被災した建物は全半壊で24万棟、一部損壊はさらに20数万棟である。一方で延焼火災建物は7千数百棟である。兵庫県南部地震は火災が比較的少ない震災であるが、建物の耐震性の条件も合わせて考えると、揺れによる被害と火災による被害は数十倍違う。さらに建物の耐震性が高まると初期出火率が低下するだけでなく、消火活動の条件が向上するので、延焼火災数はさらに減少する。

揺れによる被災建物を免責にした場合の補償対象建物数は、簡単に100分の1程度になる。現行の地震保険のように再保険制度を前提にしなくても、年間10万円の保険料が1000円になる計算だ。これならば地震保険の割高感もなくなるし、火災保険の30~50%という地震保険の補償制限も撤廃できる。

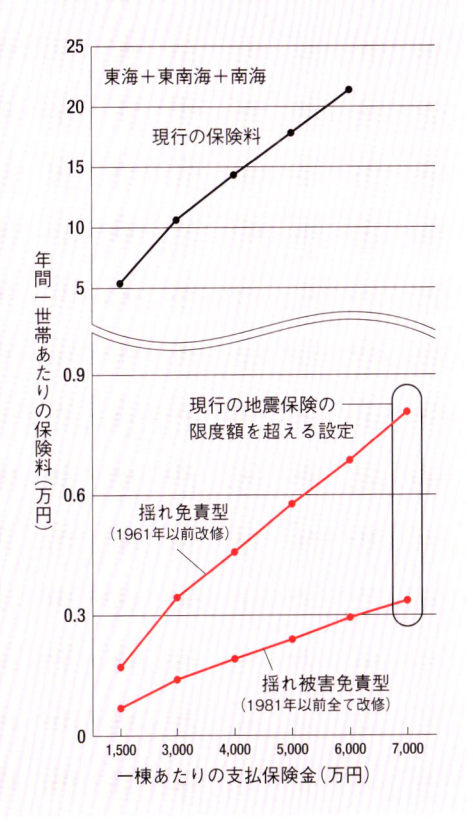

99

How to 耐震改修テクニック❶
木造住宅の補強方法

地震に強い建物をつくる。いくら外観の素晴らしい家であっても、構造的に耐震性が低ければ、いざという時、一番大切な生命も財産も守ることはできない。しかし地震対策への配慮をせずに、建ててしまった家も多いのが実情だろう。そんな不安が少しでもある人は、とにかく耐震診断を受けること。そして耐震性に問題が見いだされたら、どこを重点的に補強したら良いのか。建物の老朽化の程度や損傷箇所などを調べて、壁の追加、基礎部分の改修工事などを総合的に判断し、具体的な補強方法の検討に入ることをオススメしたい。ここでは存在している数と耐震性の低さから防災対策上最も重要性の高い木造住宅を対象とした耐震補強方法の例を紹介する。

基礎の補強

玉石基礎などの場合は、鉄筋コンクリート造の布基礎に替え、これに土台をアンカーボルトで締めつけます。

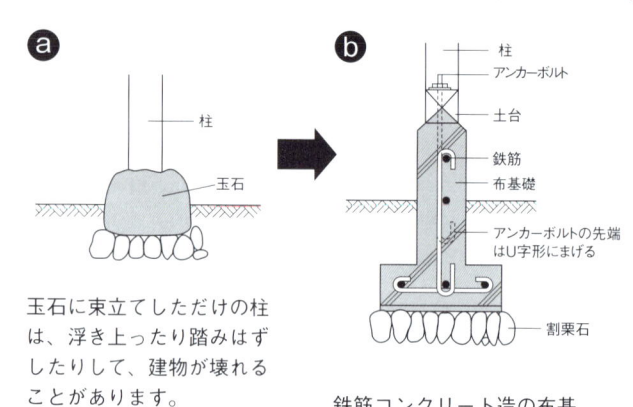

ⓐ 玉石に束立てしただけの柱は、浮き上ったり踏みはずしたりして、建物が壊れることがあります。

ⓑ 鉄筋コンクリート造の布基礎を作りアンカーボルトをつけて下さい。

壁の補強

筋かいを入れたり、構造用合板を張って強い壁を増やします。

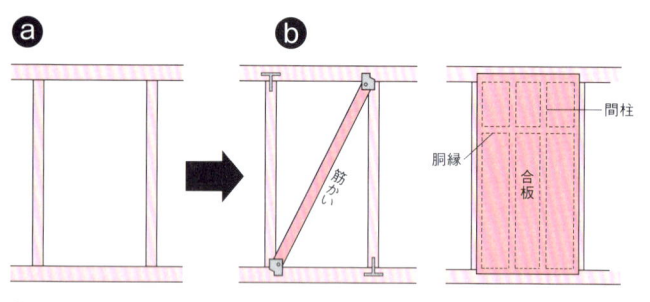

ⓐ 柱、はりだけでは地震の力に抵抗できません。

ⓑ 筋かいを入れるか、または、構造用合板（厚さ9mm以上）を柱、土台、はり・胴差、間柱・胴縁に十分にくぎ打ちして下さい。

壁の配置

壁の量を増やし、かつ、つりあいをよく配置します。

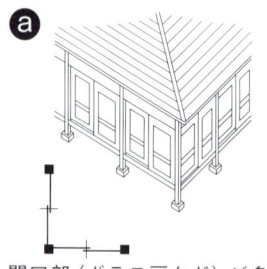

ⓐ 開口部（ガラス戸など）が多いと地震に弱くなります。

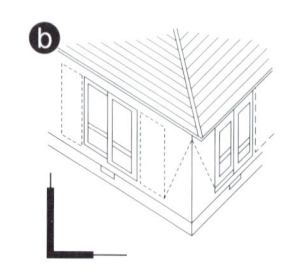

ⓑ 開口部を減らし、筋かいや構造用合板で補強された壁を増やして下さい。隅部を壁にすると一層効果的となります。

こうした補強をするときは以下の点も併せて行います。

腐ったり、シロアリに食われた部材は取替えます。

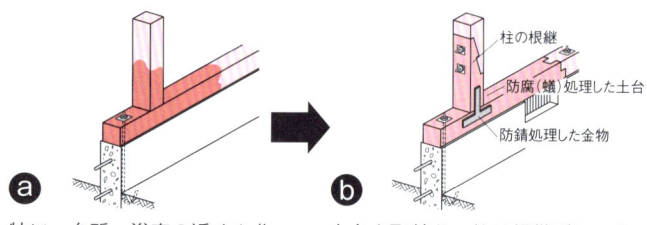

ⓐ 特に、台所・浴室の近くや北側の土台まわりのように湿りがちのところは早く腐ります。

ⓑ 土台を取替え、柱は根継ぎして金物で補強して下さい。この場合、防腐（防蟻）措置を忘れてはなりません。

土台・柱・筋かいなどの接合は金物等を使って堅固にします。

ⓐ ほぞ差しや胴付け、またはくぎ止めだけの接合部は、抜けたり、はずれたりします。

ⓑ 柱と土台は金物等で結びつけて下さい。筋かいと柱（または土台、はり）は、十分にくぎまたは専用の金物で止めつけて下さい。

柱・はりの接合は金物等使って堅固にします。

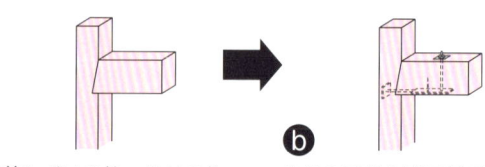

ⓐ ほぞ差しだけの柱、はりの仕口は、ほぞが折れたり、抜けたりして骨組がばらばらになりがちです。

ⓑ はりの下端を羽子板ボルトで引き止め、抜け落ちないようにして下さい。

建築防災協会のホームページには、相談窓口一覧や助成制度など耐震や防災についていろいろな情報があります。http://www.kenchiku-bosai.or.jp

いますぐ本気で始めたい。地震の国・日本に必要な、住まいの「耐震改修」対策。

How to
耐震改修テクニック❷
家具の固定方法

住まいの耐震補強と同じく忘れてならないのが、家具の固定。兵庫県南部地震における震度7の地域では、住宅の全半壊をまぬがれたにもかかわらず、全体の約6割の部屋で家具が転倒し、部屋全体に散乱したというデータもある。家具転倒は、下敷きによるケガや圧死、延焼火災からの避難が遅れるなど、居住者被害の大きな要因になる。室内での居住者被害を防ぎ、安全な避難経路を確保しておくためにも、家具の固定は重要だ。

桟に直接固定する方

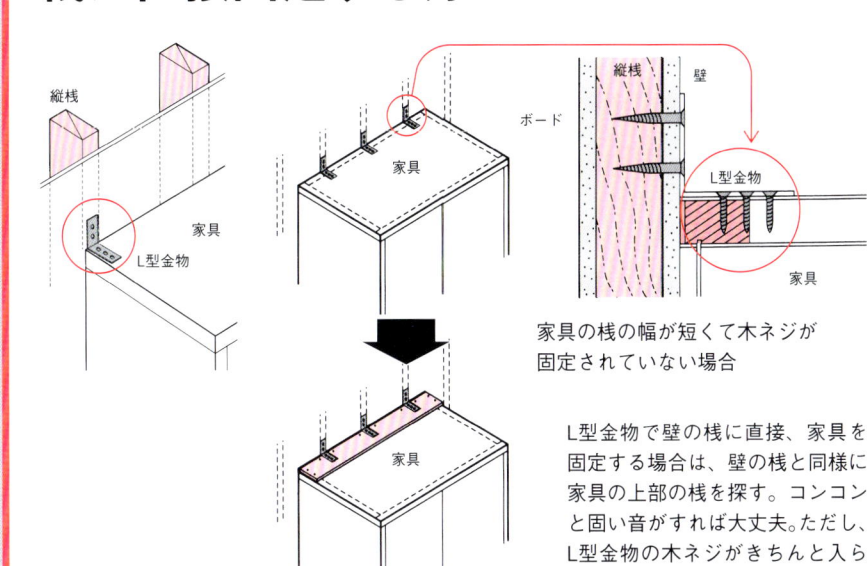

板を渡して家具の両端と奥に固定

家具の桟の幅が短くて木ネジが固定されていない場合

L型金物で壁の桟に直接、家具を固定する場合は、壁の桟と同様に家具の上部の桟を探す。コンコンと固い音がすれば大丈夫。ただし、L型金物の木ネジがきちんと入らない幅の桟なら、必要な幅の板を家具に打ち付けて、そこにL型金物をとめる必要がある。

鴨居や横木への固定方法

横木は45cm間隔の壁の縦桟に長さ5～6cmの木ネジ2本（30cm間隔の場合は木ネジ1本）でしっかりと取り付ける。ただし、横木の幅は7cm以上、厚さは2cm以上とする。また、家具を横木に固定するには、基本的にL型金物を使うが、横木と家具の高さが揃わない場合（10cm未満）は、スライド式L型金物を使用する。

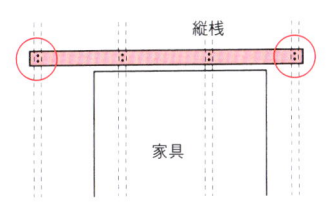

隣の縦桟の位置まで横木を伸ばして固定

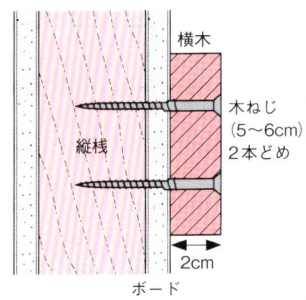

45cm間隔の縦桟に横木を取り付ける場合

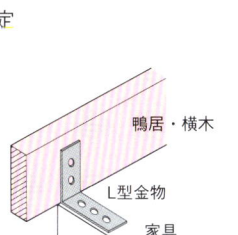

鴨居や横木が金具の上端と同じ高さの場合

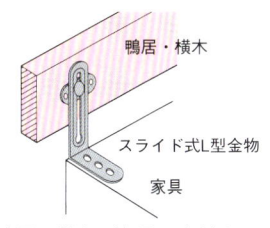

鴨居や横木が金具の上端と同じ高さの場合

桟に固定できない場合の固定方法

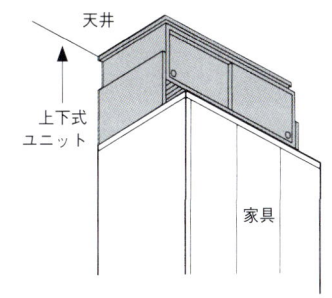

高さを調整しながら天井と家具を支える上置型すき間埋め収納ユニット

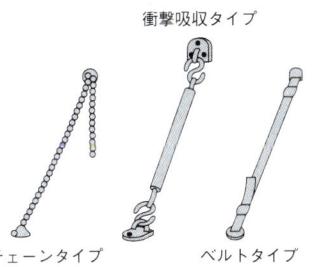

衝撃吸収タイプ
チェーンタイプ　ベルトタイプ

家具の上部が鴨居や横木から離れていてやむを得ずベルトやチェーンなどを使って固定する場合は、家具の側面に30°以下の角度でピンと張る。たるみがあると効果は出ない。

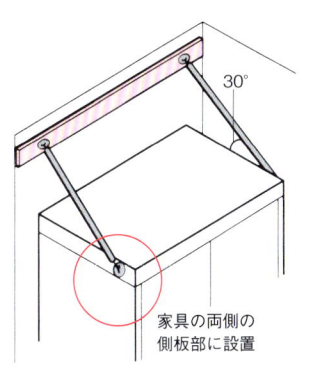

家具の両側の側板部に設置

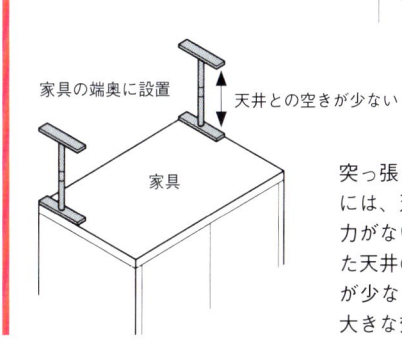

家具の端奥に設置　天井との空きが少ない

突っ張り棒タイプのものを利用するには、天井に家具を支えるだけの耐力がないと危険。また、しっかりした天井の場合でも、天井とのすき間が少なく奥行のある家具でないと、大きな効果は期待できない。

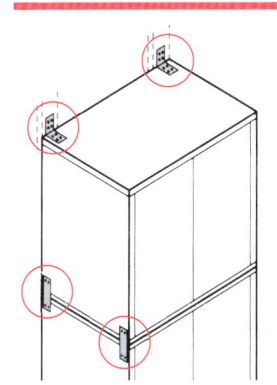

積み重ね家具の固定方法

家具の内側で固定する方法もあるので、家具の専門家にぜひ相談を。

国土交通省・河川局災害情報　国土交通省の河川局が発信する全国のさまざまな災害情報。 http://www.mlit.go.jp/river/index/saigai.html　●お役立ち！地震対策・情報サイト●

誰でもできるわが家の耐震診断

問診1

建てたのはいつ頃ですか？

項　目	評点
建てたのは1981年6月以降	1
建てたのは1981年5月以前	0
よく分からない	0

[説明] 1981年6月に建築基準法が改正され、耐震基準が強化されました。1995年阪神・淡路大震災において、1981年以降建てられた建物の被害が少なかったことが報告されています。

問診2

いままでに大きな災害に見舞われたことはありますか？

項　目	評点
大きな災害に見舞われたことがない	1
床下浸水・床上浸水・火災・車の突入事故・大地震・崖上隣地の崩落などの災害に遭遇した	0
よく分からない	0

[説明] ご自宅が長い風雪のなかで、床下浸水・床上浸水・火災・車の突入事故・大地震・崖上隣地の崩落などの災害に遭遇し、わずかな修復だけで耐えてきたとしたならば、外見では分からないダメージを蓄積している可能性があります。この場合専門家による詳しい調査が必要です。

問診5

建物の平面はどのような形ですか？
1階の平面形状に着目します

項　目	評点
どちらかというと長方形に近い平面	1
どちらかというとLの字・Tの字など複雑な平面	0
よく分からない	0

[説明] 整形な建物は欠点が少なく、地震に対して建物が強い形であることはよく知られています。反対に不整形な建物は地震に比較的弱い形です。そこでまず、ご自宅の1階平面形が大まかに見て、長方形もしくは長方形と見なせるか、L字型・コの字型等複雑な平面になっているかのか選びとって下さい。現実の建物は凸凹が多く判断に迷うところですが　ア）約91cm（3尺）以下の凸凹は無視しましょう。イ）出窓・突出したバルコニー・柱付物干しバルコニーなどは無視します。

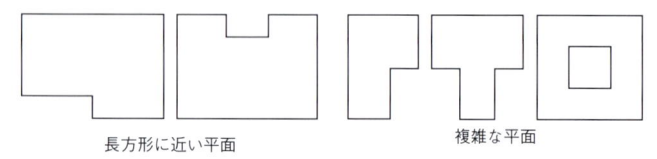

長方形に近い平面　　　　複雑な平面

問診6

大きな吹き抜けがありますか？
1辺の長さが4.0m以上かどうかに着目します

項　目	評点
一辺が4m以上の大きな吹抜はない	1
一辺が4m以上の大きな吹抜がある	0
よく分からない	0

[説明] 外見は形の整っている建物でも大きな吹抜があると、地震時に建物をゆがめる恐れがあります。ここでいう大きな吹抜とは一辺が4m（2間）をこえる吹抜をいいます。これより小さな吹抜はないものと扱います。

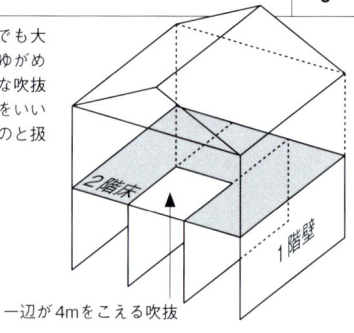

一辺が4mをこえる吹抜

問診9

屋根葺材と壁の多さは？

項　目	評点
瓦など比較的重い屋根葺材であるが、1階に壁が多い。または、スレート・鉄板葺・銅板葺など比較的軽い屋根葺材である	1
和瓦・洋瓦など比較的重い屋根葺材で、1階に壁が少ない	0
よく分からない	0

[説明] 瓦は優れた屋根葺材のひとつです。しかし、やや重いため採用する建物ではそれに応じた耐力が必要です。耐力の大きさは概ね壁の多さに比例しますので、ご自宅は壁が多い方かどうか判断して下さい。

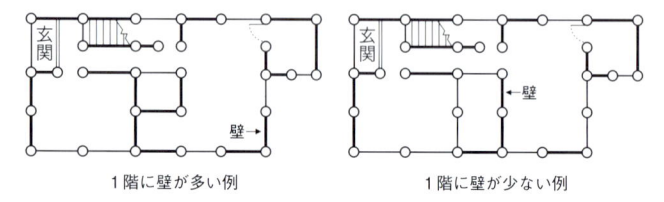

1階に壁が多い例　　　　1階に壁が少ない例

問診10

どのような基礎ですか？

項　目	評点
鉄筋コンクリートの布（ぬの）基礎またはベタ基礎・杭基礎	1
その他の基礎	0
よく分からない	0

[説明] 鉄筋コンクリートによる布基礎・ベタ基礎・杭基礎のような堅固な基礎は、その他の基礎と比べて同じ地盤に建っていても、また同じ地震に遭遇しても丈夫です。改めてご自宅の基礎の種別を見直して下さい。

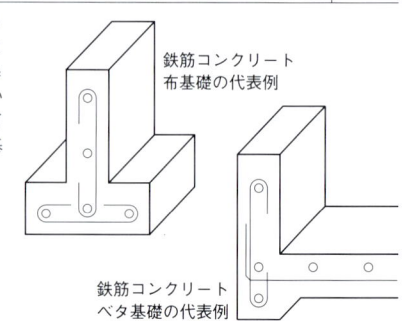

鉄筋コンクリート布基礎の代表例

鉄筋コンクリートベタ基礎の代表例

問診1～10にある該当項目の評点を、評点の□欄に記入して下さい。

※例えば、問診1の場合ご宅を新築したのが1985年でしたら、評点1となり、評点の□欄に1と書込みます

問診3
増築について

項　目	評点
増築していない。または、建築確認など必要な手続きをして増築を行った。	1
必要な手続きを省略して増築し、または増築を2回以上繰り返している。増築時、壁や柱を一部撤去するなどした	0
よく分からない	0

[説明] 一般的に新築してから15年以上経過すれば増築や改築を行う事が多いのが現状です。その際に、既存部の適切な補修・改修、増築部との接合をきちんと行っているかどうかがポイントです。

問診4
傷み具合や補修・改修について

項　目	評点
傷んだところは無い。または、傷んだところはその都度補修している。健全であると思う	1
老朽化している。腐ったり白蟻の被害など不都合が発生している	0
よく分からない	0

[説明] お住いになっている経験から、建物全体を見渡して判断して下さい。屋根の棟・軒先が波打っている、柱や床が傾いている、建具の建付けが悪くなったら老朽化と判断します。また、土台をドライバー等の器具で突いてみて「ガサガサ」となったり腐ったり白蟻の被害にあっています。とくに建物の北側と風呂場廻りは念入りに調べましょう。白蟻は、梅雨時に羽蟻が集団で飛び立ったかどうかも判断材料になります。

問診7
1階と2階の壁面が一致しますか？
ご自宅が枠組壁工法の木造（ツーバイフォー工法）なら、ここの評点1とします

項　目	評点
2階外壁の直下に1階の内壁または外壁があるまたは、平屋建である	1
2階外壁の直下に1階の内壁または外壁がない	0
よく分からない	0

[説明] 2階の壁面と1階の壁面が一致していれば、2階の地震力はスムーズに1階壁に流れます。2階壁面の直下に1階壁面がなければ、床を介して2階の地震力が1階壁に流れることとなり、床面に大きな負荷がかかります。大地震時には床から壊れる恐れがあります。枠組壁工法の木造（ツーバイフォー工法）は床の耐力が大きいため、2階壁面の直下に1階壁面がなくても、評点1とします。

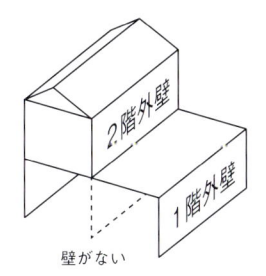

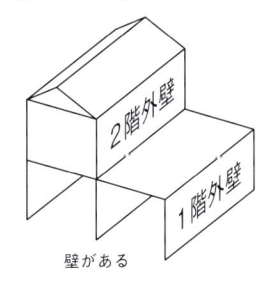

問診8
壁の配置はバランスがとれていますか？
1階部分の外壁に着目します

項　目	評点
1階外壁の東西南北どの面にも壁がある	1
1階外壁の東西南北各面の内、壁が全くない面がある	0
よく分からない	0

[説明] 壁の配置が片寄っていると、同じ木造住宅の中でも壁の多い部分は揺れが小さく、壁の少ない部分は揺れが大きくなります。そして揺れの大きい部分から先に壊れていきます。ここでいう壁とは約91cm（3尺）以上の幅を持つ壁です。せまい幅の壁はここでは壁とみなしません。

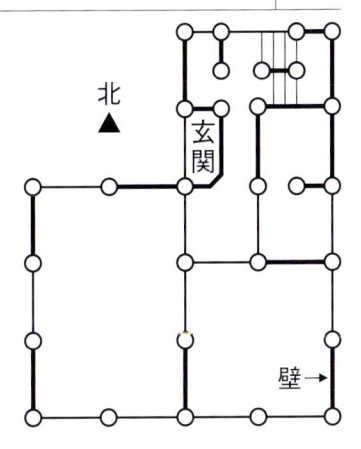

問診1～10の評点を記入して最後に合計点を記入します

問診1	問診2	問診3	問診4	問診5	合計
問診6	問診7	問診8	問診9	問診10	

診断結果

評点の合計	判定・今後の対策
10点	ひとまず安心ですが、念のため専門家に診てもらいましょう
8～9点	専門家に診てもらいましょう
7点以下	心配ですので、早めに専門家に診てもらいましょう

※ご注意　この診断では地盤については考慮していませんので、ご自宅が立地している地盤の影響については専門家におたずねください。

監修：国土交通省住宅局　　編集：財団法人　日本建築防災協会

東京都23区、住まいの耐震診断・改修支援制度一覧

地震への備えは、住まいの耐震補強から。
まずは、事業主体それぞれの窓口で、取り組み方を相談してみましょう。

2005年3月現在

[耐震診断助成制度]

事業主体	事業名	支援対象 戸建住宅	支援対象 共同住宅	支援制度の対象 補助	支援制度の対象 技術者派遣	支援制度の対象 融資・利子補給	問合せ先 担当課・電話・内線
千代田区	千代田区建築物耐震診断助成	○	○	○			まちづくり推進部地域整備課開発指導主査 03-3264-2111（内線）88222
中央区	中央区建築物耐震診断助成制度	○	○	○			都市整備部建築課構造係 03-3546-5459
港区	港区建築物耐震診断助成	○	○	○			街づくり推進部建築課構造係 03-3578-2295
新宿区	既存木造住宅等の耐震化に関する助成事業	○		○	○		建築課建築防災係 03-5273-3745
文京区	文京区建築物耐震診断助成制度	○	○	○			都市計画部建築課構造担当 03-5803-1264
台東区	安全で安心して住める建築物等への助成要綱	○	○	○			都市づくり部建築課構造係 03-5246-1335
墨田区	墨田区民間建築物耐震診断助成	○		○			都市計画部建築指導課構造担当 03-5608-6269
江東区	マンション計画修繕調査支援制度		○	○			都市整備部住宅課住宅指導係 03-3647-9473
品川区	マンション計画修繕調査支援制度		○	○	○		建築課計画調査担当 03-5742-6768
目黒区	木造住宅耐震診断支援事業	○			○		都市整備部建築課 03-5722-9642
世田谷区	世田谷区建築物耐震診断助成	○	○	○			都市整備部建築調整課 03-5432-1111（内線）2464
渋谷区	建築物耐震診断助成事業（建築物耐震診断助成）		○	○			都市整備部建築構造係 03-3463-1211（内線）2660
渋谷区	建築物耐震診断助成事業（木造住宅耐震診断コンサルタント派遣）	○			○		
中野区	木造住宅耐震診断助成	○		○			建築分野 建築機材・指導担当 03-3228-5576（直通）
杉並区	耐震化支援事業	○	○	○	○		建築課監察・防災係 03-3312-2111（内線）3329
豊島区	木造建築物耐震診断補助事業（簡易診断・詳細診断）	○		○			都市整備部建築指導課建築係 03-3981-1111（内線）3112
北区	東京都北区民間建築物耐震診断補助要綱	○	○	○			まちづくり部建築課構造設備係 03-3908-9176
荒川区	木造住宅耐震診断事業	○			○		住環境整備課 03-3802-3111（内線）2825
板橋区	板橋区建築物の耐震診断経費の助成に関する要綱（民間建築物耐震診断経費助成）	○	○	○			都市整備部建築指導課建築防災係 03-3579-2579
板橋区	木造住宅無料簡易耐震診断	○			○		
練馬区	耐震診断経費助成作業	○		○			危機管理室防災課防災計画主査 03-3993-1111（内線）5721
足立区	足立区住宅改良助成事業	○		○			都市整備部住宅課住宅管理係 03-3880-5938
葛飾区	木造建築物耐震コンサルタント助成要綱	○			○		都市整備部建築構造係 03-3695-1111（内線）3555
葛飾区	民間建築物耐震診断助成制度	○	○	○			
江戸川区	江戸川区耐震コンサルタント派遣業務	○			○		都市開発部住宅課計画係 03-5662-6387（内線）2428

※大田区については現在、耐震診断助成制度は行われていません。

[耐震補強助成制度]

事業主体	事業名	支援対象 戸建住宅	支援対象 共同住宅	支援制度の対象 補助	支援制度の対象 技術者派遣	支援制度の対象 融資・利子補給	問合せ先 担当課・電話・内線
中央区	木造住宅耐震改修等資金の融資あっせん	○				○	住宅課計画指導係 03-3546-5466
港区	港区木造住宅耐震改修促進事業	○		○		○	財団法人港区住宅公社相談支援担当課 03-3593-5683
新宿区	住宅建設資金融資あっ旋	○	○			○	住宅課住宅係 03-5273-3567
文京区	住宅修築資金融資あっせん（耐震診断に基づく補強工事）	○	○			○	都市計画部住宅課 03-5803-1238
台東区	安全で安心して住める建築物等への助成要綱	○	○	○			都市づくり部建築構造係 03-5246-1335
墨田区	墨田区住宅修築資金融資あっ旋（特別融資あっせん防災対策融資）	○				○	都市計画部建築指導課構造担当 03-5608-6269
江東区	住宅修築資金融資あっせん（利子補給）	○				○	都市整備部住宅課住宅指導係 03-3647-9473
江東区	マンション共用部分リフォーム支援利子補給制度		○			○	
品川区	住宅修築資金融資斡旋	○	○			○	まちづくり事業部住宅課住宅管理係 03-5742-6776
目黒区	目黒区建築防災資金利子補給制度（利子補給）	○	○			○	都市整備部建築課 03-5722-9642
大田区	住宅修築資金融資あっせん制度	○	○			○	まちづくり推進部住宅課住宅担当 03-5744-1343
世田谷区	世田谷区住宅修築資金融資あっせん制度	○	○			○	都市整備部住宅課 03-5432-1111（内線）2499
渋谷区	住宅修築資金融資あっせん事業	○	○			○	危機管理室防災課防災計画主査 03-3993-1111（内線）5721
渋谷区	共同住宅耐震補強工事資金に係る利子補給		○			○	
中野区	木造住宅建替え助成	○		○			建築分野 建築防災・指導担当 03-3228-5576（直通）
杉並区	住宅修築資金融資あっせん制度（利子補給）	○	○			○	都市整備部住宅課住宅施策推進係 03-3312-2111（内線）3532
北区	北区住宅修築資金融資斡旋制度	○	○			○	都市整備部住宅課定住対策係 03-3908-9205
荒川区	耐震補強工事支援事業	○				○	住環境整備課 03-3802-3111（内線）2825
板橋区	板橋区住宅資金利子補給事業（利子補給）	○				○	区民文化部住宅課住宅相談係 03-3579-2186
練馬区	住宅修築資金の融資あっせん	○				○	都市整備部住宅管理係 03-3993-1111（内線）8651
足立区	足立区住宅改良助成	○	○	○			都市整備部住宅課住宅管理係 03-3880-5111（内線）2461〜4
葛飾区	住宅修築資金融資あっせん制度	○	○			○	都市整備部住環境整備課住宅事業係 03-3695-1111（内線）3443
葛飾区	耐震型優良建築物等整備事業		○	○			都市整備部住環境整備課庶務係 03-3695-1111（内線）3442
江戸川区	住宅リフォーム資金融資あっせん	○				○	都市開発部住宅課相談係 03-5662-0517

※千代田区、豊島区については現在、耐震補強助成制度は行われていません。

●お役立ち！地震対策・情報サイト●
土砂災害情報　全国から寄せられた土砂災害に関する報告（PDF形式）が閲覧できる。
http://www.mlit.go.jp/river/sabo/link24.htm

会社から自宅までのサバイバルウォーク
「帰宅困難者」という問題

東京直下大地震が起きると、一説には650万人もの発生が予想される帰宅困難者。
交通機関は全面ストップ、路上に溢れる人、人、人…。
はたしてあなたは、会社から自宅まで歩いて帰れるか?!

イラスト：常盤雅幸

　大地震が起こると交通機関がマヒしてしまうことが予想される。JRや私鉄はもちろんのこと、道路も車では通行不能となる。帰宅困難者とは、自宅まで歩いて帰ることが困難な人のこと。都総務局災害対策部が1997年8月に発表した「東京における直下地震の被害想定に関する調査報告書」によると、自宅までの距離が10kmまでの人は全員が徒歩帰宅可能、10kmから20kmまでは帰宅距離が1km増えるごとに10%ずつ帰宅可能者が減り、20km以上の人は翌朝までの帰宅はほぼ全員が難しい、とされている。そしてその調査報告書では、平日の夕方6時に大地震が発生した場合、都区内だけで370万人もの人が帰宅困難者になると予測している。さらに中央防災会議の発表では650万人とも…。毎日の通勤者・通学者の他に、買い物などに出かけた人も帰宅困難者となる。

　大地震に備え、職場のある東京から歩いて自宅へ帰るサバイバル・ウォークが、「帰宅難民の会」の主催によって毎年1月に開催されている。「帰宅難民の会」の代表、吉武正一さんに、帰宅困難者の心がけについて語っていただいた。

我が家に帰るために命がけのことが必ずある。

　サバイバル・ウォークを始めたのは、阪神・淡路大震災がきっかけです。大震災の1ヶ月後に神戸に入って、しばらく向こうで滞在しました。震災後の状況を目の当たりにして、結局は「明日は我が身だ」という結論に達しました。私たち都心に勤務するものには、日頃からの備えは絶対必要ではないか。「さて何が防災にとって必要なのか、何をしていなければならないのか」といろいろ考えたんです。一番単純でローテクな、歩いて帰るというところに着眼しました。歩いて自宅へ帰ることでしたら、イベントとして実施するにあたってお金もかかりませんしね。それでサバイバル・ウォークを始めたんです。

　「帰宅困難者」という言葉は、「帰宅」にしろ「困難者」にしろありふれたものです。帰宅が困難なのは事実なんですけど、それでは危機感がない。刺激的で難解でもいいので、命がけという思いも込めて、"難民"という言葉を使うようにしたんです。我が家に帰るために命がけのことが必ずある。それで「帰宅難民」という言葉を造語したんです。

　第1回目を1995年の夏に行ったのですが、その後はすべて1月に開催しています。阪神・淡路大震災が起こった1月17日の直前の土曜日。17日が過ぎると、震災に対する危機感というか意識が変わってきます。土曜日にしたのは、遠い人では、40km、50kmと歩きますので、翌日が出勤日ですと仕事ができなくなる人をたくさん出すことになってしまうからです。足をはじめ、身体の節々が痛くなってしまいます。私の自宅は八王子で、出発点の都庁から40km以上あります。初めて歩いた時、足の裏がむけてしまい、その後1週間はまともに歩けない状態でした。サバイバル・ウォークは2005年1月で11回を数えました。参加してくれた方は、のべ4000人にのぼります。

吉武正一（よしたけ・まさかず）
- 防災の市民団体「帰宅難民の会」代表
- 東京都の「震災時における昼間都民対策推進連絡会議」委員
- NPO(準備中)ふるさとネットワーク「百人の家」代表

帰宅難民の会ホームページ
http://homepage2.nifty.com/kikikan/

道にはガラスが散乱しているし、電柱や看板だって倒れている。

サラリーマンの人が歩ける距離の限界は、だいたい20kmなんです。そこまでは訓練しなくても歩けますが、それ以上は身体中が痛くて足が止まってしまう。男性はまだしも、ハイヒールを履いた女性は4kmくらいしか歩けません。靴擦れで歩けない状態になったとしても、裸足になることは大変危険です。災害の場合は、とにかく靴を履いていなければなりません。家のなかでも、玄関を飛び出す寸前にケガをする方が多いんです。ましてや通勤地から自宅へ帰るわけですから、道にはガラスが散乱しているし、電柱や看板だって倒れているかもしれません。靴を履いていないと絶対に帰れません。

日頃の通勤は歩きやすいシューズにして、職場でハイヒールなり革靴なりに履き替えるといい。スニーカーはスーツに似合わないとか、見てくればかりを言わないことです。あるいは通勤時にスニーカーを履けないのであれば、会社のロッカーに歩きやすい靴を入れておく。履き古したスニーカーとともに、Tシャツやパンツなども一緒に用意しておくことをお勧めします。靴は常に持って歩けないわけですから、職場に置いておく。もちろん職場にいない時に震災に遭うかもしれません。けれど、履きやすい靴や動きやすい衣類を用意することによって、自分の安心が得られる。安心感を得ることが大きな意味があって、何もしないよりははるかにいいと思います。

まずは何でもいいので、防災に対する体験をしておくことが重要だと思います。家まで歩いて帰るというのもそのひとつです。一度体験しておくと防災に対する意識もずいぶん変わってきます。「俺は災害には遭わないよ」というのは「俺はガンにはかからないよ」と言っているのと同じ。平和で平穏の時期だからそう思えるのであって、いざ地震で修羅場の状態になった時には、なんともなりません。今の時代、人生は80年と言われています。確率的には必ず1度や2度は大災害に遭うようになっているんです。だから自分だけが遭わないというのはありえない。それともうひとつが「なんとかなるよ」という意識がはびこっていること。震災ではなんともなりませんから。

我が家は西にあるのか東にあるのかは知っていても、その間がどんな道なのかを知らない人が多い。災害がくる前に1度や2度は経験なさってはと話しています。1回では歩けないことも多いですから、今日はここからこの駅まで、来週はその駅から家までとか、何回かに区切ってでも我が家まで辿り着けばいいんです。ルートを繋げると、自分の家までの帰ろうとする幹線道路の状況が把握できます。

ひとりじゃ、なかなかやらないものなんですよ。仲間がいないと、やろうと思うだけで実行できない。みんなが歩いているから参加してみようという気になるんです。

自分の身は自分で守る。それに徹している。

震災があり、帰宅難民となってしまった。その一人ひとりが勝手に動いてしまったのでは烏合の衆になってし

いつも吉武さんが常備している手作りのサバイバルキット。布製のポーチの中に収納されているのは、避難ルートが示された地図、数珠つなぎにテープ貼りされた10円玉（携帯電話が不通の場合の公衆電話用）、防塵マスク、携帯ラジオ、バンドエイドキット、小型ライト等など。

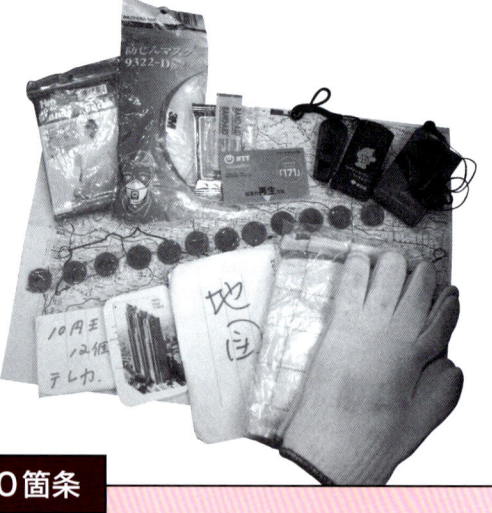

帰宅難民の会が提唱する心得10箇条

第1条 事前に家族にルートを知らせておくことが安否確認の基本です。

第2条 帰宅ルートは、情報が多く安全性の高い幹線ルートを選択してください。

第3条 道路は危険が多く、歩行中は油断しないことが肝要です。橋が落下している場合は、必ず迂回路を選択してください。

第4条 帰宅ルート上のトイレ対策を万全に。

第5条 疲労は足元から。毎日1万歩を目安に日頃の健康管理に注意してください。

第6条 自分流の「帰宅難民グッズ」を身近に常備しておいてください。

第7条 通勤路線沿線上の危険な地域（山崩れ、がけ崩れ、津波、洪水等）を、事前に把握しておいてください。

第8条 災害は、地震・火災・風水害・大雪等が複合的に来る場合もありますので、あわてずに状況判断をしてください。

第9条 緊急連絡先のネットワークを作り、頼れる先を確保する努力をしておいてください。

第10条 災害時には、携帯ラジオで報道機関や警察・消防署等からの正しい情報を入手して、決してデマ情報では動かないようにしてください。

会社から自宅までのサバイバルウォーク 「帰宅困難者」という問題

まって収拾がつかない状況になります。ただ自然発生的に、「埼玉方面へ一緒に帰ろう」とか「千葉まで一緒に歩こう」とか、そういう旗振り役が生まれてくるのではないでしょうか。歩くことは、人と一緒のほうが勇気が出ます。帰宅難民の会に参加している方に言っているのは、その場面になったらあなたがリーダーですよ、と。「私がどこどこ方面の道を知っている」と周りの人に言ってくれとお願いしているんです。

震災に遭った場合、水とか食糧とか多少のものは他の人が助けてくれるかもしれません。しかし、歩く体力だけは誰も助けられないものです。自分の身は自分で守らなければならない。それが基本です。私たちの会のコンセプトは「自分の身は自分で守る」こと。それに徹しています。

帰宅難民の会・体験記録資料

都庁～区内・都下方面

目的地	距離	所要時間
世田谷区	12km	2時間20分
練馬区	14km	4時間40分
江戸川区	15km	3時間35分
武蔵野市	14km	3時間50分
西東京市	20km	3時間40分
調布市	21km	5時間40分
小平市	24.9km	6時間30分
多摩市	27.8km	6時間50分
多摩市	30km	6時間30分
立川市	31km	6時間56分
国立市	32Km	8時間
町田市	30km	7時間13分
八王子市	36.3km	7時間33分
昭島市	38.9km	10時間20分
あきる野市	39.7km	8時間20分

都庁～神奈川方面

目的地	距離	所要時間
川崎市	17km	5時間15分
川崎市幸区	25.3km	6時間 5分
横浜市緑区	24.2km	4時間58分
日吉	29.7km	7時間38分
瀬谷区	35.8km	7時間20分
相模原市	43km	13時間25分

都庁～埼玉方面

目的地	距離	所要時間
所沢市	23km	5時間45分
狭山市	30km	8時間50分
さいたま市大宮区	30km	7時間38分
志木市	33km	9時間20分
飯能市	38.3km	10時間 8分
上尾市	40km	11時間13分
鴻巣市	51.8km	14時間36分
坂戸市	52.5km	9時間51分

都庁～千葉方面

目的地	距離	所要時間
市川市	25km	6時間30分
松戸市	28km	6時間30分
船橋市	33.2km	7時間53分
習志野市	35km	8時間45分
流山市	39km	9時間54分
白井町	47.5km	8時間45分
佐倉市	56km	12時間25分
市原市	60km	10時間 5分

この体験記録資料は、約2,000名以上の人が試みた、都庁から各自宅までの距離10kmから60km、所要時間にして6時間から14時間あまり、夏・冬7回の歩行体験の結果を元にしている。

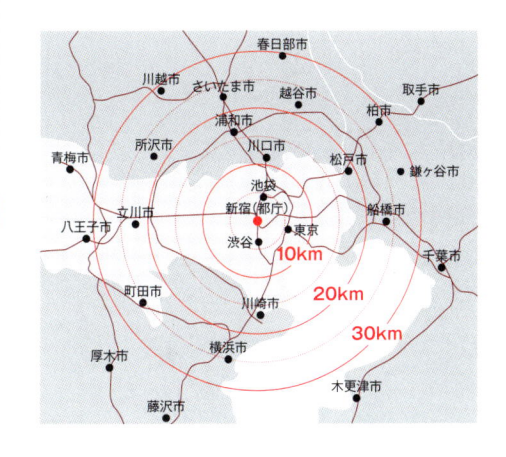

帰宅難民の会 帰宅訓練参加者の声

HTさん(男性60歳)
東京都庁→江戸川橋→池袋→戸田橋→自宅(埼玉県上尾市)
歩行距離 40km 歩行時間 11時間13分

サバイバル・ウォークは毎回テーマを決めて歩くようにしている。今回は完全な通勤スタイルは無理としても、実際の災害時に即し通勤時の革靴で歩くことにした。いつも使っている比較的足にフィットした靴だったが、20kmあたりからマメができそうになり、持参したウォーキング・シューズに履き替え完歩した。やはり直径1～2cmのマメができていた。革靴は紐で調整して歩行時にずれないようにすることが大切だ。今年は歩き方に注意したので、翌日以降の疲れは拍子抜けするほど大したことがなかった。

当日は天候が悪く寒かったため小便が近くなったが、戸田橋以北はJR埼京線管理用道路を歩いたので、駅のトイレを利用でき苦労はしなかった。

MYさん(男性56歳)
東京都庁→渋谷→大岡山→丸子橋→自宅(横浜市港北区)
歩行距離 29km 歩行時間 6時間20分

時々小雪の舞う寒いサバイバル・ウォークとなり、足への負担が少し心配でしたが、今年も無事に完歩できました。ただ足の疲労が翌日まで回復せず、翌日の仕事がつらい1日となりました。完歩の秘訣は、登山と同じように全行程の体力配分を考えて、最初から足に疲労が蓄積しないようにゆっくり歩き、こまめに休憩を取ることだなと思いました。

渋谷～大岡山間は近道をすべく住宅街を歩いたのですが、目印となる建物がなく、歩く方向が分からなくなることがありました。被災時や夜間を歩く場合、地図とコンパスが必要と感じました。途中のトイレは明治神宮、大学、市民会館を利用させていただきました。

SSさん(女性55歳)
東京都庁→松原市場→調布駅→府中→自宅(東京都多摩市)
歩行距離 28km 歩行時間 6時間30分

自宅へ帰る場合、鉄道利用しか知らないため、目印となる建物・道路・鉄道をどう関連づけて覚えておくか。現在の自分の足でどれくらいの距離が歩けるのか。気力と体力はどうか。過去の災害を参考にすると、道路や建物はどのように変形する可能性があるのか。日頃の衣服や靴で歩ききれるのだろうか。助けを求める人がいた場合、自宅に帰ることに専念できるだろうか。また道路の上を鉄道が通っている場所、建物の密集地、高層ビル近くを通る時の不安。主要道路近くのトイレの必要性。道に迷った時の目標の定め方などについて考えながら歩いた。

この体験を参考に、災害時や長距離を歩く場合に自分が着たい服や、自分で作れる必需品へと思いが広がった。

大規模地震対策の現状と今後の対策　国土交通省が進める住宅・建築物の耐震化、地震防災推進会議などの情報が入手できる。
http://www.mlit.go.jp/jutakukentiku/build/taishin/taishin.htm
●お役立ち！地震対策・情報サイト●

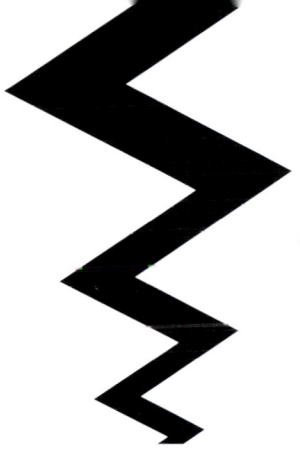

地震は突然あなたを襲う！
あらゆる状況での対応策をしっかり覚えておこう

地震発生直後の行動チャート

地震から身を守るためには、発災直後から、経過する時間ごとに変化する、最適な対応策を知ることが大切だ。

地震発生!! 0〜2分　自分の身を守る
- 机の下に入る、家具から離れる
- ドアを開ける

日頃の対策
建物の点検と補強、家具の固定、照明器具の落下防止、火災器具や危険物の管理保管の注意など

地震直後!! 2〜5分　火の始末
- 3度のチャンスで初期消火
  ①揺れを感じたとき
  ②大揺れがおさまったとき
  ③出火した直後
- あわてず落ち着く
- 避難の時はガスの元栓電気のブレーカーを切る

日頃の対策
バケツ・消火器の用意、風呂の水の汲み置き、ブレーカーの確認、防災訓練への参加など

5〜10分　家族の安全確認
- 家族の安全を確認
- 靴を履く
- 非常持出品を確認
- 津波、山、崖くずれの危険がある地域はすぐに避難

日頃の対策
月に一度は家族で防災会議を開き、「役割を決める」「震災時の避難場所や連絡方法を決める」。ガラスによるケガ防止のための「スリッパ・スニーカーを手近に用意」。救出用具の準備など

10分〜半日　隣近所の安否を確かめて、お互いに助け合う
- 隣近所の安否を確認
- 年寄りや身体の不自由な人の安全を確保
- 助け合って消火・救出活動
- 余震に注意

日頃の対策
災害用伝言ダイヤルの使い方を覚えておく、隣近所の協力体制をつくっておく、防災訓練への参加など

半日〜3日　自分や地域でしのぐ！
- 水・食糧は備蓄でまかなう
- 正しい災害情報や広報を入手
  →デマに惑わされない
- 壊れた家に入らない
- 助け合い・譲り合いの心もつ
- 避難所ではルールを守る
- 年寄りや身体の不自由な人の世話をする

日頃の対策
防災用品、備蓄品を備えておく
※阪神・淡路大震災後のライフライン全面復旧までの日数：水道90日間／電気7日間／ガス84日間

3日以降　生活を建て直す
- 住民・企業・行政が協力してまちを復興する

参考資料：東京都「いざ！というときのためのサバイバル・マニュアル」

お役立ち！地震対策・情報サイト
災害に強いまちづくりを進める自治体の集まり「都市防災推進協議会」のホームページ。
都市防災推進協議会　http://www.toshibou.jp/

シチュエーション別地震対応策

地震が発生した時、あなたは自宅にいるのか、それとも会社か。
あるいはデパート、地下鉄の中、クルマの運転中かもしれない。
ここでは、そんな突然の地震に対して、状況に応じた対処の仕方を覚えておこう。

CASE 1
駅やホームでは危険な落下物に要注意
- さまざまな落下物に注意する
- 柱に身を寄せるかベンチに一時避難する
- 切れた架線には絶対触れない

駅舎やホームには、時計や、時刻表をはじめとする看板、モニターテレビ、蛍光灯などたくさんの物が天井から吊るされている。揺れを感じたらまず、上からの落下物に注意が必要だ。バッグなどで頭を保護しながら、一番近い場所にある柱に身を寄せて低い姿勢をとる。自動販売機はしっかり固定されていない場合が多いので、決して近くには立たないこと。

CASE 2
地上を走る電車に乗っていて危険が迫った場合
- 急停車に備えて、吊り革や手すりなどにしっかりつかまる

電車の脱線や火災などが発生したときは、まず係員の指示に従うこと。車内にいて危険のある場合は、非常通報ボタンを押してから、ドアの脇にある非常用コックを操作し、ドアを開けよう。そして反対側の線路の状況を確認して電車から脱出する。電車のドアは地面から高い場所にあるので、子どもや高齢者、女性などの手助けも忘れずに。

CASE 3
地下鉄から勝手に外に飛び出さない
- 停電しても10時間は暗くならない
- 飛び下りたとたん感電する危険も

地下鉄に乗車中の地震で怖いのは、地下街での被災と同様、人々のパニックだ。狭い車輌の中で、ましてラッシュ時の場合はなおのこと、パニックが起こりやすい。

地下鉄は地震計が地震動の加速度150ガル以上を示すと自動的に停車する。停車した車内は、自動発電装置で10時間は照明を確保され、車輌自体、火災に対しての不燃処理も施されている。

我先に脱出しようと、窓を割ったり、勝手に非常用コックを開いたりせず、係員の指示に従い冷静に行動すべきだ。地下鉄の線路脇には高圧電流の通っている路線もあり、電車から慌てて飛び下りた途端、感電する危険もある。

CASE 4
クルマで走行中に地震に襲われた
- 地震を感じたらゆっくりスピードを落とし道路の左側の路肩に停める
- エンジンを切って揺れがおさまるまで車外には出ない
- クルマを置いて避難する際はできるだけ道路外の場所に移動する

クルマを運転中に地震が発生！ その場合、震度3ではまず気づかない。震度4でハンドルをとられ、はじめて異常に気づく。震度5でパンクしたような状態、あるいは道路が波立つような状態になり、震度6で揺れとともにハンドルをとられ、クルマのコントロールが効かなくなる。

強い揺れを感じたら、ハンドルをしっかり握り、ゆっくり速度を落として、左側の路肩、もしくは公園や駐車場などの空き地に停車すること。くれぐれも急ブレーキだけは踏まないように。道路が揺れているので、クルマがスピンや横転する危険がある。またクルマから離れて避難する場合は、ドアはロックせず、緊急の移動のためにキーもつけたままに。

イラスト：常盤雅幸

CASE 5

ビルの中から無闇に外に飛び出さない
- カバンなどで頭部を守り柱やデスクの下に避難する
- コピー機など動きやすいものには近づかない
- 慌てて建物の外に飛び出さない

　ビルの中にいる時は、太い柱に身を寄せて、低い姿勢でカバンなどで頭部を守る。ガラスなどが落下してくる危険があるので、慌てて外には飛び出さないこと。オフィスビルの場合は、とりあえずオフィス用のデスクに潜り込むのが安全だ。書棚や、ロッカー、コピー機、自動販売機など、重くて動きやすいものがたくさんあるので、体を挟まれないように注意すること。

　トイレなども比較的安全な場所だ。また、もし階段にいたら、その場で階段の手すりなどにしっかりつかまり、しゃがみこむほうが安全だ。無理に下の階に降りようとしたり、慌ててオフィスの部屋の中に逃げ込もうとするほうがかえって危険な行為だ。

　それと忘れてならないのが、高層ビルの火災。高層ビルの場合、一度火の手が上がると、ビル全体が煙突状態になって火がどんどん上に駆け上ってくる。OA機器など、有毒ガス発生の原因になるものがたくさんある。事前に非常口がどこにあるのか、よく確認しておいたほうがいい。

CASE 6

エレベーターの中に閉じ込められた
- あきらめずに緊急電話をかけ続けよう

　ドアが開かない。これは人がパニックになる原因のひとつだが、もし移動中のエレベーターが地震の影響で突然停止し、閉じ込められてしまったら？　さまざまな安全対策が施されているエレベーターだが、すべてが最新式のものとは限らない。古い設備だと、非常電源すら備えていないものもある。

　大きな揺れを感じたら、とにかくすべての階のボタンを押し、止まった階で速やかにエレベーターを降りる。それもできず閉じ込められてしまった場合は、緊急電話、携帯電話などの手段を使って外部と連絡をとり、救援要請をしよう。

CASE 7

デパート、スーパー、映画館、劇場など
- 倒れやすいショーケースやウィンドーには近づかない
- バッグや買い物カゴなどで頭を保護する
- 慌てて出口に殺到しない

　女性や子どもなどが数多く集まる、デパートやスーパー。年々、その防災設備は向上しているようだが、油断は禁物だ。商品や陳列棚、蛍光灯など相変わらず危険な要素は多いし、突然の揺れでは集団的なパニック状態が生じやすい場所であることにも変わりはない。たとえばスーパーで地震に遭ったら、使える防災道具がある。それは、買い物カゴ。頭にかぶって、壁面か太い柱に身を寄せて、揺れがおさまるのを待とう。また映画館や劇場などの場所では、照明などが落ちてくる危険がある。座席と座席の間に身を埋めて、身を守ろう。いずれの場所でも、慌てて出口に殺到することだけは避けること。

CASE 8

商店街やビル街、住宅街にいる時は
- 頑丈そうな建物があったら中に逃げ込もう
- 木造の建物には決して避難しない
- 頭を保護しながら空き地などへ避難しよう

　高層ビルや繁華街、商店街などには、巨大な広告看板やネオンサイン、それに自動販売機などが無数に存在している。そういった場所を歩いている時は、落下物で怪我をする危険が高い。自分の力で移動できる震度の地震なら、まずはそうした建物や自動販売機などから離れることが大切だ。もちろん窓ガラスの破片や外壁などの落下物、垂れ下がった電線への注意も必要だ。住宅街で注意すべきなのは、ブロック塀や電柱だ。それらにつかまったりせず、できる限り離れること。

地震は突然あなたを襲う！　あらゆる状況での対応策をしっかり覚えておこう

CASE 9
地下街ではパニックに巻き込まれるな
- 大きな柱、壁面に身を寄せる
- パニック状態の人の波に巻き込まれない

　八重洲、新宿、渋谷、池袋をはじめ、東京にはいくつもの大きな地下街がある。これら地下街は、地上に比べて倒壊の危険が少なく、地震に対しては意外に安全な場所であるという。つまり高層ビルの場合は、一般に上に上がるほど揺れが大きくなるが、反対に地下街は下に下がるほどに揺れが少なくなる。

　地下街で地震にあったら、まず大きな柱か、落下物の少なそうな壁に身を寄せること。そして揺れがおさまるのを待つ。ショーウィンドーなどの、割れやすいガラスがある場所からは、離れるのが賢明。

　また地下街でもっとも怖いのは、人々のパニックだ。1ヶ所の出口に大勢の人が殺到し、それによる混乱やトラブル、圧死などの事故が誘発されやすい。人間は地下に潜ると、方向感覚を失いがちになる。地下街では地上への出口が必ず60mおきに設置されている。そして1分以内に自家発電装置が作動し、誘導灯が確保されるので、係員の指示とこの誘導灯に従って、慌てずに避難しよう。

CASE 10
ウォーターフロントは液状化の舞台
- 岸壁には近づかない
- 橋のそばから離れる

　いつも大勢の観光客や若者たちで賑わっている東京のウォーターフロント。しかし地震になると、これらのエリアは、極めて危険な液状化地帯になってしまう可能性が高い。大きな揺れで地面が液体のようになってしまうのだ。特に海に面している岸壁は、液状化しやすく、地割れが起き、津波の危険性もある。揺れがおさまるのを待って、速やかに岸壁から離れることだ。また橋のそばにいたら、やはり揺れがおさまったら、素早くそこから離れてほしい。

地震の心得10ヶ条

サバイバルの基本は、まず冷静に行動すること。
そのための10ヶ条を覚えておきましょう。

わが身と家族の身の安全！
大きな揺れは、1分程度。丈夫なテーブルや机などの下に身をかくし、頭を保護しましょう。

グラッときたら火の始末。火が出たらすばやく消火！
火の始末が大きな災害を防ぎます。小さな地震でも火を消す習慣をつけましょう。

あわてて外にとびだすな！
むやみに外に飛び出すのは危険です。周囲の状況をよく確かめて、落ち着いて行動しましょう。

戸を開けて出口の確保！
地震の揺れでドアがゆがみ、部屋に閉じ込められることがあります。戸を開けて出口を確保しましょう。

戸外では頭を保護し、危険なものから身をさけよ！
屋外にいるとき地震に襲われたら、ブロック塀が倒れたり窓ガラスや看板などが落ちてきます。安全な建物か近くの広い場所へ避難しましょう。

百貨店・劇場などでは係員の指示に従って行動を！
大勢の人が集まる場所ではパニックが起きる心配があります。巻き込まれないように、冷静な行動を心がけましょう。

自動車は左に寄せて停車。規制区域は運転禁止！
勝手な行動は混乱のもと。カーラジオの情報により行動しましょう。

山くずれ・がけくずれ津波に注意！
山くずれ・がけくずれ・津波の危険地域ではすばやく避難しましょう。

避難は徒歩で。持ち物は最小限度に！
自動車を使うと、渋滞をひき起こし、消火活動や救援救護活動の妨げとなります。避難は徒歩で、荷物は必要最小限のものだけにしましょう。

デマで動くな。正しい情報で行動！
災害時はデマなどにまどわされやすくなります。報道機関や区市町村、消防・警察などからの情報に注意しましょう。

出典：東京都「私たちの東京を地震から守ろう」より

セブン‐イレブン・ジャパンとNTTドコモに見る、ネットワーク社会を支える企業の防災システム

コンビニとケータイ。24時間休むことを知らない心臓のように、現代人の生活にとって、この2つは、欠くことのできない基本アイテムといえる。では、はたして地震が起きた際、コンビニとケータイの機能はどのように維持されていくのだろうか。実に興味深い問題である。それぞれの防災システムの現状を調べてみた。

セブン‐イレブン・ジャパン

被災時のセーフティステーションとして期待が増す、コンビニエンスストア。その生命線になるのが物流の確保だ。災害時の新たな機動力として、配送車に装備されるデジタル無線が注目される。

震災時にも存在価値を発揮

1974年5月に江東区豊洲で1号店をオープンしてから30年あまり。2005年6月現在、都内だけでも1,396店。神奈川・千葉・埼玉を含めた首都圏では、なんと3,702店もの店舗を持っているのがセブン‐イレブン。特に都市部で働いたり、住んでいたりする人間にとっては、セブン‐イレブンを含めたコンビニエンスストアは日常のすぐ横にある存在と言っても過言ではない。震災の際も、帰宅困難者のエイド・ステーションとして、あるいは緊急の物資の補給基地として、あるいは情報の入手場所として、さまざまな側面で利用されることが予想されている。コンビニエンスストアの存在価値は、震災時でも大きいと言われている。

セーフティステーション活動の開始

コンビニエンスストア14社が参加する、セーフティステーション活動が2005年6月から北海道・東北・関東でスタートした。もっとも遅い東京でも10月には開始され、全国のコンビニエンスストアがセーフティステーションとなる。

セーフティステーションとは、良質な商品やサービスを提供することに加え、地域の住民や地方自治体とも協力して、安全で安心な生活の拠点作りをし、かつ青少年の健全な育成を計ろうとする試みである。日常の安全対策から、震災という緊急事態における警察や消防などへの連絡まで、今まで以上にその地域と密着する拠点として生活にも大きな存在となっていくに違いない。

小さな基地としての役割

2004年秋の新潟中越地震の際、ヘリコプターを使って食糧などの物資を緊急に被災地へ運んだセブン‐イレブン。行政とタイアップして、他の車両を規制しても、セブン‐イレブンの配送車は通行させ、物資の供給を行なったこともあった。東京直下地震でも、原則的にはフランチャイズ店舗の営業を続けることになっている。もちろん優先されるのは、それぞれの店舗と従業員の安全だが、できる限り営業を続けることによって一時避難所としても開放する。もちろんトイレの利用や水の供給も可能で、小さな基地としての役割を果たすことになる。

デジタル無線で被災地の物流も確保

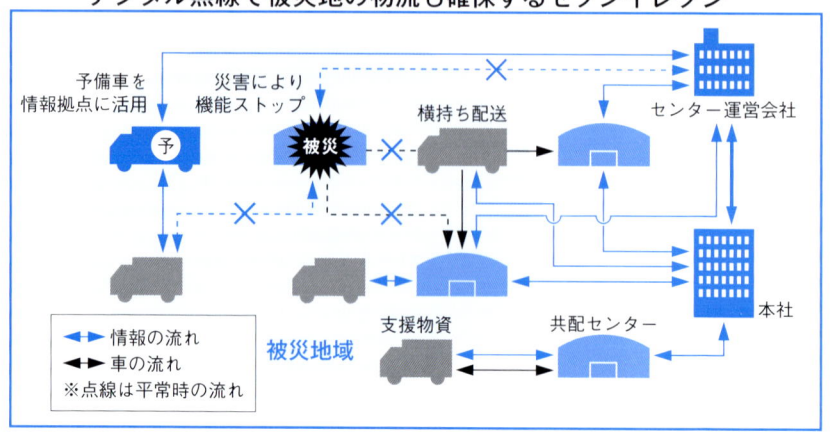

コンビニエンスストアが開店していることによって、結果として地域住民には大きな安心感を与える。基地としての役割を果たすために、もっとも重要なのが物流網を確保することに他ならない。通常、東京都内のセブン‐イレブンでは、各店舗にトラックが来るのは1日に9回。すべての店舗に、普段と同じように物資を運ぶのは不可能だ。どこの場所で何が必要なのか。それをスピーディーに把握し、どう流通させるか判断することが重要になってくる。

そこで災害時の新たな機動力と注目されているのが、配送車に装備されるデジタル無線だ。デジタル無線で全国が結ばれた配送車のネットワーク。無線機とGPS対応の車両端末によって、本部と配送センターがリアルタイムで車両の現在位置と配送状況をつかめるようになる。被災地に向かう配送車へ本部から道路の寸断状況や避難所の状況を伝える。その逆に一台一台の配送車から被災地が今どのような状況なのかを伝えてもらうこともできる。確かな情報があれば、物資を運ぶロスは軽減される。

NTTドコモ

震災の混乱の中で安否確認をするには、メールの方が断然早い。震度7まで耐えられる無線基地局、いざという時のP-MBS（可搬型移動無線基地局車）や移動電源車など、非常時体制は抜かりない。

震災時は一時的に通信をコントロール

全国で4700万、関東・甲信越だけでも2000万もの契約数があるNTTドコモ。大震災ともなれば、被災地やその近辺にいる人への電話、また被災地にいる人から家族などへの電話で通信が集中する。新潟県中越地震や福岡県西方沖地震でも、通信が集中したことによって、一時的に通信がコントロールされた。「震災の際に携帯電話が繋がらない」と言われるのはこれが理由だが、まったく繋がらないわけではない。消防・警察・官公庁などの重要通信を確保する責務があるため、一般の利用者の通信が制御されるのは仕方のないことだ。ちなみに通信の規制が解除されるまでに、新潟県中越地震では半日程度を要した。

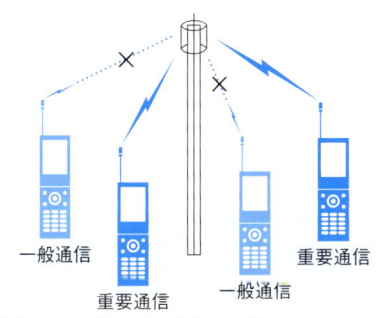

災害時は重要通信を最優先で確保する

被災地に携帯電話機を貸し出し

震災時には、音声での通信は確かに繋がりにくくなる。高速道路をイメージするとわかりやすいが、スムーズに走れる量は決まっている。一定量を超えてしまえばスムーズに走れなくなり、規定を超える量の車が押し寄せてきたら、高速道路の入り口を封鎖して、新しい車を入れなくし、緊急車両を優先的に通過させる。通信もそれと同じで、多くの人が同じ時間に電話をかけようとすればするほど、繋がりにくくなる。一時的な通信集中による渋滞を未然に防ぎ、早期に解消するために実施されるのが、通信の一部を自動的にコントロールすることだ。

また全国の各社・支店には貸し出し用の携帯電話機や衛星携帯電話機などを配備して、被災地の地方自治体・警察署・消防署・自衛隊などの公的機関をはじめ、避難所や災害対策本部などへ貸し出す等の支援を行っている。

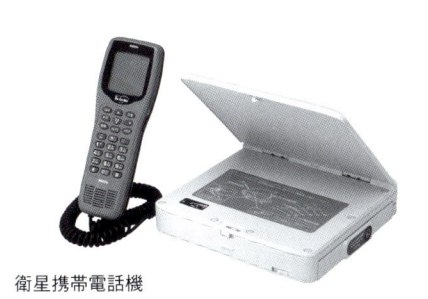

衛星携帯電話機

安否確認はメールか災害用伝言板で

音声での通信は繋がりにくくても、データ通信は普段とまったく同じスピード感で、送信・返信ができるわけではないが、ほぼ問題ない。身内や知りあいの安全を確認したい時には、もちろん声を聞きたくなるのが人情だ。しかし自分が大丈夫だとまず知らせるには、メールで知らせるほうが断然早い。だから震災時には、音声よりも、メールやiモードの災害用伝言板サービスを利用すべきだ。

長期停電に備えての救済対策

一つひとつの携帯電話からの通信は、無線基地局のアンテナを経由して交換局へと繋がっていく。東京では2kmから3kmごとにある無線基地局は、震度7まで耐えられるように設計されている。過去に日本が経験した最大級の地震や台風にも耐えられる構造となっている。ただし電気が通じないと、無線基地局は通信を経由させることができなくなる。非常時のバッテリーは、10数時間しかもたない。そこでNTTドコモでは、長期の停電の救済対策として、大小の移動電源車を配備している。さらに電源車だけではなく、個々の携帯電話を充電するコンパクトな発動機も所有している。

自家用発電機

可搬型移動無線基地局車が威力を発揮

無線基地局のアンテナが使えなくなるなどして、殺到する通話量をさばききれなくなることもある。このような場合に出動して威力を発揮するのが、P-MBS（可搬型移動無線基地局車）と移動電源車だ。P-MBS 1台で、最大140回線程度の音声通話をまかなうことが可能だ。P-MBSは全国に配備されており、東京では数台配備されている。素早い情報収集と復興をみすえた適切なサービスエリアをいち早く確保し、通信の早期復旧を図ることができる。

個々人として、いざという時のために準備しておかなければならないことは、災害が起こった時に連絡する順番を決めておくこと、実家や友達の家など携帯電話以外で連絡が取れそうな場所を伝えておくこと、大切な人への「大丈夫」メール本文を、あらかじめ作って保存しておくことなどが上げられる。

左／P-MBS（可搬型移動無線基地局車）
右／移動電源車

東京都の主要交通機関の防災対策はどうなっている!?

緊急アンケート実施!!

Q1 駅舎や改札口、ホーム、サービスエリア等のお客様が滞留する建物施設の面において、地震等の災害に対する事前の備えとして、主にどのような点をポイントとした防災対策をとっていますか?

Q2 線路・高速道路などについてはどのような防災対策をとっていますか?

Q3 主要な交通施設などの建築物は、震度いくつまで耐えられるよう耐震設計されていますか?

JR東日本　東日本旅客鉄道株式会社

本社所在地：東京都渋谷区代々木2-2-2
http://www.jreast.co.jp

[防災対策について]

A1 駅など個々の建物について耐震診断を行い、補強が必要とされた建物に対して計画的に補強を進めています。

A2 新幹線・在来線の高架橋柱などについても、耐震補強を計画的に進めています。

A3 震度ではなく、耐震改修促進法や国土交通省の基準に従い耐震補強を進めています。

[被災対策について]

A4 お客様を安全に避難誘導させるための経路確認の訓練や、広域指定避難場所などの地図を使った訓練などを実施しています。

A5 当社では、地震発生後72時間は救助救命活動に従事することを第一としており、主要駅においてこれに必要となる食糧、水などを備蓄しています。

A6 当社では、地震発生後72時間は救助救命活動に従事することを第一としており、災害弱者などの避難誘導などにつきましては、状況により対応することと考えています。

A7 基本的に乗務員が異常な揺れを感じた場合はブレーキをかけ、列車を停止させる手配をとります。システム面では、新幹線の場合、地震動の加速度が40ガル*相当以上を当社の地震計が検知した場合、その地震計周辺の列車を自動的に緊急停止させます。在来線においては、場所にもよりますが、おおむね地震動の速度が12カイン**以上の揺れがあった場合は列車を停止させる手配をとります。また40カイン以上の揺れがあった場合は乗務員に緊急停止の情報が自動的に伝達され、乗務員はブレーキをかける手配をとります。

A8 地震の規模、被災状況、列車停止位置などにより、さまざまな場面が想定されるため、一概に答えることはできません。乗務員は指令などと連携をとり最も安全な方法で避難させることとしています。

A11 [その他] 列車が駅間に停車することがあった場合は、列車から降りないで係員の指示に従って下さい。

*ガル(gal)：毎秒のカインの変化を表す加速度の単位。最大加速度。毎秒²cmで表す。　**カイン(kine)：地震動の大きさを「速度」の単位で表したもの。最大速度。毎秒cmで表す。

羽田空港　日本空港ビルデング株式会社

本社所在地：東京都大田区羽田空港3-3-2 第1旅客ターミナルビル
http://www.tokyo-airport-bldg.co.jp

[防災対策について]

A1 東京直下型地震等の大地震が起こった場合に、液状化現象を主とした原因によるアクセスの分断で一時的に羽田空港が孤立し、ターミナルビル内に多数の滞留旅客が発生することを想定した対策を中心に策定しています。

A2 1ビル、2ビルとも1981年の新建築耐震規準を満たす設計を行っており、震度6程度の地震に対しては、人に損害を与えるほどの建物崩壊は起こらないと思われます。さらに、1ビル、2ビルともに、天井材の落下防止対策が施されています。

[被災対策について]

A4 空港従業員によって構成された自衛消防隊によって、あらかじめ決められた一次避難場所(ターミナル内の天井が低く、ガラスなどの飛散の少ない場所)、二次避難場所(ターミナル外の駐車場や滑走路)へ誘導する訓練を定期的に実施しています。

A5 非常食セット(3食分)を11,000個備蓄しています。[内容]ビスケット、乾パン、フルーツ缶詰、さんま味付け缶詰、ソーセージ缶詰、アルファ米、保存水(500ml×2)

A6 身体障害者用の避難用車椅子(2台)を配備。エレベーター、エスカレーターが停止状態でも、通常の階段を使って障害者を車椅子で避難させることができます。

[その他]

A10 [非常用発電設備]1ビルで約7時間、2ビルで約11時間の非常用電気を供給できます。[受水槽(上水)]1ビル：1440㎥(360㎥×4基)。2ビル：700㎥(350㎥×2基)

A11 断水時におけるトイレ対策を実施　[仮設トイレ]30個(汚水マンホールに設置)[簡易トイレキット]200回分×100セット(既存トイレに設置)※吸水凝固シートを接着した便袋、受けネット、脱臭剤　[その他]毛布(5,000枚)、大型炊き出し器、大型間仕切等の震災備品を配備しています。

Q4	地震が発生した場合、お客様を避難させるために、どのような対策を考えていますか？	Q8	電車内で被災した場合の避難方法は？
Q5	被災後の備えとして食糧品や水などの備蓄は行っていますか？	Q9	高速道路上で被災した場合の避難方法は？
Q6	子どもや女性、高齢者をはじめとする災害弱者対策は考えていますか？	Q10	防災あるいは被災に対して、何か特徴的な防災設備やシステムを持っていますか？
Q7	電車は震度いくつで停止しますか？	Q11	そのほか地震の防災対策（および被災対策）としてアピールしたいことは？

※各交通機関に関係する設問ついて回答していただいています。

東京メトロ　東京地下鉄株式会社

本社所在地：東京都台東区東上野3-19-6
http://www.tokyometro.jp

[防災対策について]

A1 「阪神・淡路大震災」以降、施設の耐震性を見直し、駅・トンネル高架橋等耐震工事を進めています。震災時はいち早く安全な場所や広域指定避難場所に誘導するのが基本。周辺の被害が激しく、駅施設等が安全と判断された場合は、避難場所として開放する場合も想定されています。

A2 電車は、法令上の基準に基づき、燃えない、あるいは非常に燃えにくい材質で造られています。また、駅やトンネルも燃えにくい材質で造られており、建築基準法、その他の法令に定められた技術基準をすべてクリアしています。

A3 東京メトロは「関東大震災」クラスの地震に十分耐えられるように造られています。しかし、「阪神・淡路大震災」の被害状況を勘案し、トンネル、高架橋、地上部建物についての耐震性を見直し、必要な箇所については耐震補強工事を実施しています。また電気設備、機器の補強等の対策も行っています。

[被災対策について]

A4 自動火災通報設備、非常放送設備、排煙設備、消火設備等を駅事務所内の防災管理室で集中管理し、駅構内を総合的に監視。お客様の避難誘導や消火活動などが迅速に行える体制をとっています。

A5 非常時は、社員を非常召集し救助救命活動に従事するため、社員用の食糧と水の確保をしています。

A6 避難誘導等、災害弱者が優先され社員もサポートする体制です。

A8 もしも列車がトンネル内に停車した場合、みだりに外に出ず、乗務員の車内放送に従って下さい。線路に飛び降りますと、転んだり思わぬ怪我をすることがあります。特に銀座線・丸ノ内線はレールの横にある第三軌条に電気（600V）が通じていますので、とても危険です。列車が長く停車する場合には、乗務員や駅係員が乗客の皆様を安全な最寄り駅まで歩行で誘導しますので、係員の指示があるまで車内でお待ちください。駅に着きましたら、駅係員の誘導および誘導灯に従い、速やかに出口より脱出してください。

[その他]

A10 地震による津波、台風や大雨によるトンネル内への大量浸水に備えて、要所に防水ゲートを設置しており、トンネル内の全断面を閉鎖できます。万一浸水した場合、ポンプでトンネル外に排水できるようになっています。また小石川、深川、行徳、綾瀬、代々木上原、和光の6地点に「コンパクトユレダス」と呼ばれる地震計を設置しています。これは地震がくる前に観測されるP波を感知し、100ガル以上の大きな揺れの発生を瞬時に解析するものです。100ガル以上の地震動が予測された場合、システムは総合指令所に警報を発令し、指令所から運転士に緊急停止が発令され、全路線の全列車を停止させます。

首都高　首都高速道路公団

本社所在地：東京都千代田区霞が関1-4-1
http://www.mex.go.jp

[防災対策について]

A1 首都高速道路には、11ヶ所の有人休憩所（PA）がありますが、地震等の災害発生時にお客様の安全を守るため、休憩所の閉鎖やお客様の避難誘導など、休憩所の現場責任者等が必要となる業務をとりまとめた要領（マニュアル）を定めています。また地震による火災を未然に防止するため、消火器の設置、定期点検などを実施しています。商品、器物等の落下、転倒を防止するための安全措置もとっています。

A2 首都高速道路公団では、震度5弱の地震発生から防災体制に入り、必要な交通規制・点検等を行います。また、震度5強以上の地震発生からは、直ちに全線にわたって入口閉鎖・通行止を実施するとともに、詳細な点検を行い、仮復旧までのあいだ二次災害の防止と被害の拡大の防止のための応急対策を実施します。

A3 1995年1月の「兵庫県南部地震」で高架橋が被害を受けたことを踏まえ、首都高速道路公団では1995年度から高架橋の安全性の強化を行っており、「兵庫県南部地震」クラスの地震動が作用した際にも、橋脚の倒壊といった致命的な被害を防止し得る耐震性能を有しています。

[被災対策について]

A5 備蓄は行っていません。

A9 地震の時の4大原則に従って行動してください。まず「道路の両わきに寄ってエンジンを止める」。次に「地震情報や交通情報で状況を把握する」。そして「自分の判断で、みだりに行動しない」。「警察や公団からの指示があった場合は、それに従う」。以上です。

大地震の混乱の中で、大人たちは本当に、幼い子どもたちを守ることができるだろうか？

保育園や幼稚園の防災力を向上させる新たな試み「目黒巻(めぐろまき)」

　地震をはじめ、火災や、不審者の侵入など、予測不能な危険が発生したとき、もっとも無防備な状態の災害弱者は、幼い子どもたちだ。そしてそんな幼い子どもたちが集まっている保育園や幼稚園といった施設は、防災対策をもっとも意識的に取り組まねばならない場所である。子どもは災害に対して、自分だけで対処するには、身体的にも精神的にも未熟であり、大人の手を必要としている。でもはたして大人の手は、災害時に子どもに差し伸べられるだろうか。

　「目黒巻」というのは、そんな災害状況をイメージし、自分がどう行動すべきかを明確にするためのイマジネーショントレーニングツール。保育園等で、保育士や保護者を対象にした、災害シミュレーションのワークショップで用いられる。平行して家庭でも行うとより効果的だ。

　災害時に起こりうるさまざまな状況を自分自身の問題としてイメージしながら、「目黒巻」に記入していくことで、地震が発生した時に、子どもたちを守るためにはどんな行動を取っていけば良いのか、クリアに理解できていく。

　「目黒巻」の前身は、本書監修者でもある東京大学・都市震災軽減工学の目黒公郎教授が提唱する、災害状況イマジネーションツール「目黒メソッド」(本書94頁参照)だ。目黒メソッドは自治体の防災担当者なども使用する高度なもので、これを保育園などの場に適用し、"短時間で楽しくわかりやすく"行えるように簡略化したのが、「目黒巻」なのだ。

保育園で行われた目黒巻ワークショップ

　保育園の関係者、保護者など、ワークショップの参加者に、まずは地震が発生した時の状況をイメージし、「目黒巻」に書き込んでもらう。書き込むなかで、疑問点や現状の問題が自然と頭に浮かんでくる。その後で、参加者の話し合いによってイメージを共有したり、疑問点や問題点を出し合うことによって、防災対策への意識を高めていくのだ。

　「目黒巻」ワークショップは「自分達が主人公の防災」のきっかけ作りとなる。具体的には参加者各自が書いた目黒巻を机に並べ、互いに見せ合うことで話す糸口をつかみ、記入中に気づいたさまざまな点を、専門家の意見や過去の災害事例を参照しながら、解決していくのだ。

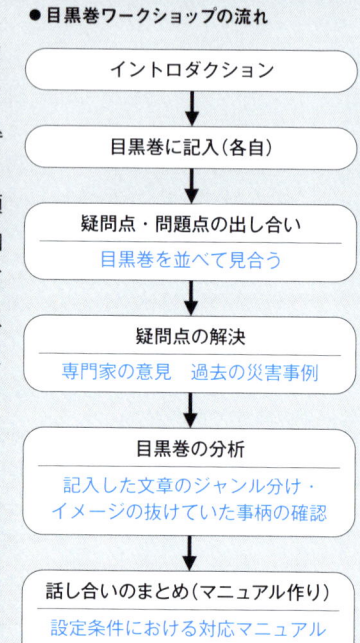

●目黒巻ワークショップの流れ

- イントロダクション
- 目黒巻に記入(各自)
- 疑問点・問題点の出し合い
  - 目黒巻を並べて見合う
- 疑問点の解決
  - 専門家の意見　過去の災害事例
- 目黒巻の分析
  - 記入した文章のジャンル分け・イメージの抜けていた事柄の確認
- 話し合いのまとめ(マニュアル作り)
  - 設定条件における対応マニュアル
  - ＋
  - 事前にやっておくことマニュアル

「目黒巻」の書き方

※詳しい説明と記入用紙は、目黒研究室ホームページからダウンロード！
http://risk-mg.iis.u-tokyo.ac.jp/

災害発生後の状況をイメージし、自分を主人公とした物語を作る(1年後まで)

　災害が発生した後、「自分がどのような状況に置かれ、何を思いどう動くか」をイメージしながら、自分を主人公とした物語を、時間軸に沿って自由に書き込む。物語の他の登場人物としては、自分の家族や職場の人たち、周囲にたまたまいた人などが考えられる。
※災害の種類やイメージした対応(火事を無事初期消火できた場合など)によっては、1年経たずに物語が終わる可能性もある。

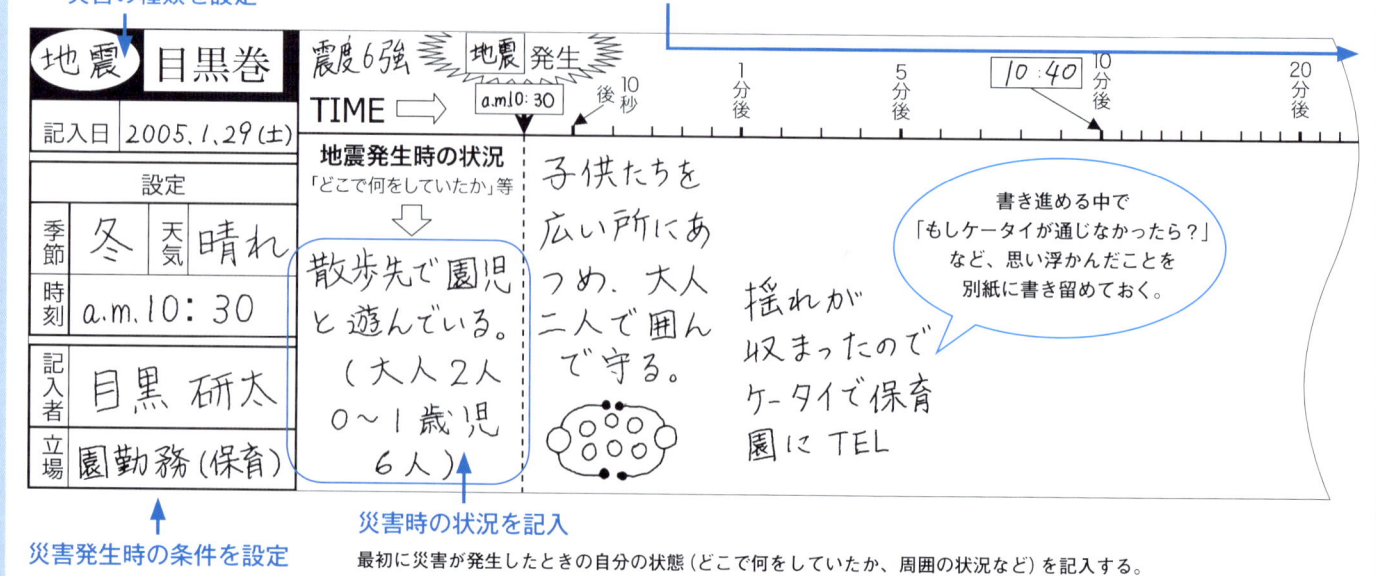

災害の種類を設定 → 地震　目黒巻

記入日 2005.1.29(土)

設定
- 季節: 冬　天気: 晴れ
- 時刻: a.m.10:30
- 記入者: 目黒 研太
- 立場: 園勤務(保育)

災害発生時の条件を設定

震度6強　地震発生　TIME⇒ a.m10:30　10秒後　1分後　5分後　10:40 10分後　20分後

地震発生時の状況「どこで何をしていたか」等
⇒ 散歩先で園児と遊んでいる。(大人2人 0〜1歳児 6人)

災害時の状況を記入
最初に災害が発生したときの自分の状態(どこで何をしていたか、周囲の状況など)を記入する。

子供たちを広い所にあつめ、大人二人で囲んで守る。

揺れが収まったのでケータイで保育園にTEL

(書き進める中で「もしケータイが通じなかったら？」など、思い浮かんだことを別紙に書き留めておく。)

あなたの会社やお店でも、いますぐ導入すべき！

緊急リポート！ 災害状況へのイマジネーションと判断力を養う

災害体験図上演習

大規模災害がいつ来てもおかしくないと言われる現在、企業など多くの
事業体にあっては災害担当専任者が不在で、人事異動も頻繁なシステムのなかで、
緊急時に即戦力になる防災担当者の育成が急務になっている。「災害体験図上演習」は、
そんな災害時の人的対応力を高める、図上シミュレーション訓練、
またはシナリオ型図上訓練といわれる訓練手法。災害発生時に予想されるさまざまな被害状況への
想像力を養い、個人と組織の緊急対応力、リーダーの判断力などを高めるために、
さまざまな企業で導入されはじめている。ここでは、2005年3月に全労済東京都本部で
行われた「災害体験図上演習」の様子を紹介したい。

講師プロフィール
五辻　活（いつつじ・めぐみ）
生活協同組合連合会　首都圏コープ事業連合
運営統括本部（災害対策専門員）
21世紀コープ研究センター研究員

東京災害ボランティアネットワーク専門員
東京都震災復興検討会議委員

突然襲ってくる想像外の災害、パニック。
「災害体験図上演習」はそんな過酷な状況に、個人＆チームの
発想と機動力で対応していくためのイメージトレーニングだ。

　大規模災害は、突然、予想をはるかに越えた規模で地域や人々を襲うもの。突然、想像を絶する被害状況が、身の回りに次々と出現する。建物の倒壊、多数の死者とケガ人、火災の発生と延焼、助けを求め逃げまどう人々…。
　このような状況に遭遇してパニックに陥ることなく、一人ひとりがどのように行動すれば良いのか。「災害体験図上演習」の目的は、そんな想像を絶する大規模・激甚災害に突然遭遇した場合に次々に発生する、さまざまな状況を模擬体験することによって、災害へのイマジネーションを身につけることにある。そして、そのような災害のイメージトレーニングを行うとともに、演習の参加者が与えられた状況のもと、次々に与えられる情報や状況を適確かつ迅速に判断し、個人、チームでの対応行動を決定する、役割実践の訓練（ロールプレイング）でもあるのだ。

　2005年3月、全労済東京都本部ビルの会議室で行われた「災害体験図上演習」。数多くの職員を抱え、各支所やショップでのお客様対応が日常業務の全労済では、被災時の対応は最重要課題の一つだ。演習当日は、各支所から選ばれた担当者でチームが編成され、全体の進行を行う講師の五辻さんの指導のもと、緊迫した雰囲気の中で災害のシミュレーションが行われた。

　災害体験図上演習は、もともと自衛隊が行っている「災害机上演習」の訓練ノウハウを活用し、編み出されてきた手法で、DIG（Disaster Imagination Game）とも呼ばれている。

　全国のさまざまな自治体でも実践されてきており、企業や事業所での導入にあたっては、区役所の防災課などに直接問い合わせてみるか、DIGマニュアル作成委員会事務局（〒417-0801 静岡県富士市大渕325 富士常葉大学環境防災学部・小村研究室内）などに聞いてみるのがいいだろう。

災害体験図上演習 「日中に事業所で被災」シミュレーションの進め方　●各班作業：作業時間1時間30分

発災から半日間という限られた時間設定の中で、「被災状況下で、自分と周辺はどのような状況になっているのか」「そこでは何が必要なのか」「どんな行動をとるのか（とれるのか、とれないのか）」を、変化する被災状況のもと、各班のメンバーが話し合い、チームとして判断を決めていく災害体験図上演習。

演習開始に際しては、まず演習を行うためのグループ分けと、分けられた各班内での役割設定を行う。そして各班がそれぞれ置かれた状況＝基本設定を把握した後、経過時間ごとの場面設定（進行シナリオ参照）にそって、演習が行われていく。

グループ分け
- 演習を導入する事業体の、実際の組織編成に合わせて、班を構成。全労済の場合は、5つの班を作った。
- 演習を行う班とは別に、統制班も設定。この班が、事業体の「災害対策本部」あるいは「行政などの関連機関」の役を行う。
- 各班に対して、予想される地震の被災状況や対応課題などが、時間の経過に従って、そのつどペーパーで与えられる。

各班メンバーの役割
- 「作戦会議」で《リーダー》、《情報係》、《記録係》を選ぶ。
  《リーダーの役割》全体状況の把握、重要な情報・重要でない情報の選別、メンバーの役割分担などのコントロール。
  《情報係の役割》そのつどペーパーで配付される被災状況の変化などを読み上げる。
  《記録係の役割》自分の班が決定した対応を記録する。また用意した地図の上に、町丁目単位の被害予測や、地域危険度などを書き込む。
- 他の班や、「災害対策本部」「行政などの関連機関」への連絡伝達は、連絡票によって行う。
- 各班ごとに対応した課題と、とった行動を要領よくまとめて発表報告する。

経過時間ごとに変化する場面
- 【発災直後～1時間】、【2～4時間後】、【その日の夜まで】といった3つの時間経過にそって、場面を3段階に区切って行う。
  【発災直後～1時間】…作業時間30分：発災直後の混乱した状況のなか、被害状況、職員や関係者の安否確認など、状況への対応や初動体制の立ち上げを行う。
  【2～4時間後】…作業時間30分：初動体制を作りあげ、状況に対応していく。被災現場(周辺地域含む)からの被害状況や、本部など外部の情報がペーパーで知らされる。
  【その日の夜まで】…作業時間30分：夜になり、近隣住民の被害状況と救急救出活動は一層深刻化するという設定のもと、夜をしのぐための対応が求められる。

図上演習の開始に際して用いられる基本設定《各班（事業所）がある地域および東京都の被害状況》

被害状況＼チーム名	A班	B班	C班	D班	E班	
設定事業所	東部支所 墨田区江東橋4-11-1	ショップ青戸 葛飾区青戸3-37-6	南部支所 品川区東大井5-22-5	ショップ蒲田 大田区蒲田5-15-8	都本部 新宿区西新宿7-20-8	東京都想定被害合計
地盤の震度	震度6強	震度6強	震度6弱	震度6強	震度6弱	震度6強
地盤の特徴	沖積低地	沖積低地	沖積低地～台地	沖積低地	台地	
死者数	227人	625人	192人	1,104人	155人	7,159人
重傷者数	1,002人	973人	675人	1,624人	680人	17,438人
建物全壊	2,718棟	3,411棟	1,304棟	4,326棟	818棟	42,932棟
建物半壊	6,371棟	7,440棟	3,237棟	9,982棟	1,881棟	99,596棟
出火件数	47件/延焼火元16件	31件/延焼火元11件	34件/延焼火元3件	54件/延焼火元18件	29件/延焼火元6件	824件/延焼火元149件
焼失棟数	10,833棟（18%）	30,290棟（30%）	10,657棟（16%）	46,818棟（34%）	5,789棟（9%）	378,401棟（14.4%）
避難者数	116,370人	176,275人	68,919人	236,938人	35,324人	233万人
帰宅困難者数	71,265人	30,148人	124,458人	118,967人	350,295人	371万人
道路交通の状況	●区部東部の低地の一般道路では、液状化による段差や亀裂が発生して、走行速度の低下や通行できる道路幅の減少が生じる。 ●高速道路はほとんどが通行不能となり、一般道でも国道6号を除き通行について支障が出る。 ●区部のほとんどの陸橋で橋脚の損傷、橋桁のずれ等が発生する。					
道路規制の計画	●環状7号線および国道246号（玉川通り）、多摩川、を結んだ内側は、全面車輌通行禁止となる。 ●「緊急交通路」（指定37路線）は、緊急通行車輌以外は車輌通行禁止。（都条例）					
鉄道その他の状況	●架線の切断・ゆるみ、線路の傾斜・歪み等により、震度6強地域では列車の脱線が10数ヶ所程度発生し、ゆれにより約80%の区間が不通となる。 ●延焼火災の影響で各所で運転見合わせ区間が発生する。					
ライフライン 1) 上下水道	●水道は、震度および液状化の影響の大きい江東区、葛飾区、足立区で断水率が高い。（60%台、区部平均で31%）					
ライフライン 2) 電力	●地震発生直後、区部で2300本の電柱、48キロの地中線が破損する。足立、葛飾、江戸川が15～19%の停電率。					
ライフライン 3) ガス	●液状化により、江東、隅田、中央、足立区でほぼ100%の供給停止となる。					
ライフライン 4) 電話	●地震発生直後の電柱、地下ケーブルの破損により、電話不通率は足立、葛飾、江戸川区で12～15%。					
その他状況	●東京都の被害想定は、区部直下、冬の平日午後6時、風速6m。					

図上演習・進行シナリオの一部

	共通	C班／6名	E班／8名
		全労済南部支所職員約12名（うち営業9名）+ショップ5名	全労済東京都本部164名（うち営業9名）+新宿ショップ5名
3月15日（平日）13:00発災	【13:05／テレビ・ラジオ報道】 ●本日午後1時、関東地方南部を中心に、強い地震がありました。東京区部を中心に広い範囲で震度6強以上のゆれを記録しました。津波の心配はありません。震度6強の地区は、台東区、墨田区、江東区、大田区、荒川区、足立区、葛飾区、江戸川区の8区で、その他の区部は震度6弱となっています。 ●この地震の震源地は、東京都千代田区で、震源の深さは約20キロ、地震の規模を示すマグニチュードは7.2です。余震の恐れがありますので、危険な建物からは避難してください。 【13:30／テレビ・ラジオ報道】 ●東京渋谷のスタジオでは、強い揺れを感じました。東京都内では、大きな被害が発生しているようです。屋上のカメラからは何本も黒煙が上がっているのが見えます。東京消防庁によると、都内各所で火災が発生し、そのうち十数ケ所では延焼が始まっているとのことです。近くで火災が発生している地区の皆さんは、最寄りの安全な場所に避難するようにしてください。	【13:00／発災】 ●突然、下から突き上げるような激しい揺れに襲われ、立っていられない。 〈事務所の状況〉 ●事務所内は、大きな音と共に、固定していない机や棚、OA機器が激しく動き、書類等が散乱する。部屋の窓ガラスが割れて破片が散乱している。入り口ドアが少し歪んで開かない。 ●事務所内は停電で真っ暗になるが、すぐに非常用電源に切り替わって点灯。 【13:10／建物の状態】 ●建物に大きな被害はないが、4～5階辺りは大きくヒビが入り外壁の一部が落下、空調や給排水、情報システムの被害が大きい。スプリンクラーが損傷し天井から激しく水が噴出している。 〈怪我人〉 ●外出から帰ってきた職員1名が看板の落下物に当たって頭から血を出している。パソコン作業中の職員1名がパーテーションの割れたガラスの破片を浴びて頭から血を出して倒れている（重傷）。倉庫で作業中の女子職員1名が倒れたラックの下敷きになって足を骨折。ショップの客1名が軽いケガ。	【13:00／発災】 ●突然、下から突き上げるような激しい揺れに襲われ、立っていられない。 〈事務所の状況〉 ●事務所内は、大きな音と共に、固定していない机や棚、OA機器が激しく動き、書類等が散乱する。部屋の窓ガラスが割れて破片が散乱している。 ●事務所内は停電で真っ暗になるが、すぐに非常用電源に切り替わって点灯するが、薄暗い。 【13:10／建物の状態】 ●建物に大きな被害はないが、給配水設備の一部が破損したらしく、天井の一部から水漏れが始まっている。7階でスプリンクラーが破裂し水を噴出してフロアは水浸しになり、一部は階段をつたって6階以下にも流れている。 〈怪我人〉 ●エレベーターの中に職員1名が閉じ込められている。 ●外出していた営業職員1名が帰ってきたが、近くで看板の落下物に当たって頭から血を出している。7階の職員2名、8階の女子職員1名がガラスの破片や倒れてきたロッカーで怪我したが軽傷。新宿ショップの客1名が階段でころんで足を骨折。
14:00～	【14:00／報道】 ●首都圏の鉄道と高速道路はすべて運行停止しています。JR浜松町駅南で首都高の高架橋が崩落し、そこに上り新幹線と山手線電車が突っ込んで脱線、大きな事故となっています。JR京葉線の江東区塩見駅先でも脱線事故があったようで、どちらも相当数のケガ人が出ているとのことですが、詳しい状況はまだわかりません。 ●東京23区内の電気、水道、ガスはすべて停止しています。NTTによると、携帯電話を含めて一般電話はつながりにくく、電話を控えるように呼びかけています。NTTおよびNTTドコモは、災害用伝言ダイヤル（171番）の運行を開始しました。 【15:00／報道】 （現場中継：新宿駅の映像） ●新宿駅構内と駅周辺では、人があふれています。付近ではビルの壁が崩れたり、窓ガラスや看板が落下して散乱しています。一部の古いビルでは大きく倒壊し、人が閉じ込められている模様です。消防車や救急車のサイレンが鳴って騒然としていますが、救助活動を確認しています。塩見の現場は高架のため救助活動は困難を極めています。 ●ただ今17時10分、東京地方に強い地震がありました。最大震度は6弱です。今後も余震は続くと思われますが、皆さんは情報に注意し、落ち着いて行動してください。	【14:00／周辺の状況】 ●JR西側の大井1丁目の商店街、2丁目の住宅密集区で煙が数本上がっており、火災が発生しているもよう。東急大井町駅東口の飲食店街で建物倒壊と火災発生があり、助けを求める人やサイレンの音で騒然としている。 【15:00／営業職員の安否】 ●営業に出ていた職員3名が帰ってきた。うち1名は怪我をしているが軽傷。16時現在、4名の外出職員と連絡が取れたが、まだ1名の外出職員と連絡が取れない。	【14:00／周辺の状況】 ●営業に出ていた西部支所職員2名が帰ってきた。14時現在、5名の職員と連絡が取れたが2名が連絡取れず。 ●神奈川県本部に出張に出ていた役員1名の安否が確認できない。 【15:30／全労済中央地本より、衛星携帯で連絡】 ●全労済中央地本は本日15時、首都直下型震災害対策本部を設置した。また中央地区本部も対策本部を同15時に設置した。都本部の事業所および職員の被害状況について、中央地本まで報告されたい。
18:00～当日夜	【18:00／テレビ・ラジオ報道】 （現場中継：新宿駅の映像） ●こちらは新宿駅からの実況です。駅周辺の帰宅困難な人の数はさらに2～3倍に増えています。駅の中は身動きが取れない状況で、ところどころで騒ぎが発生し、警官が出動して警備に当たっています。脱線事故の影響で復旧の見通しはまったく立っていません。高齢者や子ども連れの女性の姿も見られ、寒さと空腹で疲れています。デパートなどが早めに店を閉めたため、「水や食べ物を提供しろ」と要求する群集との間で険悪な状態となっています。夜をすごそうとする人の群れは都庁構内やビル地下街にも多く見られます。 ●鉄道の再開を待ちきれない人の一部は暗闇の中を徒歩で帰宅し始めており、甲州街道や青梅街道には長い列が見られます。 ●歌舞伎町の先のゴールデン街から発火した火災は現在も赤々と燃えつづけています。東京医大病院は重傷な怪我人の収容で建物の外の駐車場まで混雑して野戦病院のような状態です。	【支援班より】 激動の大震災は早くも最初の夜を迎えました。各営業所はこの夜をどのように乗り切るか？ ――検討すべき優先課題と対応行動についてまとめて下さい。	【支援班より】 激動の大震災は早くも最初の夜を迎えました。各営業所はこの夜をどのように乗り切るか？ ――検討すべき優先課題と対応行動についてまとめて下さい。

災害体験図上演習　まとめ

　被災経過時間にそって、刻々と変化する被災内容が状況付与表によって知らされ、その都度、自分や事業所が置かれた立地環境などもよく考えながら、即座の対応を判断していかなければならない「災害体験図上演習」。もたらされる情報に出てきた地域の状況などを、地図に記入することで、いつも自分が働いているエリアの状況がしっかりと把握できる。あるいは、事業所などの建物の被害や、職場で働く仲間やお客様などの突然の負傷などに、意外に対応できない自分を発見してしまうなど。このイメージトレーニングを重ねていくことで、地震が起きた際の対応力はかなり変わってきそうだ。大勢の社員を抱える企業や、買い物客や食事客で賑わうデパート、レストラン等など。災害体験図上演習の導入は、さまざまな企業や事業所に、災害への本気の心構えを教えてくれるはずだ。

災害図上訓練DIGなどについても学べる、静岡県地震防災センターのホームページ。
静岡県地震防災センター　http://www.e-quakes.pref.shizuoka.jp/

知っていると役立つ アフター大地震 復興Q&A

私たちの生命や暮らしに多大な被害をもたらす大地震。
しかし被災後は、1日も早く生活環境を回復させ、再び日々の暮らしを始めねばなりません。
そのために知っておきたい、復興に関わる「?」についてお答えします。

住まいと暮らしについて

震災で水道、電気、ガスが供給ストップになってしまったが、復旧まではどのくらいの時間がかかりますか?

断水、停電、ガスの供給ストップ。これらが復旧し、通常どおり使えるようになるまでには、早くて3日、長い場合だと2ヶ月以上はかかります。水の場合は、行政や自衛隊などの応急給水車によって補給が行われますが、阪神・淡路大震災の場合、断水地域が全面復旧するまで2ヶ月以上かかりました。また電気の復旧に約1週間、ガスに関しては、震災後1ヶ月経過しても約30%しか復旧せず、最終的には2ヶ月以上かかりました。

住宅ローンの支払いが残っている家が地震で倒壊してしまったが、お金の面で救済措置はありますか?

住宅ローンを支払い中の家が地震で全壊してしまっても、ローンの返済義務が免除されるようなことはありません。ただし被災状況によって、住宅金融公庫や銀行などが、住宅ローン返済の一時猶予、金利軽減などの措置を講じる場合もあります。また被災者が返済が遅れる旨の申し出をした場合、最大で90日間の返済猶予（延滞損害金の免除）が行われます。倒壊した家を建て替える場合、住宅金融公庫では通常よりも低金利の特別融資「災害復興住宅資金融資」を行います。

住んでいた借家が倒壊し、建て直しをするために家主から解約を言われたのですが、再入居はできますか?

被災する前から借家契約を結んでいた人は、建て直している建物が完成するまでに申し出れば、優先的に入居する権利が与えられます。あるいは損傷の程度が修理程度で済む場合は、修理の期間中、部屋を出れば良いだけなので、解約に応じる必要はありません。また建て直し、修理いずれの場合も、再入居できる日までの家賃を支払う義務はありません。

イラスト：日野浦 剛

地震で家が倒壊、焼失してしまったのですが、もともとその土地は借地だったため、また同じ土地に住めるのか不安です。

借地権の場合、被災後すぐに申し出て、1年以内に建物を建てて住めば、借地権を継続することが可能です。しかし、申し出が遅れると、不利になることが多いようです。また震災の場合は、復興整備のために、土地所有などの個人の権利は、行政によって制限されることもお忘れなく。

避難所から、地震によって損傷を受けた自宅に戻る際、気をつけなければいけないことは?

地震によって被害を受けた自宅に戻ったら、割れた窓ガラス、崩れた壁など、まず外側の損傷状態を確認すること。そして自宅に入ったら、最初にライフラインをチェックしましょう。その際、ガス爆発を避けるために、電気はガス漏れ確認をした後でつけましょう。

保険について

震災後、火災保険の支払いはどうなるのですか？

原則として、住宅総合火災保険では、地震、津波、噴火の場合、保険金は支払われません。ただし地震による火災によって、建物に半焼以上の被害が生じてしまった場合等は、地震火災費用として、契約金額の5％（300万円限度）が支払われます。※地震火災費用は、いわゆる地震保険による保険とは別のものです。

では、地震保険の支払いはどうなるのですか？

そもそも地震保険は、必ず火災保険とセットで契約することになっています。契約金額は、火災保険金額に対して30～50％の範囲内。ただし建物5,000万円、家財1,000万円が上限と決まっています。地震で被災した際に5,000万円を受けるためには通常の火災保険で1億円の契約をしておかなくてはなりません。これはマンションの場合も同様の限度額です。建物が木造か鉄筋かで保険料率はかなり変わります。当然、鉄筋造りのほうが支払い保険料は低くなっています。

地震が原因でケガなどをしたら、生命保険から入院・手術費用は出るのですか？

一般的に生命保険では、地震が原因の死亡やケガによる入院については、それぞれの契約内容に応じた保険金が支払われることになっています。ただしどのような災害でも、必ず満額支払いになるかといえばそうとは限りません。災害割増特約の中で、保険料の算定に影響を及ぼすような大災害の場合には保険金を支払わなかったり、削減することがある、といった規定をしている場合もあります。

車を運転している最中に地震に遭って、ほかの車に接触したのですが、自動車保険で修理できますか？

残念ですが、それは無理。地震の揺れ、つまり自然災害が原因の場合は、損害責任は発生しないのです。自動車保険は普通、地震、噴火、津波を原因とする損害は免責となっています。

地域活動について

地域力を活かした地域協働復興とはどんなものですか？

地域住民がお互いをささえ合う。地域が持っている力を活かして、住民全体の復興を進めるための新しい共助の仕組みのことです。これには次の3つのステップがあります。

- ステップ1　地域復興協議会の立ち上げ
- ステップ2　時限的市街地※の形成、地域づくり協議の本格化・合意形成
- ステップ3　本格的な復興の展開

※住民が主体となって地域の復興を進めるため、「暫定的な生活の場」として暫定的に作る市街地のこと。

震災後の街の復興を進めるには何が必要ですか？

1日も早い街の復興を進めるためには、応急対策だけではなく、復興についての取り組みが重要です。そのためには地域住民の復興への強い意欲と、復興のあり方への合意が必要で、この合意形成を図るための、地域ごとに復興のあり方を協議する住民組織の結成も不可欠です。

東京ではコミュニティが存在せず、地域協働復興の取り組みは難しいのでは？

そうかもしれませんが、都内における同一区内通勤者は46％（東京都統計年鑑、1999年）というデータもあり、地域に根ざした生活実態があることがわかっています。震災時には何よりも地域コミュニティの存在が重要であることは、阪神・淡路大震災の例でも明らかです。行政も地域における相互支援ネットワークづくりや、地域のケア能力の向上など、コミュニティ再生に積極的に取り組んでいます。

記入日 [　　　年　月　日] 現在

緊急時情報シート【個人記録／情報】

災害や事故などに巻き込まれて救助された際、応急処置ほか救援者に必要な情報を提供できます。

氏名	生命保険会社名称	生保番号
住所		
電話番号		
携帯電話番号	クレジット会社名称	番号
Eメールアドレス		
携帯メールアドレス		
勤務先名（学校名）	銀行名称	口座番号
住所		
電話番号		
メールアドレス		
生年月日　　　年　月　日（満　歳）	郵便貯金	口座番号
本籍地　　　性別　男・女	運転免許証	
身長　　　体重	パスポート番号	
血液型　　RH±　A　B　O　AB	その他身分証明	番号
疾病・アレルギー等		
常備薬		
その他の身体的特徴（ほくろ・あざ・キズ等）	車種名	
	クルマのナンバープレート	
	クルマのボディカラー	

自宅以外の緊急連絡先

氏名	続柄
住所	電話番号
	携帯電話番号

※この用紙をコピーしてお使いください。

記入日 [　　　年　　月　　日] 現在

緊急時情報シート【家族一覧表】

災害や事故などに巻き込まれて救助された際、応急処置ほか救援者に必要な情報を提供できます。

氏名				
続柄				
住所				
勤務先名 （学校名）				
電話				
携帯電話				
メール アドレス				
年齢・性別	満　　歳　男・女	満　　歳　男・女	満　　歳　男・女	満　　歳　男・女
生年月日	年　　月　　日	年　　月　　日	年　　月　　日	年　　月　　日
血液型	RH±　A　B　O　AB	RH±　A　B　O　AB	RH±　A　B　O　AB	RH±　A　B　O　AB
身長・体重	cm　　　kg	cm　　　kg	cm　　　kg	cm　　　kg
疾病歴 アレルギー等				
常備薬				
備考				
生命保険 口座番号				
社会保険 口座番号				

居住地外の親戚／知人１

氏名		続柄	
住所			
電話番号			
携帯電話番号			

居住地外の親戚／知人２

氏名		続柄	
住所			
電話番号			
携帯電話番号			

※この用紙をコピーしてお使いください。

東京直下大地震 生き残り地図

あなたは震度6強を生き抜くことができるか?!

23区の倒壊・火災・避難危険度がひと目でわかる

■協力：
アメ横商店街連合会／牛込消防署／NHK／NTTドコモ／首都高速道路公団／セブン-イレブン・ジャパン／全労災／東京駅・有楽町駅周辺地区帰宅困難者対策地域協力会／東京急行電鉄／東京消防庁／東京大学生産技術研究所・目黒研究室／東京地下鉄／日本空港ビルデング／東日本旅客鉄道／三菱地所／八重洲地下街防災センター／立教大学／立教大学ボランティアセンター／六本木ヒルズ帰宅難民の会／早稲田商店会　ほか関係各所・機関（五十音順）

■参考および引用文献：
東京都都市整備局「第五回地域危険度測定調査結果」（2002年）／東京都総務局災害対策部防災計画課「東京における直下地震の被害想定に関する調査報告書」（1997年）／内閣府・中央防災会議「首都直下地震対策専門調査会」発表資料（2005年）／財団法人 消防科学総合センター「地震による家具の転倒を防ぐには-あなたが守る家族の安全-」／財団法人 日本建築防災協会「誰でもできるわが家の耐震診断」／東京都「いざ！というときのためのサバイバル・マニュアル」／東京都「私たちの東京を地震から守ろう」／フォーバイフォーマガジン社「危機管理シリーズ・震災マニュアル」／各自治体発行の防災マップ、地域防災計画資料／株式会社デジタルファイン「DTP MAP 東京23区」／各自治体・行政機関・企業のホームページほか

東京直下大地震 生き残り地図
2005年9月1日 初版第1刷発行

監修者　目黒公郎
発行者　木内洋育
発行所　株式会社 旬報社
　　　　〒112-0015 東京都文京区目白台2-14-13
　　　　TEL 03-3943-9911 FAX 03-3943-8396
　　　　ホームページ http://www.junposha.co.jp
印刷所　株式会社モリモト印刷

いかなる形式においても著作権者に無断で本書に掲載の記事、地図、図版、写真の無断転載・複写を禁じます。
ⓒ K.Meguro, Junposha, Neoplan Inc, Favorite Inc, 2005, Printed in Japan

■編集・取材
フェバリット株式会社
内野壱郎・菊地　崇

■デザイン・地図制作
株式会社ネオプラン
アートディレクション　河田　純
デザイン　猿田雅彦・天川真都

■撮影
目黒公郎（兵庫県南部地震、新潟県中越地震）
フェバリット株式会社
株式会社ネオプラン

■イラストレーション
常盤雅幸
日野浦　剛

本書に掲載の情報は、2005年7月までに集められた情報に基づき編集しております。

23区総合危険度ランキング ワースト250

東京都都市整備局第5回地域危険度測定調査結果（2002年）の総合危険度上位250町丁を掲載。
総合危険度とは「建物倒壊危険度」、「火災危険度」、「避難危険度」の三つの危険度の和から算出されている。

順位	区	町丁名
1	足立区	千住仲町
2	品川区	二葉3丁目
3	品川区	旗の台4丁目
4	新宿区	神楽坂4丁目
5	目黒区	原町1丁目
6	品川区	中延5丁目
7	品川区	二葉4丁目
8	台東区	日本堤2丁目
9	台東区	千束2丁目
10	台東区	竜泉3丁目
11	渋谷区	本町2丁目
12	新宿区	赤城下町
13	台東区	日本堤1丁目
14	大田区	南蒲田3丁目
15	渋谷区	本町6丁目
16	豊島区	池袋本町3丁目
17	渋谷区	本町5丁目
18	荒川区	東日暮里3丁目
19	新宿区	坂町
20	渋谷区	本町4丁目
21	台東区	入谷2丁目
22	台東区	浅草5丁目
23	品川区	中延6丁目
24	足立区	千住3丁目
25	品川区	小山6丁目
26	台東区	浅草橋4丁目
27	板橋区	中板橋
28	台東区	三ノ輪2丁目
29	台東区	千束4丁目
30	足立区	西新井栄町3丁目
31	新宿区	改代町
32	台東区	小島1丁目
33	北区	中十条3丁目
34	大田区	西蒲田4丁目
35	新宿区	神楽坂3丁目
36	新宿区	天神町
37	品川区	西大井6丁目
38	豊島区	南長崎5丁目
39	荒川区	荒川6丁目
40	足立区	千住2丁目
41	荒川区	西尾久5丁目
42	渋谷区	幡ケ谷3丁目
43	豊島区	長崎3丁目
44	大田区	羽田3丁目
45	台東区	台東3丁目
46	台東区	三ノ輪1丁目
47	荒川区	南千住5丁目
48	荒川区	南千住1丁目
49	台東区	浅草4丁目
50	台東区	浅草3丁目
51	大田区	西蒲田5丁目
52	台東区	清川2丁目
53	台東区	松が谷3丁目
54	台東区	鳥越1丁目
55	荒川区	東日暮里6丁目
56	文京区	水道2丁目
57	新宿区	中里町
58	足立区	関原3丁目
59	台東区	根岸4丁目
60	足立区	千住1丁目
61	台東区	千束3丁目
62	豊島区	長崎2丁目
63	渋谷区	本町3丁目
64	板橋区	大山東町
65	墨田区	京島3丁目
66	北区	十条仲原1丁目
67	足立区	千住4丁目
68	墨田区	東向島2丁目
69	新宿区	山吹町
70	江東区	南砂4丁目
71	墨田区	八広1丁目
72	大田区	西蒲田1丁目
73	豊島区	池袋本町4丁目
74	墨田区	東向島1丁目
75	渋谷区	笹塚3丁目
76	台東区	浅草橋2丁目
77	葛飾区	お花茶屋2丁目
78	新宿区	神楽坂6丁目
79	江東区	高橋
80	台東区	橋場2丁目
81	新宿区	西五軒町
82	葛飾区	金町5丁目
83	大田区	東矢口3丁目
84	品川区	旗の台5丁目
85	墨田区	東向島6丁目
86	品川区	二葉2丁目
87	板橋区	大山町
88	墨田区	八広2丁目
89	新宿区	荒木町
90	大田区	中央3丁目
91	葛飾区	堀切7丁目
92	品川区	西大井5丁目
93	大田区	新蒲田3丁目
94	江戸川区	中央2丁目
95	荒川区	西尾久2丁目
96	荒川区	東日暮里2丁目
97	墨田区	向島4丁目
98	板橋区	大山金井町
99	大田区	仲六郷2丁目
100	墨田区	東向島5丁目
101	台東区	松が谷4丁目
102	大田区	東馬込2丁目
103	板橋区	大谷口上町
104	台東区	元浅草4丁目
105	目黒区	洗足1丁目
106	新宿区	細工町
107	荒川区	東日暮里4丁目
108	江東区	森下2丁目
109	葛飾区	東立石4丁目
110	荒川区	西日暮里1丁目
111	台東区	根岸5丁目
112	大田区	東蒲田2丁目
113	葛飾区	東新小岩6丁目
114	中野区	中野1丁目
115	新宿区	若葉3丁目
116	新宿区	水道町
117	北区	岸町2丁目
118	大田区	東馬込1丁目
119	台東区	東上野3丁目
120	新宿区	東榎町
121	足立区	西新井本町3丁目
122	文京区	千石4丁目
123	新宿区	南榎町
124	荒川区	荒川5丁目
125	台東区	西浅草2丁目
126	足立区	西新井本町1丁目
127	目黒区	原町2丁目
128	江東区	森下4丁目
129	葛飾区	金町4丁目
130	台東区	東浅草2丁目
131	足立区	千住中居町
132	新宿区	市谷柳町
133	葛飾区	東堀切1丁目
134	大田区	東蒲田1丁目
135	中野区	本町1丁目
136	葛飾区	新宿2丁目
137	新宿区	神楽坂2丁目
138	墨田区	八広3丁目
139	板橋区	熊野町
140	杉並区	阿佐谷北1丁目
141	品川区	南品川4丁目
142	葛飾区	堀切6丁目
143	墨田区	京島1丁目
144	新宿区	三栄町
145	台東区	寿4丁目
146	葛飾区	新小岩3丁目
147	板橋区	大谷口北町
148	大田区	羽田2丁目
149	文京区	千駄木4丁目
150	北区	堀船3丁目
151	足立区	千住緑町2丁目
152	板橋区	双葉町
153	北区	志茂2丁目
154	足立区	梅島3丁目
155	台東区	入谷1丁目
156	大田区	中央8丁目
157	新宿区	原町1丁目
158	大田区	西蒲田3丁目
159	豊島区	西巣鴨2丁目
160	足立区	西新井本町5丁目
161	文京区	千駄木5丁目
162	江戸川区	松島3丁目
163	足立区	梅島2丁目
164	荒川区	西尾久1丁目
165	足立区	千住河原町
166	葛飾区	堀切5丁目
167	足立区	西新井栄町2丁目
168	葛飾区	新小岩4丁目
169	荒川区	町屋3丁目
170	北区	上中里3丁目
171	荒川区	東日暮里1丁目
172	新宿区	西新宿5丁目
173	新宿区	神楽坂1丁目
174	荒川区	南千住2丁目
175	台東区	三筋1丁目
176	新宿区	余丁町
177	大田区	蒲田2丁目
178	新宿区	原町3丁目
179	荒川区	西尾久6丁目
180	大田区	大森中2丁目
181	江東区	大島7丁目
182	中野区	大和町4丁目
183	杉並区	高円寺南4丁目
184	墨田区	立花6丁目
185	足立区	千住龍田町
186	墨田区	業平4丁目
187	足立区	興野1丁目
188	台東区	竜泉1丁目
189	文京区	関口1丁目
190	葛飾区	新小岩2丁目
191	台東区	蔵前4丁目
192	台東区	谷中3丁目
193	荒川区	荒川4丁目
194	足立区	千住東2丁目
195	江戸川区	松江2丁目
196	台東区	小島2丁目
197	大田区	南蒲田2丁目
198	墨田区	押上2丁目
199	新宿区	北新宿2丁目
200	豊島区	西巣鴨3丁目
201	文京区	千駄木3丁目
202	荒川区	荒川3丁目
203	台東区	三筋2丁目
204	大田区	仲六郷1丁目
205	台東区	下谷2丁目
206	北区	滝野川6丁目
207	足立区	千住寿町
208	台東区	松が谷2丁目
209	葛飾区	宝町2丁目
210	三鷹市	上連雀6丁目
211	葛飾区	亀有2丁目
212	品川区	西品川2丁目
213	江戸川区	平井2丁目
214	大田区	西蒲田6丁目
215	品川区	旗の台2丁目
216	墨田区	墨田3丁目
217	中野区	本町5丁目
218	北区	西ケ原4丁目
219	葛飾区	高砂8丁目
220	江戸川区	上一色2丁目
221	江東区	東砂5丁目
222	新宿区	住吉町
223	大田区	南馬込3丁目
224	品川区	南品川5丁目
225	大田区	羽田6丁目
226	大田区	東六郷1丁目
227	荒川区	町屋2丁目
228	板橋区	弥生町
229	足立区	関原2丁目
230	江東区	白河2丁目
231	新宿区	矢来町
232	渋谷区	笹塚2丁目
233	板橋区	富士見町
234	新宿区	横寺町
235	足立区	千住宮元町
236	江東区	北砂4丁目
237	葛飾区	お花茶屋1丁目
238	江戸川区	南小岩7丁目
239	台東区	竜泉2丁目
240	足立区	梅田5丁目
241	文京区	根津2丁目
242	世田谷区	北沢5丁目
243	豊島区	長崎1丁目
244	大田区	蒲田1丁目
245	荒川区	東尾久2丁目
246	渋谷区	幡ケ谷2丁目
247	板橋区	大和町
248	足立区	千住柳町
249	豊島区	千早1丁目
250	品川区	西五反田8丁目